The Human Element

Overcoming the Resistance That Awaits New Ideas

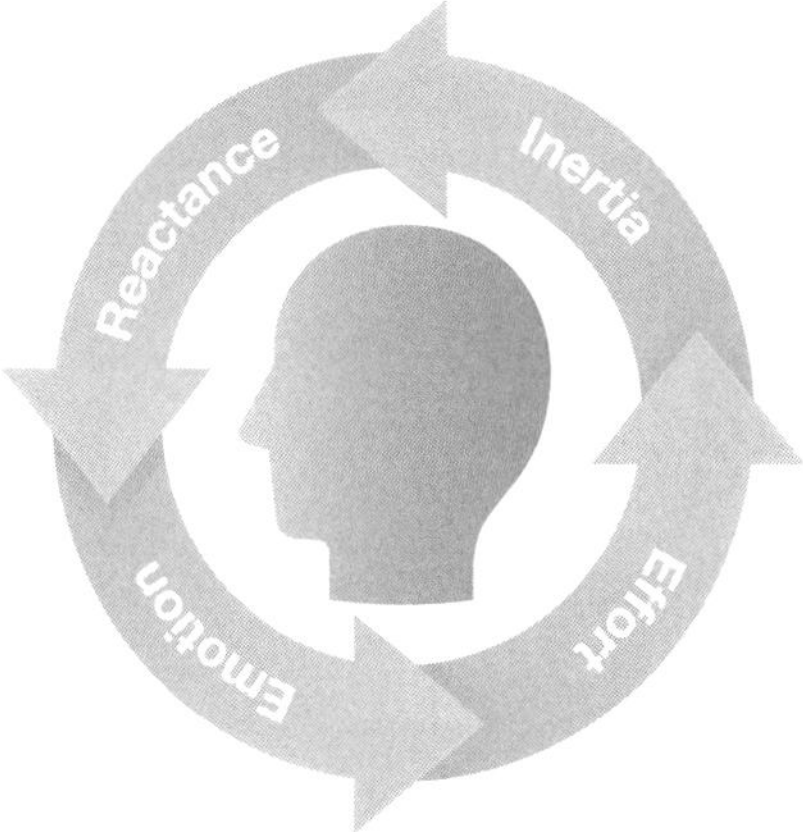

「変化を嫌う人」を動かす

魅力的な提案が受け入れられない4つの理由

ロレン・ノードグレン＋デイヴィッド・ションタル
Loran Nordgren & David Schonthal

船木謙一［監訳］　川﨑千歳［訳］

草思社

The Human Element
Overcoming the Resistance That Awaits New Ideas
Loran Nordgren and David Schonthal

This translation published under license with the original publisher John Wiley & Sons, Inc.
through Japan UNI Agency, Inc., Tokyo.

「変化を嫌う人」を動かす

魅力的な提案が受け入れられない4つの理由

目次

5. 「労　力」 107

6.

「労力」を克服する

9. 「心理的反発」

10

「心理的反発」を克服する

11.

3つの事例研究

エリンとアリソンへ

1 魅力的なアイデアが成功しない理由
「燃料」と「抵抗」の戦い

弾丸があれほどよく飛ぶのはなぜか

銃から発射された弾丸は秒速約400メートルで銃身から飛び出し、音の壁を破る。そして、理想的な斜角（45度）で発砲されれば、約3キロメートルも先まで到達し得る。だが、弾丸は威力があるだけではない。正確でもある。手ぶれが起きなければ、弾丸は寸分違わぬ精度で繰り返し標的に命中する。構造的に極めて単純な道具が、これほど驚異的な威力と精度を発揮できるのはどうしてなのだろうか。

ほとんどの人は「火薬のおかげだ」と答える。

銃の引き金を引くと撃針が弾薬筒を叩き、中にある火薬が燃焼する。火薬が燃焼するとガスが発生し、この燃焼ガスが急激に膨張して銃身内が非常な高圧となる。このガスを逃がすには、銃身の先端から弾丸を押し出すしかない。

このように、弾丸を飛ばすには火薬が必要だ。だが、火薬だけで弾丸があれほど驚異的な飛距離と速度と精度を達成できるわけではない。弾丸であれ、飛行機であれ、ピッチャーが投げる速球であれ、物体が飛ぶときには相反する2つの力が働く。物体を前に押し出す推進力（火薬、ジェットエンジン、投手の腕など）と、前進するのを押しとどめようとする束縛力（重力や風の抵抗）だ。

「弾丸を飛ばすにはどうすればよいか？」という質問への回答として、「火薬を使う」というのは間違いではない。だが、はなはだ不完全だ。弾丸がとてつもない勢いで銃身から飛び出す理由は火薬で説明がつく。だが、針の穴を通すような精度で弾丸が遠くまで飛んでいけるのは、逆向きに作用する主要な抵抗――抗力――が小さくなるように弾丸が最適化されているからだ。抗力とは、物体が空気中を移動する際に生じる抵抗のことである。自分で抗力を体験しようと思ったら、高速道路を走行中の車の窓から手を出してみればよい。

弾丸を飛ばす際の最大の障害は抗力だ。なぜなら、物体の動きが速くなればなるほど抗力も大きくなるからだ。火薬の量を増やせば弾丸が銃身から飛び出す速度は上がる。だが、速度が上がれば弾丸を押し返す抗力も大きくなる。そのため、弾丸はどれも抗力係数に応じて格付けがなされており、抗力係数が低い弾丸ほど性能（と価格）が高い。

弾丸への抗力を減らす方法は2つある。まず重要なのが形状だ。丸みを帯びた形状の物体よりも、先端が尖った流線型の物体のほうがはるかによく風を切る。だから、弾丸も飛行機も高速列車も、すべて同じように「鼻」が先細《さきぼそ》になっている。弾丸への抗力を減らすために、螺旋《らせん》状の回転をかけるということもやっている。銃身の内側に溝を掘り、これによって弾丸を回転させるのである。アメフトのボールを投げるときと同じで、螺旋状の回転をかけることで弾丸は空中を通過しやすくなり、横風にあおられて軌道を逸れる恐れが少なくなる。

弾丸がよく飛ぶのは、火薬で推力を得ているからではない。弾丸に空気力学が働くからだ。弾丸は、空気の抵抗が小さくなるような作りになっている。この弾丸、というより弾丸が飛ぶ理由として人々が直感的に思い浮かべるものは、本書の中心テーマの素晴らしい喩えだ。アイデアを飛び立たせるには推進力を与えなければならないと私たちは直感的に思う。しかもそれは正しい。だが、空気力学を考慮せず、エンジンの出力だけを考えて飛行機を作ったらどうなるだろうか。私たちはこれとまるっきり同じことを、新しいアイデアや取り組みに着手するときにやっている。そのため、飛び立つアイデアがほとんどないのも当然だ。[*1]

魅力の増大ばかりに注力する人々

人々に新しいアイデアを受け入れてもらうにはどうすればよいだろうか。マーケティング担当者、イノベーター、経営者、活動家など、変化を生み出すことを仕事にしている人の多くは、深い思い込みのもとに行動している。それは私たちの思考にあまりにも深く染み込んでいる世界観であるため、私たちはその影響力に気づくことも、その価値を疑うこともほとんどない。その思い込みとは「魅力の法則」と呼ばれるもので、人々を説得して新しいアイデアを受け入れてもらうには、アイデアそのものの魅力を高めるのがいちばんの（そしておそらく唯一の）方法だという信念である。付加価値が十分であれば人々は賛同してくれると私たちは反射的に思う。そのため、アイデアに機能やメリットを付加したり、メッセージの訴求力を高めたりする方策を取ることになる。すべて、人々をその気にさせたいと願ってのことだ。私たちは、アイデアに推進力を与えることを目的とした戦略を「燃料」と呼んでいる。「燃料」とは、アイデアの魅力を高め、変化への欲求をかき立てるものだ。

本書が主張する内容は、新しいアイデアの売り込み方や変化の生み出し方について人々が直感的に思いつく方法は間違っている、というものだ。イノベーターたちは魅力を高めるための「燃料」ばかりに注意を向け、方程式のもう半分——自分たちが生み出そうとしている変化に逆らう「抵抗」——をなおざりにしている。「抵抗」とは、変化に対抗する心理的な力だ。「抵抗」はイノベーションの妨げになる。そして、考慮されることはめったにないが、変化を起こすにはこの「抵抗」を克服することが不可欠だ。

イノベーションには、「燃料」を中心とした従来のアプローチが必要だ。魅力がなければアイデアは生き延びられない。だが、「燃料」だけでは不十分だ。変化を起こすには、変化に逆行する力をまず理解する必要がある。目には見えないかもしれないが、「抵抗」はそこに存在し、イノベーションに向けた努力を静かにくじく。そうした力を克服しようと（本能に従って）「燃料」を追加すると、克服しようとしている「抵抗」そのものをうっかり強めてしまうことになる。

買いたいのに「購入」ボタンを押せない顧客

ある日デイヴィッドのもとに、とある会社から助けを求める電話がかかってきた。その会社（ビーチハウスと呼ぶことにする）は、家具の販売方法の定義を変えつつある急成長中のスタートアップ企業だ。この会社が顧客に提供する価値は独特で、世界に1つだけのフルカスタマイズの家具（主にソファ）を、他のオーダーメイド家具会社よりも75％ほど安く作ることができる。

初めて「大人」の家具を購入しようとする都会暮らしの若いミレニアル世代（1981年～1996年に生まれた人で、2000年代に成人または社会人となる世代を指す）にとって、ビーチハウスの魅力は相当なものだ。大きな魅力は新しいソファを丸ごと自分好みに作れること。単に生地を選べるどころの話ではない。スタイル、寸法、素材、脚の形状まで、あらゆる要素を選ぶことができるのだ。多くの買い物客がウェブサイトで何時間もかけて、あるいは店頭でデザイン担当者と相談しながら、自分にぴったりのソファを作ることを楽しんでいる。ところが、購入を希望しているはずの買い物客が「注文」ボタンを押す直前に不思議なことが起こる。買い物客は何もしないのだ。購入手続きを完了せずに姿を消してしまうのである。

なぜ買い物客の多くは何時間もかけて作った家具を購入しないのだろうか。ビーチハウスはその理由を知りたいと思った。論理的には、価格や納期に不満があるとか、購入する前にもう少し他の店も見てみたい、といった理由が考えられる。もっともらしい説明ではあるが、これらは本当の理由ではなかった。

結局、この問題は会社の魅力とは無関係であることが判明した。人々はビーチハウスの顧客サービスや質の高いデザイン、価格の安さなどをとても気に入っている。どれも購買意欲をかき立てる要素で、新規購入の「燃料」となるものばかりだ。では、なぜほとんどの買い物客が「注文」ボタンをクリックしなかったのだろうか。それは、「抵抗」が買い物客の行く手を遮り、希望する商品を購入できなくしていたためなのだ。

ビーチハウスの顧客の場合、新しいソファの購入を阻んでいたもの――物語の悪役――は、（驚くなかれ……）自宅に今あるソファだったのである。買い物客の行く手に立ちはだかっていた「抵抗」は、古いソファをどうすればよいか分からないことだった。ゴミ収集車は古いソファを持って行ってくれるのだろうか？　持って行かないとしたら、誰に頼めばよいのだろうか？　頼めたとしてもその人はソファを自力で運び出せるだろうか？　運び出せないとしたら、誰が手伝ってくれるのだろうか？　新しいソファが欲しいと思っているとしても、今あるソファをどうするかが決まらない限り、購入に踏み切れない買い物客が圧倒的に多いのである。

デイヴィッドは顧客への聞き取り調査で何度も同じ話を聞かされた。たとえばこうだ。「パートナーと私は自分たちでデザインしたビーチハウスのソファを買いたくてたまらなかったのに、今あるソファをいとこが引き取ると言ってくれないから購入できなかった」。あるいは、「私は自分でデザインしたビーチハウスのソファがとても気に入ったけれど、居住地域の〝粗大ゴミの日〟が来てからでなければ注文できなかった。誰かが古いソファを運び出してくれるまで、自分ではどうすることもできなかった。狭い家に大きなソファが2つもあっては生活できないから」

あなたがビーチハウスなら、こうしたヒントをどう活かすだろうか。ソファの特色を増やしても問題は解決しない。価格を下げても同じことだ。この問題を解決するには「抵抗」を取り除くしかない。デイヴィッドが提案したのは、「買い物客の家にあるソファを引き取り、困っている家族に寄付する」とビーチハウス側から先回りして申し出る、という方法だった。「抵抗」を減らすこのシンプルな戦略の結果、ビーチハウスの成約率は大幅に上昇した。

新しいアイデアの受け入れを阻む4つの「抵抗」

本書では、イノベーションや変革を妨げる4つの「抵抗」について説明する。弾丸に抗力がかかるのと同様に、私たちが世に送り出そうとするアイデアや取り組みは4つの「抵抗」に押し返される。物体が動き出すときには、その物体の価値や重要性とは無関係に「抵抗」がかかる。金メッキを施せば弾丸の価値は高くなるが、そこにかかる抗力は減らない。イノベーターにとっては残念なことだが、新しいアイデアについても同じことが言える。有望なアイデアに対する「抵抗」は価値の低いアイデアへの「抵抗」より小さいと思いたいところだが、あいにくそうではない。素晴らしいアイデアのほうが初期の推進力は大きいかもしれないが、価値があるからといって、アイデアに対する「抵抗」が弱まるわけではまったくない。紛れもなく優れたアイデアなのに具体化しないものがあまりにも多いのは、これが大きな理由だ。次に4つの「抵抗」を示す。

1．惰性：自分の知っていることには限りがあるのに、それに固執しようとする強い欲求。人の行動を変えようとするときは、必ず複数の選択肢を与えるべきなのはどうしてなのか。少なくともスポーツに関する限り、アメリカ人は社会主義者でヨーロッパ人は資本主義者なのはなぜなのか。その理由は「惰性」で説明がつく。

2. **労力**：変化を起こすために必要なエネルギー（実際に必要なエネルギーと、必要と思われるエネルギー）。ビーチハウスの顧客が「注文」ボタンをクリックしなかったのはどうしてなのか、ヨーロッパミドリガニが餌を選り好みするのはどうしてなのか、ニュージーランドが世界でいちばん起業しやすい国なのはどうしてなのか、その理由は「労力」で説明がつく。

3. **感情**：「感情面の抵抗」のこと。起こそうとしている変化そのものが引き起こす思いがけない否定的感情。ケーキミックスが売れるようになるまで30年かかったのも、ティンダー（Tinder）がマッチドットコム（Match.com）を超える人気の出会い系アプリになったのも、経営者が優秀な従業員を最も重要でない役割に戦略的に就かせることがよくあるのも、「感情面の抵抗」が原因だ。

4. **心理的反発**（行動や選択の自由を脅かされたときに無意識的に起こる抵抗的な反応。心理的リアクタンスとも）：変化させられまいとする衝動。１９８０年代に米国人がシートベルト反対運動を起こした理由も、変化を導入したほうが良いことを示す確たる証拠があるほうが、証拠がまったくないよりかえってまずい場合が多い理由も、製造工場の慣行を変えようとすると大きな困難に直面する理由も、「心理的反発」がどういうものかを知れば理解できるようになる。

「抵抗」は、その威力と影響力にもかかわらず、発見しにくいものであるため見過ごされやすい。火薬の爆発音に気づかないふりをすることはできないが、風の抵抗は目に見えない。これが「抵抗」の厄介なところだ。私たちのアイデアにかなりの抗力を及ぼすものなのに、よく見落とされる。

次の思考実験をやってみよう。「あなたは入院中の子供たちを社会的に支援する非営利団体（NPO）を運営している。あなたのNPOでは人々に対して、入院している子供たちを応援する手紙、『ヒーローカード』を送ってもらうよう働きかけを行っている。現在は、ボランティアを依頼された人の18％がヒーローカードを書いてくれている。カードを書いてくれる人の数を増やしたいのだが、あなたならどうするだろうか？」

あるグループにこの質問を投げかけたところ、繰り返し出てきたのは、「カードがどれほど子供たちのためになっているかを説明する」、「ヒーローカードを書いてくれた人に謝礼を支払う」という2つの案だった。そこで私たちは、影響力を持つと思われたこれら2つの案に私たちの独自案を加えてテストをしてみた。ある集団には、カードがどれほど大切であるかを語る子供たちの言葉を伝えた。別の集団には、1枚カードを書いてもらうたびに少額の謝礼を渡した。そして最後の集団には、ヒーローカードを書きやすくするために、ヒントとして使えるひな形をいくつか提供した。

最初の２つの刺激策からは目に見える変化が得られなかった（これらの心理的な後押しは、むしろ逆効果になった）。だが、ひな形を提供すると、求めに応じてくれる人の割合は60％上昇した。つまり、誰も思いつかなかった手法こそが、刺激策として最も効果的だったのである。

ひな形を提供する方法が効果的だったのはなぜだろう。病気の子供たちを支援することが重要だと誰も思っていないのだろうか。もちろんそうではない。そんなことをしても意味がないと思ったから書きたがらなかったわけではないのだ。何を書いたらいいかが分からなかったから書きしぶったのだ。彼らは次のような疑問を解決できずにいた。「何を書いたらよいのだろう？　どのような言葉を使うべきなのだろう？　楽しいメッセージにするべきなのか、それとも思いやりのこもったメッセージにするべきなのだろうか？」この不明瞭さが「抵抗」となったため、変化を起こす「燃料」を増やすという最初の２つの刺激策に効果がなかったのである。だが、ひな形を提供することで「抵抗」が取り除かれ、人々は行動を変えた。

イノベーションを解剖する

どの新しいアイデアにも４つの基本要素がある。そして、それぞれの要素に１つずつ「抵抗」が対応している。１つ目の要素はイノベーションがもたらす変化の度合いだ。そのイノベーションは現状を大幅に変えるようなものだろうか、それとも以前に行ったことをほんの少し変える程度のものだろうか。これが分かると、イノベーションによって引き起こされる「惰性」のレベル

イノベーションに対する逆風

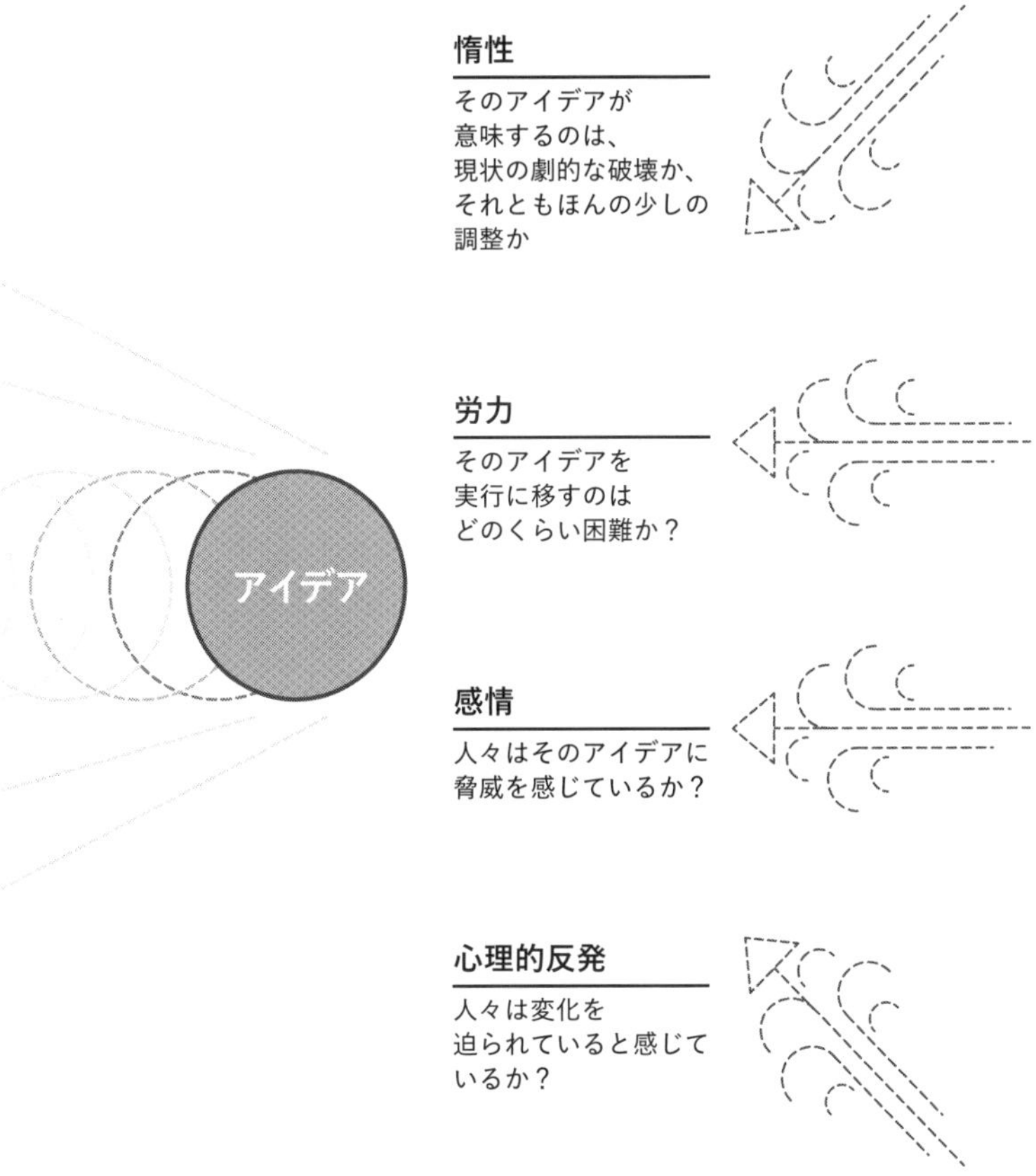
惰性
そのアイデアが
意味するのは、
現状の劇的な破壊か、
それともほんの少しの
調整か
労力
そのアイデアを
実行に移すのは
どのくらい困難か？
アイデア
感情
人々はそのアイデアに
脅威を感じているか？
心理的反発
人々は変化を
迫られていると感じて
いるか？

イノベーションに対する逆風：4つの「抵抗」。

が判断できる。斬新なアイデアは「惰性」の強い逆風を受けやすいのだが、それは、もともと人間というものはよく分からないアイデアや試したことのないアイデアに不信感を持ち、そうしたものを拒絶するためだ。

イノベーションの2つ目の要素は、実施に要するコストに関係がある。変化を採り入れるためにどの程度の肉体的・精神的な苦労をする必要があるだろうか。イノベーションによって生じる「労力」のレベルはこの質問への答えで決まる。新製品を購入する場合、手順をいくつ踏めば買い物が完了するだろうか。購入後、その製品を使うために決まり事やオペレーティング・システムを新たに覚えなければならないだろうか。組織変革の場合は、役割の再構築や新しい作業スケジュールの作成が必要になる可能性があるため、実施時の負担はかなりのものになることが多い。実施時の負担が大きいほど「労力」も大きくなる。

イノベーションの3つ目の要素は、目標とする変革に対するオーディエンス（製品やサービスを購入してほしい相手。イノベーションや変革の対象となる人々）の反応に関するものだ。変革案を示されたオーディエンスはどの程度の脅威を感じるだろうか。これが分かると、イノベーションによって生じる「感情面の抵抗」の度合いがはっきりする。入院中の子供たちへのカードの例で人々が恐れていたこととは、誤ったメッセージを書いてしまうことだった。そのような心配があったために、彼らは本来やりたかったこと――困っている子供たちを助けること――をできずにいたのだ。

イノベーションの4つ目の要素は、イノベーターがどのようにして変化を起こそうとしているのか、その取り組み姿勢である。イノベーターはそのアイデアへ心からの関心を寄せてもらえるよう努めているだろうか。オーディエンスに変化を迫られていると感じさせてはいないだろうか。変化を迫ると「心理的反発」を招くことになる。強く迫れば抵抗されると思ったほうがよい。

読んでいただきたい方々

本書は、新しいものを世に送り出したいと思っているすべての人を対象にしている。新しいものというのは、新しい製品、新しいサービス、新しい戦略、新しい運動、新しい行動、さらには、できたてほやほやでまだ最終的な形に至っていないアイデアなど、さまざまなものが該当する。新しいものが何であれ、それを受け入れてもらうには人々を変えることが必要であり、例外はない。その意味で、イノベーションと変化は表裏一体の関係にある。どちらが欠けても成功はあり得ない。

人間は習慣の生き物だ。変化する能力はあるが、簡単には変化しない。新しいアイデアを提案しても、それを世の中に溶け込ませる仕掛けを作っておかなければ、イノベーションは中途半端で終わってしまう。イノベーションに関する本というのは、概してアイデアそのもの――アイデアの成否を左右する特徴や利点――にばかり注目する。本書は、イノベーションのもう1つの側面である「人的要素」に注目する。新しいアイデアを待ち受ける「抵抗」、すなわち私たちが手を貸したいと願っている相手自身から受けがちな「抵抗」について探っていく。

倫理規範についての注意事項

人を変えようとするときは必ず倫理の問題を真剣に考えなければならない。倫理に沿った感化と欺《だま》しの境界線はどこにあるのだろうか。先に断っておくが、私たちは倫理学者ではない。しゃしゃり出ていって誰かのために境界線を引くつもりもない。だが、こうした手段を実践するときに私たちが検討する2つの基準について話しておこうと思う。読者の方々は私たちと同じ基準を採用してもよいし、もっと厳格な基準を使うこともできる。基準を設定しなくても構わない。どうするかはあなた次第だ。私たちが仕事をするときに検討する2つの基準は次のようなものである。

誠実な戦略か、人を惑わせるような戦略か

人々は十分な情報を得たうえで選択を行うべきであって、惑わされるべきではない、と私たちは考えている。残念ながら、人々に変化を受け入れさせるために使われる戦術は本質的に間違っているものが多い。営業の電話がかかってきたとき、電話の主の下の名前が自分と同じである場合が多いことにお気づきだろうか。これは、電話営業でも詐欺電話でもよく使用される手口で、ますます一般的になってきている。この手口が使われるというのも、うまくいくからなのだ。第4章で説明するとおり、これは自己相似性の原理によるものだ。人は自分と似ているものを本能的に好む。同じ名前の人からの電話のほうが切られにくいのはそのためだ。だが、これは人を惑

わせるやり口であるため、私たちの基準には合致しないだろう。

ただし、気をつけてほしいのは、自己相似性の原理を利用して人々にイノベーションを受け入れてもらうことが本質的に倫理に反するというわけではないという点だ。右の例とは異なり、何らかの調査を通じて電話営業の担当者が電話相手と共通の関心事があることを発見したとする。2人の趣味が同じだった、などだ。営業電話で相手との「本物」のつながりを戦略的に持ち出すことは、私たちの倫理基準に合致している。

意図は何か

私たちが検討するもう1つの基準は、人の役に立とうとしているのか、人に害を与えようとしているのか、というその意図である。他者を犠牲にして個人的な利益を得ることを目的とするイノベーションは倫理に反すると私たちは考える。詐欺師の意図は極悪だ。彼らは他者に多大な犠牲を払わせて私腹を肥やそうとする。本書では、より良いやり方を見出し、それを世に送り出そうとする人々の事例を取り上げている。主に利他の精神に突き動かされているイノベーターの事例もあれば、利潤を追求することを主眼としたイノベーターの事例もある。どちらも私たちの倫理原則に適っている。利益を追求する過程で他者に害悪や不利益が及んだら、私たちは倫理原則違反とみなす。これは、すっきりとしない主観的な基準ではある。だが、あいまいな倫理的指針でも、まったくないよりましだと私たちは思っている。

2

魅力アピールに専念するのはやめよう

「燃料」中心のマインドセットが世界を支配する理由

月平均132台の車を売る自動車販売員

自動車販売員は通常、月におよそ10台の車を販売する。それが業界平均だ。もっと意欲的な販売員は「月間20台クラブ」入りを目指す。月30台を販売する販売員は、国内のどのカーディーラーにでも就職できる。

そこで登場するのがアリ・リダだ。

アリ・リダは世界一の自動車販売員であるだけでなく、たった1人でほとんどのディーラーを上回る台数の車を販売している。2017年、リダはミシガン州ディアボーンのレス・スタンフォード・シボレー・アンド・キャデラックの敷地から1582台の車を出庫させ、44年ぶりに記録を更新した（全国平均はディーラーあたり1000台強だ）。――1年で1582台。つまり、アリ・リダは平均で月132台、1日あたり4・5台の車を販売していたことになる。しかも、2017年がまぐれ当たりだったわけではない。アリ・リダは何カ月も何年も連続して、このような数字を生み出している。*[1]

いったいどうしたらこの水準の実績を上げることができるのだろうか。1人の人間が平均の13・倍もの台数を販売できたのはなぜだろう。アリ・リダの販売手法と一般的な自動車販売員の販売手法を比較してみれば、その違いが見えてくる。

自動車ディーラーのうんざりさせられる売り込み

ぴかぴかの自動車ショールームに立っている自分を思い浮かべてみよう。あなたはすぐに固い握手と心のこもった笑顔で迎えられる。「今日はどのようなご用件で?」販売員が訊ねる。あなたは、現在のリースがそろそろ終了することや、ブランドを替えようかと検討していることを伝える。今乗っている車の難点にもいくつか触れ、次の車に欲しいと思っている機能をいくつか挙げる。すると販売員は、あなたの要望に耳を傾けながら激しくうなずき、「ええ、ええ」と何度も口に出して言う。

だが、このやり取りをしている自分自身を観察しているあなたはいぶかり始める。「この販売員は本当に私の話を聞いているのだろうか。私が話し終わったら売り込みを始めようと思って、そのタイミングをひたすら待ち続けているのではないだろうか?」販売員の口から出た最初の言葉であなたの疑念は確信に変わる。

「お客様、ちょうどいいときにいらっしゃいましたね! 現在お得なキャンペーンを実施中でございまして、信じられないような低金利でローンを組むことができます。こちらのお車などいかがでしょう。試乗できますよ」

勧められたSUVの運転席に乗り込むと、販売員はどうしても運転させようとする。ここで、あなたはうすうす気がつく。これからの45〜60分間、自分は本当の意味で運転席に座りはしないということに。今やあなたは長い売り込みの助手席に乗せられるのだ。この新しい車が提供するあらゆる機能やメリットに顧客が心の底から感心するように仕組まれた営業トークを延々と聞かされるのである。投げかけられるいくつかの質問には、購入を後押しする狙いがあるように思える。「3列目の座席はオプションですが、おつけしますか？ スピーカーの低音はお子様に気に入ってもらえそうでしょうか？」

ようやくディーラーから解放されると、案の定、自動作成されたショートメールや電子メールが続けざまに何件も送られてくる。「先日ご試乗いただいたSUVにまだ興味はおありですか？」という問い合わせもあれば、新しいプロモーションやキャンペーンのお知らせもある（奇跡的な偶然により、前回ディーラーに足を運んだ直後から有効になったキャンペーンだ）。だが、これらはみな、そもそも行きたくなかった旅行の苦痛極まりない土産物なのである。

これは、車を購入する様子を描いた場面としてはおおげさかもしれない。だが、確かにこのとおりであり（よくある話でもあり）、とても身近に感じられるはずだ。そして、こうした場面が頭の中で繰り広げられるからこそ、私たちはカーディーラーに足を踏み入れることを躊躇する。

進まないのは「燃料」が足りないせいと思い込む

ほとんどの動物種ではメスが交尾の相手を選ぶ。一般に、繁殖はオスよりもメスにとって大きな投資であるため、メスは目が肥えていなければいけない。当然ながらメスは、選び取れる最高のオス――子孫の生存率を最大にしてくれそうな、最も健康で最も強いオス――を見つけようとする。そしてオスは、自分が一番であることを証明するために信じられないような努力をする。胸を膨らませる、枝角を誇示する、大きな声で求愛ソングを歌う、羽毛を精一杯広げてみせる――こうした合図はすべて、このあたりでは自分が最高の選択肢であることをメスに納得させるためのものだ。

自動車選びもこれと大差ない。車を買うと決めたら、人は自分にとって最高の車を探そうとする。車に求めるものは人それぞれだが、車を買う人はみな、自分にとって理想的な選択肢を見つけようと懸命になるものだ。ディーラーで経験することはどれも、彼らの提供する車があなたのニーズに最も合致していることを納得してもらうために仕組まれたものばかりである。試乗中に彼らが特徴やメリットを説明するのも、すべて求愛儀式の一環なのだ。彼らは短い時間の中で、あなたがその車を選ぶ気になりそうな、〝取っておきの情報〟をすべて伝えなければならない。販売員は決め手になるのがどの情報なのか分からないため、ありったけの情報を丸ごと手渡そうとする。念には念をというわけだ。

アメリカ人は車が大好きだが、車を購入するプロセスはひどく嫌っている。というのも、彼らはカーディーラーをまったく信用していないからだ。車の購入は、おそらく他のどの大きな買い物にも増して、ディーラーとの頭脳戦なのである。店に足を踏み入れるとき購入者の頭に浮かぶのは、「販売員は自分を言いくるめてひどい契約を結ばせるつもりだ」という考えだ。つかつかと店に入っていき、アップグレードでもパフォーマンス・パッケージでもサービス・オプションでも、勧められたものは何でも買うつもりだと販売員に言う人がいるだろうか。そんなことをする人は絶対にいないはずだ。必要以上の金額になってしまうことがはっきりしているのだから。

さらに悪いことに、決めるにあたっては悩ましいことだらけだ。車の購入プロセスは一発で決まらないように作られている。重大な選択の連続なのだ。まずはモデルを選ぼう。ベース・モデルには300馬力の2・0リッター4気筒エンジンが搭載されている。だが、7000ドルの追加料金でパフォーマンス・モデルにアップグレードでき、350馬力の2・5リッター・エンジンが手に入る。そこで、アップグレードや機能のオプションを決める必要が出てくる。あなたには子供がいるため、販売員は「ドライバー・アシスト」システムを勧めてくるし、「ウィンターパッケージ」を選べばシート・ヒーターがついてくるという。一連のオプションをひととおり選択し終えたら、次はローンとメンテナンス・パッケージをどうするか決めなければならない。リースと購入はどちらがよいのだろう。販売員は前払いのサービス・プランに申し込むとよいと言う。定期点検のたびに200ドルの節約になるのだから……。

さて、ここで問題だ。勧められたオプションをすべてつけることにすると、必要もない機能が詰め込まれた車に余計な料金を支払うことになるだろう。だが、やみくもにすべてのオプションや特典を拒否したら、きっと少しばかり後悔することになる。自分にメリットのあるオプションもあれば、そうでないものもあるはずなのだ。だが、自分ではそれを区別できない。車の購入者が本当に求めているのは、信頼できる人に購入プロセスを導いてもらうことだ。これから何十もの重大な決断を下すための「カンニング・ペーパー」が欲しいのである。

車を購入するときに人々が覚える不信感は、大きな「感情面の抵抗」だ。カーディーラーはこの「抵抗」を軽視しているだけでなく、販売戦術をしつこく展開していくという文化がこれを増大させている。こうした背景があればこそ、アリ・リダの並外れた販売実績の秘密が理解できるというものだ。アリ・リダは「燃料」には目もくれない。車を購入する際に沸き起こる「感情面の抵抗」を小さくすることに注力している。そもそもアリ・リダは自分のことを販売員だと思っていない。アリの言葉を引用しよう。

私の仕事はお客様にアドバイスをすることです。お客様のご要望はどのようなものでも叶えて差し上げたいと心から思っています。関心があるのは、お客様にとって何がベストかということだけです。だから、ライバル社の車のほうが適していると思えば、ちょっと見に行ってみたらいかがですかとアドバイスすることもあります。また、金利が下がるまで、あるいはお目当てのモデルの価格が下がるまで、2~3カ月待つようにと言うこともあります。時には、そもそも車は必要ないのではないかと、それとなく伝えることさえあります。「販売」を始めた瞬間に、私はお客様を失います。

驚いたのではないだろうか。米国史上の最優秀販売員は、自分が販売の仕事をしていると思っていない。彼の仕事は信頼関係を築くことなのだ。不信感が根強い業界で信頼関係を築くのは容易ではない。犠牲と信念が必要だ。だから、アリ・リダは長い目で仕事をしている。アリは言う。「車が売れるまで7、8年かかることもあります。私はお客様が本当に購入する気になるまで喜んで待ちますから。ほとんどのディーラーはすぐに車を売ろうとばかりします。買うまで客を店から出さないぐらいの勢いです。私は忍耐を重視しています。今日は車が売れなかったとしても、お客様はいつかきっと戻ってきます。そして、戻ってきたときには、私から車を買うつもりになっているはずです。そうしたら、私は喜んで車を〝販売〟しようと思います」

不信感を抱かせずに車を買ってもらうことができれば、顧客の心をしっかりとつかむことができる。アリ・リダがほとんどのディーラーを上回る販売実績を上げている理由は、彼が他の誰より13倍も営業トークがうまいからではない。主要な自動車販売記録を総なめにしているのは、生まれつき並外れたカリスマ性を持っているからでもない。アリ・リダがこの水準の実績を上げているのは、彼から車を購入した人々が他の誰からも車を買いたがらなくなるからだ。しかも、その人たちは友人たちに口コミをする。アリから車を買いたいという人々が毎日ディーラーにやって来るが、それは、他の店に行く前にアリに相談するようにと友人から強く言われたからなのだ。

私たちはみなカーディーラーと同じだ。新しいアイデアを売り込むには、もっと魅力のあるものにしなければいけないと強く思い込んでいる。付加価値が十分であれば人々は同意してくれると、私たちは反射的に思う。賛同が得られなかった場合は「燃料」が足りなかったからだと思い込む。これは私たちの思考にあまりにも深く染みついた信念であり、その点を熟慮することがほとんどないために、イノベーションに対する他のアプローチをなかなか思いつくことができない。取るに足らない機能をソフトウェアにいくつも追加してみたり、髭剃りに6枚目の刃を取りつけてみたりと、私たちがやっていることの大半は「『燃料』中心のマインドセット」で説明できる。オーディエンスが私たちのアイデアに反応を示そうとしなければ、私たちの本能は「胸を膨らませろ」、「羽毛を広げて見せつけてやれ」と指示するのだ。

はっきりさせておこう。新しいアイデアを成功させるには「燃料」が不可欠だ。「燃料」がなければ変わろうという気にさせることはできない。だが、アイデアに訴求力があることも、メッセージがよく練られていることも、私たちに言わせれば当たり前のことだ。本書では便宜上、イノベーターであるあなたはこれらの条件をクリアしていると仮定する。あなたのアイデアは素晴らしい。だが、どんなに「労力」を注いでも、不思議なことに、人々（投資家、顧客、パートナー、同僚など）は賛同してくれない。

「燃料」の重要性の話はこれきりにして「抵抗」の話に移ることもできるが、重要なことであるため、「燃料」が機能する仕組みと理由、そして「燃料」の本質的な限界について説明する。この章では、「燃料」の限界を考察し、限界があるにもかかわらず依然として「燃料」中心のマインドセットがイノベーションに向けた基本的アプローチである理由を探っていく。

人を動かす「燃料」には2つのタイプがある

一瞬、高校の物理の授業まで時間を巻き戻したら、ニュートンの第1法則を思い出すのではないだろうか。「静止している物体は静止し続ける」というあれだ。空気力学的にどれほど優れた物体であっても、静止しているなら外部から力を加えてやらない限り動かない。

物理的な世界では、物体が動くときに推進力や重力による引力などの力が必要だ。これらの力は物体を前進させ、運動量を与える。弾丸を発射するには外から力を加えてやる必要があるが、これとほぼ同じで、アイデアにも外部からの力が必要だ。

「燃料」とは、アイデアをより魅力的で説得力のあるものにする力だ。アイデアそのものの特徴やもたらされるメリットをはじめ、アイデアを世の中に伝える方法まで、あらゆるものが「燃料」だと言える。「燃料」の仕事は、「新しいやり方」に紐づく好ましい特性やメリットを、オーディエンスに気づかせることだ。「燃料」が必要だという考え方があまりにも深く根付いているために、「燃料」を生み出すありとあらゆる産業（広告、広報、製品デザイン他、多数）が作られるまでになった。私たちは、「燃料」は本質的に楽観的で進歩的なもの――アイデアがもたらすメリットを強調し、それが人の暮らしをどのように豊かにするのかを目に見えるようにするための手段――だと直感的に考える。だが、「燃料」にはまったく異なる2つのタイプがあり、それぞれが私たちのために行う仕事はコインの裏表の関係にある。

「促進型燃料」とは何か

「促進型燃料」とは、アイデアの魅力や説得力を高める力だ。当然ながら、「促進型燃料」を生み出すための方策の多くは、伝統的なマーケティング手法そのものだ。

1．Product（製品）：アイデアそのものの特徴や、それがもたらすメリットすべて。
2．Place（流通チャネル）：人がそのアイデアに出合う可能性がある場所や環境（役員室、車のショールーム、インターネット、本の中など）。
3．Price（価格）：報奨、割引、期間限定の特典などの創出。
4．Promotion（販売促進）：新しいアイデアに気づかせるための手段。広告やざっくばらんな議論など、さまざまな活動を通じて行われる。

これは、著名なマーケティングの権威で（我がケロッグ校の同僚でも）ある、フィリップ・コトラーによって広められたマーケティングの伝統的「4P」だ。[*2] もともとの4Pが広く認知されて以降、他の人たちの手でこのリストの項目が増やされた（おまけに頭文字まで揃っている）。今では「P」で始まる項目に次の要素が含まれるようになった。

5．Packaging（パッケージング）：商品を配送するときや展示するときの形態（「開封動画」を見たことがある人なら、これがはやっていることを知っているだろう）。

6．Positioning（ポジショニング）：あるアイデアを他の選択肢と差別化する要素。

7．People（人）：そのアイデアに関わる人々。広報担当者、アイデアの発案者、またはアイデアの意義を公然と支持する人々などがこれに該当する。

これを読んだあなたは「うん、うん」とうなずき、「7P」がイノベーションの価値や魅力を増幅させるための理に適ったアプローチだということに同意するだろう。自動車販売の場合、ほとんどの販売員は自分が「促進型燃料」の増幅器の役割を果たしていると考え、遅かれ早かれ顧客はこれこそ自分のための車だということに気づくと信じている。

「回避性燃料」とは何か

「燃料」は訴求力を高めるためのものであるため、私たちが「燃料」から連想するのは、提供するものの魅力を高めるプラスの要素である場合が多い。だが、「燃料」は必ずしもプラスのものばかりではない。何もしないことによるリスクやコストを強調することで、変化を促進するという種類の「燃料」もある。「回避性燃料」は楽天的な感情やわくわくした感情を引き起こすのではなく、懸念、疑念、不安といった感情を呼び起こす。

前回ホテルの部屋をネットで予約したときのことを思い出してみてほしい。ホテルのウェブサイトを開くとすぐにアラートが表示され、キャンペーン特別価格で予約できる部屋は「残り1室しかない」と告げられたはずだ。そのときあなたは、この割引を逃がしたらどうしようという不安に駆られ、思わず予約してしまったのではないだろうか。経営科学ではこの現象を「損失回避」と呼んでいるが、この性質は人が認識する望ましさの度合いに多大な影響を与えると考えられている（このような働きかけが裏目に出ることが多い理由は第9章で説明する）。

前述した「促進型燃料」の7Pと同様に、「回避性燃料」の例も多数ある。ただし、頭文字が揃っていないので覚えやすいとは言えない。「回避性燃料」の例には次のようなものがある。

- Fear（恐怖心）：何もしないことや間違った選択をすることに対する恐怖から来る心配や懸念。
- Loss（喪失感）：自分の所有物（または所有権があるもの）が奪われたときに感じる苦痛。
- Risk（リスク）：新しいことに挑戦したら何が起きるか分からないという認識。
- Regret（後悔）：決断を誤ったときに抱くと予想される気持ち。
- Impatience（苛立ち）：今すぐ変わってほしいという強い願望。

「回避性燃料」は往々にして意識を未来に向けさせる。そして、今現在の自分が下した決断を未来の自分はどう感じるだろうかと不安にさせるのである。「回避性燃料」は、「正しい選択」をしたいという願望よりもむしろ、「間違った選択」をすることへの恐怖を抱かせる。私たちは、「ほら、言わんこっちゃない」と他人や自分の内なる声に言われたくない。そのため、「回避性燃料」

はアイデアの魅力を増大させることより行動を誘発することを目的としたものになりやすい。

イノベーションを花開かせるためには「燃料」が必要かもしれないが、「燃料」には重大な限界があり、そのせいで「燃料」本来の「変化を生み出す能力」が抑え込まれてしまうこともある。そうした限界を理解することが、「燃料」中心のマインドセットから脱却するための第一歩だ。

ここからは、「燃料」が持つ4つの限界を考察し、そのような限界があるにもかかわらず、変化を生み出そうとするときに私たちが基本戦術としていまだに「燃料」を使っている理由を探っていく。

人の心を支配するのは「燃料」より「抵抗」

「良い知らせと悪い知らせがあるが、どちらを先に聞きたいか?」と医師に訊ねられたとする。あなたなら何と答えるだろうか。大多数の人(最近の研究では78%)は悪い知らせを選ぶ。[*3] これは、良いことより悪いことのほうが人の心に強く印象に残るからだ。勤務評定を受けたことのある人なら、言おうとしていることの察しはつくだろう。否定的なひと言によって、それまでの好ましい評価が一瞬で洗い流されてしまうことがある。心理学者はこれを「ネガティビティ・バイアス(否定的偏向)」(ポジティブな物事よりもネガティブな物事に注意を向けやすい性質を表す心理学用語)と呼ぶ。ネガティブな経験はポジティブな経験よりも人生に大きな影響を与える、という気の滅入るような分析が、何千もの社会実験によって裏付けられている。いくつか証拠を見てみよう。

まずは結婚について。ポジティブな会話とネガティブな会話の比率がどうであれば、婚姻関係にある2人はうまくやっていくことができるのだろうか。比率が1対1の場合、良好な関係を維持しようと思ったら、ネガティブな会話とポジティブな会話を同数にしさえすればよい。つまり、否定的な言葉を1つ発するたびに褒め言葉を少なくとも1つかけて、埋め合わせをする必要があるということだ。結婚に関する調査によると、この比率は5対1に近いことが分かっている。つまり、ちょっとした口論や侮辱といったネガティブな出来事が1つあったら、ポジティブな出来事が5回なければ相手が再び自分に好感を持つことはない。人間関係において、ネガティブな経験は同程度のポジティブな出来事の5倍も強烈なのだ。[*4]

同じことは職場の人間関係についても言える。最近のある研究で、有害な社員が職場のチームに与える影響についての調査が行われた。調査の対象となったのは次の3タイプの腐ったリンゴ社員、すなわち「怠け者」（やる気がなく、自分の役割を十分に果たさない社員）、「周りを暗くする人」（悲観的な意見や不満などのネガティブな感情を表に出すことが多い社員）、「無礼な人」（礼儀作法を守らない社員）だ。調査の結果分かったのは、これら3つのカテゴリーのいずれかに該当する社員が1人でもいるとチームのパフォーマンスが40％低下し、極めて優秀な社員がグループ内に複数人いたとしても、たった1人の腐ったリンゴの悪影響を満足に払拭できないということだった。2、3個の腐ったリンゴがカートを台無しにするというのが、職場における真実だ。[*5]

私たちが日常で抱く感情もネガティブなものが圧倒的に多い。1970年代、ポール・エクマンという心理学者は、人類のあらゆる文化で普遍的に見られる基本感情が6つあることを突き止めた。幸福、悲しみ、嫌悪、恐れ、驚き、怒りがそれだ。お気づきだろうか。基本感情の中にポジティブなものは「幸福」の1つしかない。記録に残っているどの言語でも、ネガティブな感情経験を表現する言葉のほうがはるかに多いのだ。

また、ネガティブな感情のほうが心理的に大きな打撃を与える。ある心理学者のグループが、日常で出くわすポジティブな出来事（上司から褒められたなど）とネガティブな出来事（悪天候に見舞われた、渋滞に巻き込まれたなど）の影響について調査を行った。当然ながら、ポジティブな出来事は人々の気分に好ましい影響を与え、ネガティブな出来事は人々を落ち込ませた。ところが、それらの経験の持続時間には大きな差があったのである。ポジティブな出来事が気分に影響を与えるのは束の間だった。一方、ネガティブな出来事はいつまでも尾を引いた。ある研究によると、1日を気分良く過ごしたとしても、翌日には目立った影響が見られなかった。つまり、月曜日の気分の良さは火曜日に持ち越されなかったのである。だが、ネガティブな出来事の影響は持続し、嫌なことがあった月曜日の次の火曜日は憂鬱になることが予想できた。このパターンは非常に頑強であるため、人間の行動の「法則」とみなされている。具体的には、「快楽非対称の法則（Law of hedonic asymmetry）」といい、この法則によると「喜びは変化が起こらない限り生まれてこないものであるため、満ち足りた状態が継続すると消え去ってしまう。これに対し苦痛は、不快な状況が続く限り残存し続ける[*6]」

悪いほうに注意を向けがちな私たちの性質は、ほぼすべてのものの見方に影響している。ポジティブな出来事よりネガティブな出来事のほうが強烈に記憶に残る。ポジティブな情報よりネガティブな情報のほうが速く処理される。人ごみの中から怒った顔を見つけるのはすぐだが、笑った顔を見つけるのはかなり時間がかかる。これは、扁桃体（顔の表情を認識する脳の領域）が、危険の処理にかなり多くのニューロンを割いているためだ。身の危険を感じるような画像は数ミリ秒で闘争・逃走反応（恐怖に直面した時に生じる反応。交感神経系の興奮などの心理的・生理的な反応が生じる）を引き起こすことがあるが、ポジティブな出来事への反応はそれよりもはるかに遅い。ヘビから飛び退くスピードは、大好きなお菓子に飛びつくスピードよりずっと速いということだ。

私たちの心がこのように作られているのは、進化上有利だったからだ。お気に入りの料理を思い浮かべてほしい。仮にゴキブリが皿の上を走り抜け、ほんの一瞬だけ食べ物に触れたとして、それでもあなたは料理を食べるだろうか。サラダに髪の毛が混ざっていたり、スープにハエが入っていたりしたらどうだろうか。多くの人の目には、その料理が食べるべきでないものに見えるだろう。私たちの動物脳の本能は「食べるな」と命じる。それというのも、私たちを死に至らしめる多くのもの（ウイルス、カビ、バクテリアなど）は、触れたものすべてを汚染するからだ。こうしたものの影響は広範囲に及ぶ。だが、逆はそうではない。ボウル1杯の昆虫をおいしそうに見せるポジティブな要素はあるだろうか。そんなものは存在しない。なぜなら、悪いものに触れたものはすべて汚染されるが、良いものには汚染されないからだ。

人々が新しいアイデアを受け入れるのをためらう理由は大きく分けて2つある。アイデアに魅力がない（「燃料」不足）か、前進を妨げる「抵抗」があるかのいずれかだ。ネガティビティ・バイアスの影響ははっきりしている。「抵抗」に意識が向かってしまうのだ。このマインドセットの転換は、ロバート・サットン（スタンフォード大学教授。専門は経営科学・工学、組織行動論）の素晴らしい著書、『あなたの職場のイヤな奴』（矢口誠訳、講談社）でも取り上げられ、多くの企業を悩ませる「職場の士気低下」の問題への対処法が解説されている。士気が低下した従業員への一般的な対応法は、聞き覚えがあると思うが、福利厚生を充実させるというものだ。悪が抑え込まれることを期待してポジティブなものを増やすのである。だがサットンは、悪人や悪行は断固として許すなと言う。ネガティビティ・バイアスがどのようなものかが分かれば、福利厚生や特別手当では毒された文化を克服できないことに気づくはずだ。

イノベーションも驚くほどこれによく似ている。アイデアを売り込むとき、私たちはそのアイデアがもたらすメリットばかりに目を向ける。「どうすればうまく説得して同意を得ることができるだろうか」と心の中で自分に問いかける。そして、メッセージが無視されたり、あからさまに拒否されたりすると、特典を増やそうとするのである。もちろん、「燃料」は重要だ。だが、心が最優先にするものは「燃料」ではない。

「燃料」に頼る施策は高くつく

「燃料」はアイデアを推進してくれるし、その推進力は強力だ。だが、そこには落とし穴がある。コストがかかるのだ。これは「燃料」の持つ2つの性質に起因する。「燃料」はすぐに燃えてなくなるうえに、「燃料」の影響力の大きさは注いだ「燃料」の量に比例するのだ。「燃料」として最も一般的に認知されている「お金」を例に取ろう。お金は人を動かす。そしてイノベーターは、人々に変化を受け入れてもらうためにお金を使うことがよくある。ブラックフライデー（11月の第4木曜日（感謝祭）の翌日にあたる金曜日から数日間米国で行われる大規模なセール。近年は日本でも行われるようになった）になると、米国の買い物客は大幅な割引価格で商品を手に入れるために何時間も行列するが、この様子はお金の影響力をとてもよく表している。だが、これはコストがかかるものなのだ。たとえば、米国の都市や州が行う経済開発プログラムでは、金銭的な優遇措置を使って企業を誘致する。2017年、アマゾンは第2本社となる「HQ2」を作る計画を発表した。入札に勝ちたければ減税などの優遇措置を提案するようにと、アマゾンは国や州の政府に働きかけた。200以上の都市が入札し、数十億ドルに相当する優遇措置を提示する候補地が続出した。それ以前には、ウィスコンシン州が台湾の電子機器メーカー、フォックスコンに40億ドルを超える支援を行っている。同じ頃、ネバダ州はバッテリー工場を建設するテスラに対し、10億ドルを超える優遇措置を実施した。

企業にとっての魅力を高めるために、米国のほぼすべての都市と州がこのようなことを行っている。だが、こうした取り組みがもたらす経済効果を調査したほぼすべての研究が同じ結論に至り、こうした経済開発プログラムのコストは経済効果をはるかに上回っているとしている。原因の1つとしては、財政上の責任を考慮した少額の入札では、企業の移転を促すには不十分ということが挙げられる。変化を起こすためには巨額の入札や税金控除が必要であるうえに、そうやって提供したものに見合う成果が得られることはほとんどない。

会社と同じで、従業員もお金に反応する。ただし、企業と同様、大きな変化を起こすには多額のお金が必要だ。最近の研究で、「基本給がどれだけ上がれば生産性が上がるか？」という素朴な問いに関する調査が行われた。平均的な従業員の調査結果は約8％だった。それより少なければ何の変化も起きない。つまり、年収15万ドルの人の場合は、少なくとも1万2000ドルのボーナスを約束しなければ生産性が上がらないということだ。これを受け、行動経済学者のウリ・ニーズィーはインセンティブに関し、「たくさん給料をやるかまったくやらないかのどちらかだ」と結論づけている。[*7]

「燃料」がもたらす推進力はすぐに消失しがちで、その分さらに高くつくことになる。「スケアード・ストレート」プログラムを例に取ろう。これは、ティーンエイジャーが刑務所生活を送らずに済むようにするという崇高な目的のもとに行われている取り組みだ。1970年代にニュージャージー州で始まった同プログラムは、現在では米国とカナダ両国の各地に広がっている。このプログラムの狙いは単純で、素行の悪い少年少女を刑務所で1日過ごさせ、刑務所生活の現実を直《じか》に体験して腹の底から理解させるというものだ。「恐怖によって更生」させようとする受刑者たちが少年少女らを取り囲んで叱りつける場面が、このプログラムの最大の山場となる。

だが、これはうまくいっているのだろうか。どちらとも言える。若者たちを怖がらせるという点で、このプログラムは成功しているのだろうか。紛れもなく成功している。子供たちは怯《おび》え、受刑者が目の前に現れると震えて泣くほどだ。では、このような経験をすると刑務所入りになる確率は低くなるのだろうか。残念ながら、そうはなっていない。後で分かったことだが、「スケアード・ストレート」プログラムには犯罪抑止効果がまったくなかった。このプログラムに参加することで収監される確率が低くなるのかどうかを検証するために、よく練られた実験がいくつか行われた。これらの研究結果はすべて同じで、「恐怖による更生《スケアード・ストレート》」を行っても、子供たちが刑務所送りになるのを防げないことが分かった。それどころか、事態はもっとひどかったのである。こうしたプログラムは概してメリットよりデメリットのほうが大きい。多くの研究によると、このプログラムは10代の少年少女が罪を犯す確率を高め、増加率は平均13％だった。*8

このようなプログラムがうまくいかないのはなぜだろうか。それは、「燃料」としての恐怖に威力がないからではない。威力はある。子供たち自身がそう言っている。刑務所での1日が終わる頃には、別の道を歩もうという気持ちになっている。子供たちは目が覚めたのだ。問題は、それが長続きしないことだ。恐怖は他の刺激と同様に、その瞬間は効果があるが、すぐに消えてしまう。恐怖感はあまり長続きしないのだ。人は「燃料」で一時的に従順になる。一過性の関わり合いであればそれでもよいかもしれない。だが、長期的な成果を望むのであれば、「燃料」を注ぎ続けなければならないのである。

「燃料」となるメリットは誰にでも分かる

「燃料」のもう1つの限界として、多くの優れたアイデアは自ずとそれが分かるという点が挙げられる。価値は表層にあり、誰の目にも見える。たとえば軍隊だ。軍務に服することには、明白で心理的に説得力のあるメリットが多数ある。軍隊は刺激を与えてくれる。世界を見て回り、新しい文化を体験し、大胆な任務に就くチャンスだ。また、軍隊では友情を育むことができる。人々は入隊することを「家族になる」と表現するが、入隊すると、生涯を共にする共同体の一員になれる。だが、彼らは単に共同体の一員になりたいのではない。その共同体から尊敬されたいと思っているのだ。そして、軍隊はそれもすぐに与えてくれる。私たちは国家のために働く人々を尊敬し、讃える。軍隊は生き甲斐も与えてくれる。人々は、どうにかして自分の人生を何かもっと大きなものに捧げたいと思うものだ。愛国心はその願いを叶えてくれる。そして、なんと言っても、大きな金銭的見返りがある。多くの人にとって、軍務に就くことは大学進学や出世の手段なのだ。

ここまで軍隊生活がもたらす多くの恩恵について説明したが、この中にあなたの知らないものはあっただろうか。おそらくないはずだ。入隊することで得られる価値は秘密にされてはいない。米国民は、入隊すると得られる恩恵や機会について、気づかないうちに文化を通じて知識を得ているのである。

米国陸軍は採用を活発化させる「燃料」としてテレビCMを頻繁に利用している。印象的な映像を使ったCMは、軍隊のあらゆる価値を生き生きと伝えてくれる。あるCMは、特殊部隊の一員として危険な任務を遂行している1人の兵士の映像で始まる（刺激、友情）。次に、この兵士が祖国に帰還し、彼の栄誉を讃えるパレードが故郷の町で行われている様子が流れる（尊敬、愛国心）。そして最後は、元兵士が軍隊で身につけたさまざまな技能を活かして高賃金の仕事をしている場面で終わる。

この入隊勧誘を拒む若者には2つのタイプがある。「その気なし」タイプと「興味はあるのだけれど」タイプだ。「その気なし」タイプは冒険や尊敬など、軍隊がもたらすあらゆる恩恵を味わいたいと思っている。これは誰もが持つ欲求だ。ただ、そうした欲求を満たす方法として彼らの望むものが軍隊生活ではないだけの話だ。軍隊の文化が合っていないだけという可能性もある。あるいは、軍隊に頼らなくても、大学に行く資金は親に出してもらえるのかもしれない。だから、どれほど勧誘しても「その気なし」タイプを動かすことはできない。

そして次は、「興味はあるのだけれど」タイプだ。このタイプの若者は、軍隊がもたらすあらゆるものに魅力を感じている。だが、何かが足かせとなって入隊に至らない。このタイプこそ、軍隊がメッセージを届けようとしている人たちだ。心を打つテレビCMを軍隊が流すのも、こうした人たちの背中を押す効果を期待してのことだ。ところが、入隊を夢見る多くの若者は、実際には入隊しない。非常に強い「感情面の抵抗」が彼らを押しとどめているのだ。多くの軍人志願者が入隊しない理由は何か。母親に言うのが怖いからだ。彼らは、どのように話を切り出せばよいか分からない。自分の子供が戦地に赴くと考えるだけで、母親が卒倒してしまうのではないかと心配なのだ。入隊するというアイデアに「燃料」を補給する価値がこれほどあるにもかかわらず、多くの志願者は感情面のハードルをどうしても越えることができない。軍隊は、「興味はあるのだけれど」タイプにとってこうしたテレビCMがいかに効果的でないかに気づくべきだ。テレビCMは彼らが既に知っていることばかりを伝え、彼らが抱えている本当の問題を解決しようとしていない。[*9]

優れたアイデアの大半はメリットがすぐに分かる。人々がメッセージに理解を示さないと、私たちは反射的にメリットを強調しようとしたり、アイデアの魅力を高める余地が他にないか探そうとしたりする。メリットに気づいてもらう必要がある場合はこのようなやり方で効果があるのだろうが、通常、気づいてもらう必要はないのである。

「燃料」が「抵抗」を増幅し事態悪化を招くことも

物理的な世界では、物体に力を加えると同じ大きさの力が逆方向に働く。つまり、「抵抗」が大きくなる。アイデアについても同じことが言える。「燃料」を注ぐと、そんなつもりはまったくないのに、アイデアに対する「抵抗」を増幅させてしまうことがあり得るのだ。次の２つの例を見てみよう。

私たちの元教え子の１人は大規模な環境ＮＧＯで働いていた。そのＮＧＯは非常に野心的なＣＥＯを新たに迎え入れたところだった。新任ＣＥＯが引き継いだ部下たちは経験豊富で、多くは最初からそのＮＧＯに勤務する生粋の職員だったが、現状に満足してしまっている者が多いことにＣＥＯは懸念を抱いた。彼はチームが「使命を果たす」ことを望んだが、その意気込みが感じられない。そこで、部下の士気を高めるために、「2000-for-2020キャンペーン」と称する大胆な計画を打ち立てた。２０２０年に２０００万ドルを調達することを目標に掲げたのである。これは非常に高い目標だ。過去最高だったのは２０１７年で、この年は１７００万ドル強を調達した。

だがこれは、千載一遇のチャンスで手に入れた「たなぼた」だった。2019年は1400万ドルしか調達できていなかったため、「2020年に2000万ドル」というのは本当に野心的な目標だったのである。CEOはキャンペーンの開幕を祝うパーティーを開いた。そして、このキャンペーンにかける熱い思いを語った。引退した農業従事者は、ステージ上に招かれた職員が成功事例を発表すると、拍手喝采が沸き起こった。このNGOに助けてもらっていなければ、この地域社会は修復できないほどの損害を被っていただろうと、感動的なスピーチを披露した。やがて、パーティーが終わる頃に重大な発表があり、「来年は2000万ドルの大台に乗せるように」とCEOが職員にはっぱをかけた。彼の締めくくりの言葉は次のようなものだったらしい。「こんなに素晴らしい人たちと一緒に仕事ができて私は幸せだ。皆さんはこの活動で多くを成し遂げてきた。だが、私たちはもっと成果を上げられるはずだ。私たちの活動がいかに重要であるか――文字どおり命がかかっていること――を、今夜、私たちは目の当たりにした。そこで、私から皆さん全員に頼みたいことがある。『2000-for-2020キャンペーン』にコミットしてほしい。来年は2000万ドルを調達すると約束してもらいたい。皆さんならきっとできる。できることは分かっている」。しかし、2020年の調達額はわずか1200万ドルで、前年より200万ドルも少なかった。そして、過去最高の離職率を記録した。

「2000-for-2020キャンペーン」は、かつてなく高い調達目標を達成するために必要な「燃料」を職員に追加供給することを目的としたものだった。だが、この計画は強い「感情面の抵抗」を生み出した。なぜ失敗したかといえば、掲げられた目標が職員には現実的なものに思えなかったからではないだろうか。彼らは既にこれ以上ないほどのベストを尽くしていた。それなのに、今度はさらに多くのことを同じ量のリソースでやれと言われているのだ。「私は皆さんを信じている」とCEOは言った。だが、職員の耳にはこう聞こえた。「俺はお前たちが精一杯やっているとは思っていないのだよ」。職員は元気が出るどころか侮辱されたような気分でパーティー会場を後にした。

もう1つの例を挙げよう。生涯にわたり母子ともに健康でいるためには、妊娠中にきちんと栄養を摂取することが不可欠だ。だが、ほとんどの妊婦は必要なものを摂取できていない。ビタミンA、D、Eの他にカルシウム、鉄分といった必須栄養素が不足している妊婦が非常に多い。そして、ほとんどの妊婦は不要なものを摂取しすぎている。70％を超える妊婦がナトリウムを過剰に摂取しているのだ。

適切な栄養素を摂取することの重要性を妊婦が理解していないわけではない。注意喚起も定期的に行われている。サプリメントを使うのも1つの手だ。だが、それでは完璧ではない。不健康なものを過剰に摂取してしまうという問題をサプリメントで解決することはできないし、栄養素の過剰摂取につながる恐れもある。本当の解決策は、栄養価の高い食品を取ることなのだ。

この問題は低所得の人々が暮らす地域で特に深刻になっている。不健康な食品はたいてい安価なうえに、入手するのも簡単だ。バランスの取れた食生活を送るとなると、出費が増えるだけでなく、計画を立てて自宅で食事の準備をする必要もある。複数の仕事を掛け持ちしている場合は、さまざまな支援がなければそうしたことはなかなかできない。

ロレンは仕事を始めたばかりの頃、妊娠中の健康的な栄養摂取の促進を目的としたパイロット・プロジェクト「栄養キャンペーン」に参加していた。健康診断を受けに来た女性たちに、正しい食生活の重要性が書かれたパンフレットを渡し、新鮮な野菜や果物を食事で多めに取り、手軽に食べられるが健康に良くないファストフードなどは避けるように、といったことを伝えるものだ。

パイロット・プロジェクトは大失敗だった。女性たちの食生活は以前より少しも健康的にならなかったのだ。さらに悪いことに、健康的な食事の重要性についての考え方が変わってしまっていた。それも、逆方向に。さまざまなメッセージに触れたことで、野菜たっぷりの食事を取ることはさほど重要ではないと考えるようになってしまっていたのだ。残念な結果になったことを受け、パイロット・プログラムはただちに中止された。

妊娠中は普段より健康的な食事を取るという発想は、私たちの誰もが受け入れるべき紛れもなく良いアイデアだ。にもかかわらず、このメッセージが思ったような効果を発揮しなかったのは、健康的な食事を邪魔する強力な力が多数あったからなのだ。まず、リンゴを5つ買うには10ドル払わなければならないが、ドーナツなら1・99ドルで1ダースも買える。これに加えて、パンフレットを受け取った女性のほとんどは、食料不毛の地（総合スーパーがない町や地区）に住んでいた。

低所得の女性の身になって考えなければいけない。赤ちゃんの健康を何よりも大切に思っている（こう考えるのは当然のことだ）ものの、経済的、社会的な理由で、それを最優先にするのはなかなか難しいのだ。そのような状況で「健康的な食事をしなさい」と医者に言われたら、いったい何が起きるだろう。心の中に葛藤が生まれ、それを解決しなければならなくなる。多くの人にとって葛藤を和らげる唯一の方法は、医者の言葉に背くこと。つまり、健康的な食事はさほど重要ではないと結論づけることなのだ。なにしろ、悪い食事で育った子供たちが近所にはたくさんいるのに、問題は何も起きていないのだから。アイデアに「燃料」を注ぐことでアイデアに対する抵抗感をうっかり高めてしまうことが多々ある。そのうちの2つの例が「2000-for-2020キャンペーン」と「栄養キャンペーン」だ。

これらの例は、「抵抗」を考慮しなかったばかりに迎えるもう1つの重大な結末を示している。苦しむのはアイデアだけではない。イノベーターも苦しむ。かのCEOは自分のビジョンに大々的に投資をし、名声まで賭けたのに、結局は不本意な成り行きを見守ることになった。この経験からCEOは何を学ぶのだろうか。同じ立場に置かれたら、多くの人は、自分の身の周りにいる人たちを信用できなくなるだろう。そして、「ここで何かを成し遂げるのは不可能だ」という考え方を学ぶのだ。「抵抗」はたいてい見つけにくいところに隠れているため、「抵抗」の威力を理解しないでいると、自分のアイデアを拒絶する人や組織をとがめるばかりで、アイデアをだめにする闇の力にはいつまで経っても気づけない。

私たちを「燃料」思考にさせる脳の癖

基本のマインドセットが「燃料」なのはなぜだろう。この問いに答えるには、悪い結果を人の心がどのように解釈するかを理解する必要がある。ある会社に履歴書を送ったのに誰からも連絡がなかったとする。なぜ連絡が来なかったのだろうか。また、あなたがいつも使っている駐車区画（公式にあなたに割り当てられたものではないのだが）を同僚が使い始めたとする。なぜ同僚はそんなことをしようと思ったのだろうか。悪いことが起こる理由についてはいろいろな説明が可能だ。件《くだん》の会社にとってあなたの履歴書は印象が薄かったのかもしれないし、ポジションが既に埋まっていたのかもしれない。同僚があなたの区画に駐車したのは、あなたへの嫌がらせだったのかもしれないし、あなたのものだと知らなかったからかもしれない。悪い知らせをどう解釈するかは、悪い出来事を説明するときに使う理屈で決まる。法の場合と同様に、人生においても何を意図しているかが意味を持つ。

人間にはおかしな癖があり、行動を内的要因の結果であると理解し、状況的要因の役割を軽視する。行動は主に、意欲や意志の作用と捉えるのである。たとえば、米国の大学生のうち国政選挙の投票に行く人は半数に満たない。数字がこれほど低いのはどうしてなのだろう。無関心だから（内的帰属（ある結果の原因を、対象となる人物の内面にあるとする推論））、と私たちは反射的に考える。心理学者は、この心の癖を「根本的な帰属の誤り」と呼んでいる。そして、これはほとんど断ち切ることができない人間の心の癖だ。

「燃料」は私たちの心の帰属傾向と完全に一致する。「燃料」は意欲や意志をかき立てるためのものだ。製品や提案が受け入れられないのはどうしてか。「素晴らしいと思ってもらえないからに違いない」と私たちは思う。それが頭に浮かんだ理由なら、その行動を変えさせる方法は、素晴らしいと思ってもらえるものを増やす、ということになる。そして、それこそが「燃料」の役割なのである。

悪い出来事を故意と結びつける習慣は、私たちのＤＮＡの奥深くに埋め込まれている。たとえば、初期の文明では、天気は神々の気分がそのまま表れたものだと信じられていた。神様を喜ばせれば農作物に都合の良い天気になり、怒らせれば干ばつや洪水が起きて悪行を罰せられる。実際、「climate（気候）」という単語は、「意志」を意味するギリシャ語の「klima」に由来している。

そうした文化圏では神をなだめるための複雑な儀式が発達した。雨乞いの踊りは最も広く知られている例だろう。古代中国では呉の祈祷師が干ばつ時に凝った儀式を行った。祈祷師は激しく燃える火炎の輪の中で何時間も踊り続ける。踊っているうちに流れ出す汗の滴が、雨を降らせよと神々を促すと考えられていた。

こうした儀式に見られる因果関係の捉え方は、現代の私たちの思考と同じだ。雨が降らないのはどうしてか。神様が喜んでいないからだ。神様に雨を降らせてもらうにはどうすればよいか。神様をなだめればよい。このとき彼らが考えなかったのは、神様が雨を降らせないのは単に他の用事で忙しいからかもしれない、ということだ。

「抵抗」は自分の目の前にあっても気づかない

私たちが「燃料」思考をする理由はもう1つある。「燃料」は目につきやすく、「抵抗」は見えないところに潜んでいるからだ。たとえば、今より良い方法を見つけたので、人々を説得してやり方を変えさせたいと思っているとする。あなたは事実を説明する。そのアイデアがどのような利益をもたらすか、といったことだ。そして、事実の説明だけで足りない場合は、何らかの動機づけが必要だと思うかもしれない。感情に訴えたり金銭的な報奨を設けたりして、人々に変化を受け入れさせようとするだろう。これらは、どのような場合にも通用する一般原則だ。前後関係や背景は必要ない。どうすれば軍隊に入隊するよう若者たちを説得できるのだろうか。魅力を強調し、金銭的な見返りを用意すればよい。どうすれば妊婦の食生活を改善させることができるのだろうか。メリットを説明してやればよい。

しかし、「抵抗」となると話は別だ。「抵抗」は発見しなければならない。第1章で挙げたビーチハウスの例を思い出してほしい。あの話のオチ――冷やかし客を購入者に変える秘密――が口コミをしてくれた人に「紹介料を払う」だったらどうだっただろう。そんな結末には何の驚きもないはずだ。それはなぜか。「紹介料を払う」が分かりきった解決策だからだ。そんな方策は誰でも思いついていたに違いない。それよりはるかに見つけにくいのが、人々を押しとどめる「抵抗」なのである。

「抵抗」を発見するのが難しいのは、寄り添う気持ちが必要だからだ。オーディエンスを理解し、彼らの視点から世界を見ることが必要になる。変化を受け入れさせようとしているとき、アイデアに固執するのは当然だ。だが、「抵抗」を理解しようと思ったら、スポットライトをアイデアからオーディエンスに移動させる必要がある。

だが、焦点を変えても、必要なヒントが簡単に見つかるとは限らない。私たちは、「『抵抗』は二重に埋められている」という表現を好んで使うのだが、それは剝がさなければならない層がもう1枚あるからだ。人は自分を押しとどめているものが実際には何なのかをうまく伝えられないことがよくある。「心配事は何か」とストレートに質問すれば、顧客は何かを教えてくれるだろう。だがそれは、彼らの障害となっている本当の心配事ではない可能性が高い。

その原因の1つは、自分がそのように感じる本当の理由を人は必ずしも理解していないことにある。それに、たとえ理解していたとしても、理由を明確に表現する言葉を持っていない可能性もある。人はいろいろな意味で自分のことをよく知らない。この考えを理解するには、感覚と感情を区別する必要がある。感覚は経験を感じ取ったもので、感情は感じ方を決定する複雑な認知エンジンだ。

人は自分がどのように感じているかを知っている。たとえば、嬉しいときや悲しいときが分かる。だが、その理由を正確に説明することはなかなかできない。つい先日の授業で、このことを証明する簡単な実験を行った。学生を2つのグループに分け、ある商品の案について感想を求めた。「楽な条件」のグループの学生には、感想を書くために必要な資料を直接渡した。もう一方の「ほんのわずかだけ厳しい条件」のグループの学生は、リンクをクリックして資料を入手する必要があった。ただし、これによって増える作業時間は数秒に過ぎない。理由は第5章で説明するが、これが行動に大きな影響を及ぼした。楽な条件のグループでは約70％の学生が感想を書いたが、リンクをクリックしなければならなかったグループでは約40％の学生しか感想文を提出しなかった。

その後、学生たちに対し、私たちの要求に応じた（または応じなかった）理由を非公式に訊ねた。彼らが挙げた主な理由というのは、課題に対する関心のレベルだった。楽な条件のグループは、ほんのわずかに厳しい条件のグループよりも、課題が面白そうだと思ったと答える学生の数が多かった。だが、課題は同じだ。「面白さ」は、私たちが観察した差異とはまったく関係がなかった。ほんのわずかに厳しい条件のグループの学生たちは気が進まないと感じていた――感想など書きたくないという自覚があった――が、その気持ちがどこから来るのか分かっていなかったのである。

「抵抗」を発見するには努力と忍耐が必要だ。人々がどのような行動をするのか見極めるだけでなく、じっくりと時間をかけて、なぜそのような行動をするのかを理解しなければならない。「抵抗」を見つけ出すには、マーケターというよりむしろ文化人類学者になることが要求される。だが、そのような役割を担う部署を持つ組織はほとんどない。

「燃料」思考を改めることから始めよう

「鳥をプリントしよう！」米国のケーブルテレビ局、ＩＦＣの連続コメディ番組『ポートランディア』のファンなら、これがあるエピソードで繰り返される有名な台詞だということに気づくだろう。そのエピソードでは、とある小売店に２人の起業家がやって来て、ありきたりの品でも鳥のワンポイントをつけるだけで魅力的な商品になると言い、ありふれた品々を次々とヒップスター好みのアート作品に生まれ変わらせていく。

この風刺コメディは、私たちの「燃料」中心のマインドセットとその欠点を見事に描き出している。私たちは空気抵抗を減らそうともせず、火薬を増やすことばかり考える。だが、「燃料」には限界があるのだから、新しいアプローチでイノベーションに取り組まなければならない。「燃料」思考をやめなければいけないのだ。次の章からは、この新しい考え方について探っていく。

3 「惰性」
人々が既知のものにこだわる理由

人は変化より不変を、未知より既知を好む

『ブレイキング・バッド』という大ヒットしたテレビドラマ・シリーズがある。ストーリーは、化学を教える高校教師ウォルター・ホワイトと元教え子のジェシー・ピンクマンという2人の印象的な登場人物を中心に展開する。ウォルターはわけあって多額の金が必要になり、持ち前の卓越した化学の知識を駆使して危険ドラッグ「クリスタル・メス」の製造に手を染める。ジェシーは不運にもウォルターの相棒としてドラッグの密売人をする羽目に。ウォルターは錆びついたおんぼろのRV車でクリスタル・メスを〝密造〟している。最初のうちはRV車を製造拠点にするのも一理あった。だが、ビジネスがさまざまな国へと拡大し、思いもよらない利益を生むようになると、RV車を使い続けていることに対してジェシーが疑問を抱くようになる。

ジェシー：「俺たちはどうしてやり方を変えないんだろう？　いつまでもこんな世界一のポンコツRVで密造する必要なんかないのに」

ウォルター：「惰性かな？」
ジェシー：「ああ、そのとおり。惰性だ」

人は往々にして新しいアイデアや可能性を受け入れることを嫌がる。メリットが明白で議論の余地がなかったとしても、この傾向は変わらない。というのも、人間の心は不確実なものや変化より、馴染みのあるものや安定を好むからだ。この特性はさまざまな名前で呼ばれている。心理学者は「現状維持バイアス」と呼び、マーケティング学者は「親近効果」と呼ぶ。私たちはウォルター・ホワイトと同じく、「惰性」と呼んでいる。「惰性」とは、「もともと人間の心は慣れ親しんだものを好むように作られている」という考え方を指す言葉だ。イノベーターにとって「惰性」は永遠になくならない「抵抗」と言える。新しいアイデアは、未知のものを受け入れることを人々に要求するからだ。この章では、「惰性」が起こる理由とそれへの対処方法について説明する。

乗っていた船が難破して、無人島に漂着した自分を思い浮かべてみよう。食料を見つけられなければあなたは餓死してしまう。島を探索していると、実がたわわになった2種類の木が見つかる。1つはバナナの木だ。スーパーで買うバナナより実は小さいが、紛れもなくバナナである。もう一方はこれまでに見たことのない果実だ。皮は鮮やかなオレンジ色でトゲに覆われている。切ってみると、鮮やかな緑色の果肉に黄色い種がぎっしりと詰まっている。水分をたっぷり含んだ果肉はぬるぬるとし、キュウリの香りがする。さて、あなたはどちらを食べるだろうか。命がかかっている場合の選択肢は明白だ。自分が知っているほうを選ぶに決まっている。

人間は馴染みのあるものに好感を持つ。未知のものより既知のものを好むのである。これは、進化の観点からも理に適っている。なぜなら、馴染みのあるものというのは、何度も試され、それでも問題がなかったものであるため、そうでないものより安全だからだ。馴染みがあるということは、過去にそれと接触しても命に別状がなかったということだ。私たちの心は本能的にそう認識し、馴染みのあるほうを選ぼうとする。

馴染みのあるものを好むという本能は、人が何かを知覚したり判断したりするときに必ず作動するものであるため、私たちがこれに気づくことはほとんどない。だが、私たちの行動の大半を誘導しているのはこの作動原理なのである。では、その証拠を見てみよう。

見なれたものを好む「単純接触効果」

1970年代、心理学者のロバート・ザイアンス（1923年〜2008年）は、動物の行動を観察していてあることに気がついた。動物は新しい物体に遭遇したとき、最初は怖がってそれに近づかない（この反応を新奇恐怖症《ネオフォビア》と呼ぶ）。だが、その同じ物体に再び遭遇したときは、すぐに怖がらなくなる。そして、十分に接触した後は、あまり馴染みのないものよりも既に接触した物体を好むようになることが分かったのだ。たとえば、飼育されているチンパンジーは、新しい物体が初めて檻の中に入れられたときは、それを避ける。見たことのないおもちゃを与えられると、たちまち不安になるのだ。この見知らぬ物体に目を凝らしてはいるが、近づくことはない。1、2日経つと、最初の頃の警戒心が好奇心へと変わっていく。やがて、かつて怖がっていたおもちゃはお気に入りの遊び道具になる。

ザイアンスは人間も同じように行動するのかどうかを調べることにした。特に有名な実験の1つでは、魅力の度合い（心理学者はこのようなものを測定する手段を持っている）がほぼ同じと評価された20歳前後の3人が実験台になった。各人とも、200人規模の同じ連続講義に出席した。3人には、できるだけ目立たないようにと指示が出されている。彼らは他の学生と話をしなかった。授業中に発言することもなかった。ひたすら講義に出席し、極力その場に溶け込むように努力した。

違ったのは、それぞれが出席した回数だ。1人は1回だけ出席した。もう1人は5回。そして、3人目は15回あった講義すべてに出席した。最終講義の日に3人は教室の前方に連れ出され、他の受講生たちが3人それぞれの魅力を非公開で評価した。

結果は明らかだった。出席回数が最も多かった人が最も魅力的であると評価され、1回しか出席しなかった人の評価が最も低かった。評価に影響を及ぼすような受講生同士の交流はなかったため、個々人との単純な接触回数が魅力の評価を高める原因であると考えられた。ザイアンスはこの現象を「単純接触効果」と名付けた。[*1]

多くの証拠が示唆するとおり、私たちは人や物やアイデアのことを知れば知るほど好きになる。馴染みのあるものを好むこの選好性は私たちの身体にあまりにも深く染みついているため、自覚がなくても作動する。この仮説を検証するために、ザイアンスの研究チームは実験を行った。被験者は、何も表示していないように見えるコンピューターの画面を見つめる。画面には10種類の不規則な図形が50ミリ秒間映し出されるが、表示される時間が短すぎるため意識的にこれを感知することはできない（意識的に物体を「見る」ためには５００ミリ秒以上の時間が必要だ）。次に被験者は、先ほどの10個の図形それぞれに、別の新しい図形を１つずつ組み合わせてペアにしたものを提示された。そして、被験者に対し、「２つの図形のうちどちらを見たことがあるか」「どちらの図形のほうが好きか」を訊ねた。

最初に表示された図形を記憶しているという自覚は被験者にはなかった。彼らの「２つの図形のうちどちらを見たことがあるか」という質問に対する答えは48％の正答率で、これは単なる当て推量であることを示していた。ところが、潜在意識での１度だけの接触が選好性へ知らぬ間に影響を及ぼし、被験者はおよそ60％の確率で、最初に表示された図形のほうが好きだと回答した。[*2]

人は知っている商品を購入する

商品を購入してもらううえで広告はとても大きな役割を果たすが、その理由は主として「惰性」だ。無数の選択肢をスーパーで探しているのかオンライン・ショッピングをしているのかにかかわらず、私たちの購買習慣は往々にしてある１つの要因に何にも増して左右される。ブランド認知だ。私たちは知っている商品を購入するのである。

たとえば、オンライン・ショッピングの場合はこうだ。「織密度《スレッドカウント》が高いシーツ」をグーグルで検索すると、寝具を販売する会社がずらりと表示される。従来の常識では、商品の表示位置――競争率の高い、ページ最上部の〝先頭〟なのか、ほとんど一番下なのか――が、人々のクリックするものや最終的に購入するものを決める重要な要因だと考えられている。検索エンジンの最適化を行うのも、ほとんどは、商品が先頭に表示されるようにするためだ。だが、この説を裏付けるデータはほとんどない。

人々がどのようにオンライン・ショッピングをしているのかについて、Red Cというマーケティング会社が広範囲にわたる調査を行っている。それによると、ブランドへの親近感がクリック率に与える影響は一般に考えられているよりはるかに大きい。人々はおよそ80％の確率で既知のブランドを選んでいて、それがページのどこに表示されようが関係ないことが分かっている。検索しているものがクルーズ旅行であれ食事の定期宅配サービスであれ、人々は馴染みのあるブランドが見つかるまで検索結果を素早くスクロールするのである。

商品の外観を少し変えるだけで世間が大騒ぎすることがよくあるが、馴染みのないものに対する嫌悪感をこれほどよく表す現象は他にない。たとえば、トロピカーナのロゴ変更が大失敗したときの話である。２００９年、トロピカーナは有名広告代理店のアーネルにロゴとラベルのデザイン変更を依頼した。狙いは、ブランド・イメージをより時代に合ったものにすることだった。オレンジにストローを刺した象徴的なイラストは消え去った。他の商品との見分けがつきやすい配色も変更された。中身自体はまったく変わっていない。トロピカーナのままだ。パッケージの外観が少し変わっただけである。だが、人々はそれが気に食わなかった。リブランドから2週間もしないうちにトロピカーナの売り上げは20%も減少した。そして、変更してから30日を待たずして新しいデザインは棚から撤去され、元のラベルに戻された。それから間もなく、30年の歴史を持つアーネルは廃業に追い込まれた。

これはトロピカーナに限った話ではない。フェイスブックはどうだろうか。フェイスブックは、レイアウトを変えるたびに「以前のレイアウト」に戻せとユーザーから抗議されている。X世代（1965年～1980年頃に生まれた人たちを指す米国での世代分類）とミレニアル世代に属する人なら、『フェリシティの青春』（憧れの人に近づくために同じ大学に入学した女子大生の恋と青春を描いたテレビドラマ。1998年9月から2002年5月まで米国で放送され、その後日本でも放送された）というテレビシリーズをご存じだろう。米『タイム』誌はこの番組を「史上最高の100本」の1つに選び、ケリー・ラッセル演じるフェリシティ・ポーターを「史上最高のテレビドラマの登場人物」の1人に選んだ。『フェリシティの青春』は批評家から絶賛されたものの、作中でケリー・ラッセルがトレードマークの長いカーリーヘアをばっさり切ると、ファンはそっぽを向いた。ファンの反感を買ったことで視聴率は急落。髪型が大衆文化にこれほどの影響を与えたことで、フェリシティの名は「変えることの危険性」を戒める教訓となった。テレビドラマの登場人物の外見ががらりと変わると、必ず「フェリシティの二の舞」と言われる。

お気に入りの日用品や文化の象徴の外観が変わると、熱心な支持者はとかく「違和感」を覚えるものだ。その困惑と困惑に起因する騒動に企業が驚かされることがよくある。変化そのものよりも、変化に対する反応がはるかに大きいと思えるためだ。

人生観や政治的規範より強い「既知」の力

自分の理想の人生をシミュレーションしてくれる機械があったとしよう。あなたは名声も富も手に入れることができる。憧れの家に住み、好きな友人だけに囲まれて暮らすこともできる。だが、どれも現実ではない。脳に電極を取りつけられ、水槽に浮かんだ状態で一生を送るのである。ただし、どこを取っても現実に見えるため、それが幻だということはまったく分からない。あなたは一生この快楽マシンにつながれていたいと思うだろうか。

米国の哲学者、ロバート・ノージック（1938年〜2002年）が考案したこの有名な思考実験は、快楽マシンと呼ばれる（経験マシンや経験機械とも呼ばれる）。これは、快楽や幸福への欲求と、見せかけではない本物の人生を送りたいという欲求とを比較しどちらかを選ばせるものだ。この問いを投げかけると、人々は快楽マシンを激しく拒絶する。快楽だけの人生にも惹かれはするだろうが、結局は、シミュレーションされた完璧な人生よりも、浮き沈みのある本物の人生を送りたいと思うのである。少なくとも、そんな気になる。

今度は、この有名な快楽マシンに米国の心理学者ジョシュア・グリーンが手を加えた改変版の思考実験を考察してみよう。

飾り気のない白い部屋であなたは目を覚ます。リクライニング・チェアに身体をあずけ、頭には鋼鉄製の怪しげな装置がついている。傍らには、白衣を着た女性があなたを見下ろすようにして立っている。「今は2659年です」と彼女は言う。「あなたが慣れ親しんでいる人生は、約40年前にあなたが選んだ経験マシンのプログラムです。私たちIEMはお客様が満足しているかどうかを確かめるために、10年おきにプログラムを中断します。記録によると、過去3回の中断の際、あなたはご自分の選んだプログラムが満足のいくものだと判断し、継続することを選択されました。これまでと同様、プログラムの続行をご希望であれば、元どおりの生活に戻ることができ、今回の中断を思い出すことはありません。ご友人や大切な人たち、プロジェクトもすべてそのままです。もちろん、何らかの理由でご満足いただけていない場合は、現時点でプログラムを終了することもできます。プログラムをお続けになりますか？[*3]」

この場合は選ぶものが逆になる。大多数の人がマシンに留まることを選ぶのだ。疑似的な快楽を選ぶか現実を選ぶか、という二者択一である点はまったく変わらない。違うのは現状だ。現在の状況は既に知っていてよく分かっている（だから好ましく感じる）のに対し、もう一方の選択肢は未知のものだ（だから避けようとする）[*4]。

私たちには既知のものを手放したくないという欲求があるということを理解すると、少なくともプロ・スポーツに関する限り、米国人は社会主義者で欧州人は資本主義者である理由が理解できる。米国プロ・スポーツのトップリーグの1つであるアメリカンフットボール・リーグ（NFL）には、北欧諸国の人々がにっこりして喜ぶような富の分配制度がある。敢えて勝者を罰して敗者に報いようという制度だ。成績が下位のチームは最も優秀な新人選手を指名できるが、上位チームは売れ残った選手から選ぶことになる。また、最も利益を上げたチームから資金力の乏しいチームへと収益が分配される。

欧州のサッカーリーグは様子が大きく異なる。優勝を争うのは、毎年ほんの一握りのメガクラブだ。たとえば、スペインのリーグは基本的にFCバルセロナとレアル・マドリードの2強の戦いとなる。このような寡占状態を誘発する大きな原因は、メガクラブが資金面で圧倒的に優位なことにある。欧州サッカーには、年俸に上限を設ける「サラリーキャップ制度」がほとんどないため、最も裕福な30クラブが全679クラブの総収入の49%を占めるという仕組みが出来上がるというわけだ。しかも、不振にあえぐチームがあっても、支援するどころか下部リーグに降格させる。

米国人は自国のリーグの運営方法を気に入って支持しているし、それは欧州の人々も同じだ。NFLで用いられている富の分配制度を誰かが廃止しようとしたら、米国のファンは大反対するだろう。同様に、欧州の人々は米国式の平等主義的な制度に刷新しようとしたら、抵抗するに違いない。

米国と欧州の政治的規範を考えると、これは奇妙なことだ。米国には欧州のサッカーリーグとよく似た富の構造があり、国民はそれを支持している。また、欧州の税制はNFLの富の分配制度によく似ている。だが、米国の政治家が欧州の税率区分を採用する案を掲げて立候補したら、落選するだろう。また、米国の労働法が欧州で施行されたら、そこに住む人々は暴動を起こすに違いない。

疑似的な現実であれ、富の分配制度であれ、私たちは自分が身を置いているシステムを支持しがちだ。それも、そのシステムが優れているからではなく、そちらのほうに馴染みがあるという理由からだ。

「惰性」はいかにしてイノベーションを損ねるのか

科学哲学においておそらく最も重要な人物であるトーマス・クーン（1922年〜1996年。米国の哲学者、科学者。主著『科学革命の構造』で「科学は断続的な革命によって発展してきた」とするパラダイム論を展開）は、未知のものを避けようとする私たちの性質が人類の進歩を阻害する主な要因であると主張した。クーンは次の有名な言葉を残している。「新しい概念は、どれほど明白で疑いの余地がなかったとしても、世代交代が起きるまでは実用化されない。新しい概念を新しいと思う世代が死に絶え、そんなものはよくある当たり前の概念だと考える世代に入れ替わって初めて実用化されるのである」。ドイツの物理学者マックス・プランク（1858年〜1947年。ノーベル物理学賞受賞）は、これをさらに簡潔にして次のように表現した。「新しい概念は葬式があるたびに進展する」

「惰性」の主な問題は（その名が暗示するとおり）、「無為無策」を引き起こすことにある。そして無為無策こそイノベーターが戦うべき相手だ。改善につながる可能性のある選択肢があったとしても、それが不確かなものである場合、私たちは慣れ親しんでいるほうを「惰性」で選択する。

「現状に満足したらそれ以上の向上は望めない」と昔からよく言われるが、その大きな理由はこの本能にある。このような思考は停滞を招き、新しいアイデアを拒絶させるからだ。

だが、「惰性」が引き起こす無為無策だけがイノベーションを損なうわけではない。チャンスを追求しようとしているときや、問題を解決しようとしているとき、現状を打破することを厭わない人がいたとしても、前向きに検討すべき選択肢の幅は「惰性」によって狭められてしまう。たとえば、投資先を決めるときを考えてみよう。投資家は自国の株式を購入したがる（これは、しばしばホームバイアスと呼ばれる）。たとえば日本の投資家は、世界の株式に占める日本株の割合は9％に過ぎないにもかかわらず、手持ち資金の80％を日本の上場企業に投資している。[*5] 現在、時価総額で世界のトップ10に入っている企業の国籍は、中国、米国、サウジアラビアの3つだ。つまり、日本の一般的な投資家は世界最大級の企業に投資していないのである。

馴染みのあるものを好むという私たちの性質は、別の種類の投資――社会資本――をも妨げる。優れた社会人ネットワークとは、職種に多様性のあるネットワークだ。経験、世界観、教育・訓練などの面で多様性があると、新しい考え方に触れることができるうえ、1人では決して持ち得ない知識、教育・訓練、専門性が身近になる。このような理由から、多くのビジネスパーソンは多様なネットワークを持つことが成功への道だと考える。ケロッグ経営大学院のMBAやエグゼクティブMBA（管理職向けの経営学修士課程）の学生に受講の理由を訊ねると、よくある回答の1つとして、「より多様な職業に就く人々との人脈を構築するため」という答えが返ってくる。

だが、学生たちが一般論として重視していることと実際に行っていることは異なる。あるエグゼクティブMBAプログラムでは、学生たちが「異業種交流会」に参加し、さまざまな業界出身のリーダーと人間関係を築く機会を得た。学生たちは、話した相手とその時間の長さを記録する電子チップをそれぞれ装着して交流会に出席した。事前アンケートによると、学生である経営者たちの第1目標は、「異なる業界の人と知り合いになること」だった。ところが、実際はそうなっていなかった。結局、交流会で最も多く話す相手を左右した最大の要因は、「既に知っている相手かどうか」だったのである。参加者は既に知っている人と話をすることに大半の時間を費やしていた。2番目の要因は「同じ業界の人かどうか」だった。彼らは多様性を求めていたが、実際には、弁護士は弁護士同士で話をし、経営コンサルタントは経営コンサルタント同士でつながりを持つ、といった具合になっていた。

多様性にはさまざまなメリットがあるにもかかわらず、馴染みのあるものを好む性質のために、似たもの同士で人間関係を構築するのである。社会学者はこの現象を「同類性」（似たものを好む傾向）と呼ぶ。私たちがこのような行動を取るのは、そのほうが楽だからだ。自分と同じレンズを通して世界を見ている人のほうが、容易に信用できる。

馴染みのあるものを本能的に好むということは、たとえ新しいアイデアに制限を設けるつもりはなかったとしても、イノベーターや組織が検討するのは、考え得るあらゆる選択肢や解決策ではなく馴染みのあるもの――過去に試したものや文化に合ったもの――だけになると考えられるのである。

4 「惰性」を克服する

初めて聞くアイデアを懐かしい友人に変える方法

よく知らないものを知っているものに変える

「惰性」はイノベーションや変化に対する「抵抗」である。「惰性」を克服するのは、少なくとも概念上は簡単だ。よく知らないものをよく知っているものに変えてやればいい。なぜなら、知れば知るほど「抵抗」は和らいでいくからだ。新しいアイデアが、得体の知れない侵入者ではなく、昔ながらの友人のように感じられるようにすることを目指そう。この章では、「惰性」を克服する方法を「アイデアに慣らす」と「相対性を取り入れる」の2つに大きく分けて探っていく。これから紹介するテクニックを適切に使えば、新しいアイデアに対する抵抗感を和らげることができるうえに、親近感バイアス（よく知っている事物や自分に似ている人に好感を抱いたり、高く評価したり、親近感を覚えたりする心理的傾向）の向きを「抵抗」から「燃料」に変えることさえできる。

新しいアイデアに慣らすことで「抵抗」を和らげる

新しいアイデアはビールのようなものだ。あなたはビールを初めて飲んだとき、その味を気に入っただろうか。ほとんどの人はおいしいと感じなかったはずだ。だが、味には次第に慣れていく。そしてしばらくすると、かつては不快に感じていた味が、長い1日の終わりに安らぎをもたらす味へと変化する。

だが、生まれて初めてビールを飲んだ後に、またビールを飲みたいかどうかの最終決断を迫られたとしたらどうだろうか。慣れるための時間を与えられなかったというそれだけの理由で、多くの人がいたずらにビールを拒絶することになるだろう。ビールの消費を促進しようとしていたとすれば、これは最悪のやり方と言える。

ところが、多くのリーダーやイノベーターはこれとまったく同じアプローチを取っている。新しいアイデアはビールと同じで、初めて口にしたときは後味が悪い場合が多い。だが、慣れるにつれて「抵抗」は和らいでいく。それなのに、私たちは新しいアイデアを初めて発表したそのときに、それに対する意思決定を求めがちなのである。よくあることではあるが、これも同様に最悪のアプローチだ。それよりも、新しいアイデアに慣らした後で人々に賛同を求めるようにしたほうがよい。前の章で見たとおり、親近感は新しいアイデアに触れることで生まれるからだ。では、これを実践するときに使える5つの戦略を紹介しよう。

戦略その1：何度も繰り返す

前章で説明したように、単純接触効果とは、接触することで好感度が増すことだ。これと似たもので、心理学者が「真実性の錯覚効果」と呼ぶ現象がある。これは、同じことを耳にする回数が多くなればなるほど、それを信じやすく、また支持しやすくなる、という概念だ。典型的な実験としては、正しいか間違っているかのいずれかである文を次々に被験者に見せるというものがある。たとえば、「クライズデールは馬の一種だ」という文が正しいか否か（正しい）、「マスティフは馬の一種だ」という文が正しいか否か（正しくない）を被験者に判断してもらう。数分、数日、あるいは数週間の中断を挟んだ後、もう一度、被験者に対して同じ実験を行う。2回目は、初めて目にする文と、1回目の実験のときに既に目にした文が混在している。この実験で重要なことが分かった。人間には、ある文が実際に正しいかどうかにかかわらず、前に見たことがあるという理由だけで、その文を正しいと考える傾向があるのだ。文を目にする回数が増えるほど、この効果は強くなる。[*1]

この「何度も見聞きするうちに本当のことに思えてくる」効果が科学的に証明されたのはようやく近年になってからのことではあるが、有力な指導者たちは何千年も前からその影響力を理解していた。紀元前2世紀、共和政ローマの政治家、大カト（マルクス・ポルキウス・カト・ケンソリウス）はカルタゴの都に赴いた。カルタゴとヌミディア王国の和平交渉を取りまとめるためにローマから派遣されたのである。門を入った大カトは、富と軍事力が増強されつつある様子を目のあたりにして衝撃を受けた。そして、力をつけたカルタゴがローマの脅威になることを懸念した。大カトは、偉大なるフェニキア人の都市が強くなりすぎる前に、ローマから攻撃をしかけるべきだと強く思い、元老院では、カルタゴの都市国家と戦争することの必要性を何度も訴えた。そして、どの演説でも――議題が何であろうと――最後は必ず、「カルタゴを滅亡させなければならない」という台詞で締めくくった。彼は、何度も訴えることで徐々に合意が形成されていくことを知っていたのだ。

その2000年ほど後には、ナポレオンがこれと同じことに気づく。ナポレオンは次のように述べた。「極めて重要な修辞技法はただ1つ――反復法だ。同じ主張を何度も繰り返すことで言葉が心の中にしっかりと留まり、最終的には、実証された真実として受け入れられる」

繰り返し接していると、新奇なアイデアでも親近感を覚えるようになる。政治の世界では初歩的な選挙戦術だ。メッセージを十分に発すれば、有権者はそれを信じるようになる。製品であれば、繰り返し接する機会を広告で作り出すというのが一般的な方法だ。だが、企業内ではこの「繰り返し」の機会を逸することがよくある。私たちの経験によると、リーダーというものは細部を先に仕上げたいと考えるらしく、発表できる状態になるまでアイデアを表に出さないことがよくある。これでは、新しい取り組みに従業員を慣らす時間も機会もない。

むしろリーダーは大カトを見習い、機会あるたびに自分のアイデアが話題にされるようにするべきだ。経営コンサルティングの世界ではこれをアイデアの「種まき」と呼ぶことがある。目標は、変革への確約を求めるずっと前に、人々の心の中にアイデアを植えつけることだ。私たちがインタビューしたオランダの変革コンサルタントが述べたとおりで、「チューリップは春に花を咲かせるが、植えるのは秋」なのである。

ただし、アイデアを思いついた本人がこの「繰り返し」を行う必要は必ずしもない。アイデアが注目されれば、オーディエンスは自分の頭の中に何度もそのアイデアを思い浮かべて〝あれこれ熟考〟することになる。ここで重要になる要素は時間だ。時間は、自らそのアイデアに慣れ親しむ機会をオーディエンスに与えてくれる。この点を実証するために、ロレンは授業中に簡単な実験を行った。課題の提出期限を遅らせることを提案したのである。これは学生にとって、課題を仕上げるために使える時間が増えるという意味だが、最終的な評価が分かるまでの待ち時間が延びるという意味でもある。ロレンは、火曜夜のコースでは講義の最後にこの変更を提案し、すぐに学生に投票を求めた。すると、およそ30％の学生が反対票を投じた。水曜夜のコースでは、講義の最初に同じ提案をし、授業が終わる3時間後に投票してもらうと伝えた。この場合、新しいアイデアに反対した学生はわずか5％だった。

戦略その2：小さく始める

新しいアイデアを導入するとなった場合に必要となる変更の範囲はさまざまだ。段階的に調整していくだけでよい場合もあれば、混乱をきたすほどの大幅な変革が必要となる場合もある。大きな変更が必要な場合は、アイデアを小出しにしたほうが、初めて知った話でもすんなり聞き入れられることが多い。人は徐々にアルコール飲料の味を好きになるものだが、特定の酒類は受けつけないという人もたくさんいる（デイヴィッドの場合はサザンカンフォートだ）。その理由は、必ずと言っていいほど、初めて試したときに飲み過ぎてしまったことにある。

「小さく始める」という発想は、効果抜群の恐怖症治療法の基礎をなす概念だ。これは段階的暴露療法と呼ばれている。治療のやり方を説明しよう。ヘビ恐怖症の人がいるとする。よくあるヘビ嫌いとは違い、恐怖で身体がすくんでしまう。草むらにヘビが隠れているような気がして、庭を歩くことさえできないほど強い恐怖を覚えるのだ。では、この恐怖を克服する方法があるとしよう。何年も何カ月もかかる治療ではなく、ほんの数時間で克服できる治療法だ。ひょっとすると45分かからないかもしれない。それが、段階的暴露療法に期待されている効果だ。

まず、ガラスのケージに入ったヘビがいる別室をマジックミラー越しに見てもらうところから治療は始まる。最初、患者はヘビの姿を怖がっているが、10～15分もすれば慣れてくる。これが第1段階だ。次は、ヘビのいる部屋の戸口に立ってもらう。これも、患者が慣れるまで続ける。これが第2段階だ。第3段階では、ヘビから3メートルほど離れたところにある椅子に患者を座らせる。このような段階的治療を続けていくと、やがて患者はヘビを膝に乗せられるようになり、その美しさに見とれるほどになることもよくある。

仮に心理療法士が最初のセッションのときから患者にヘビを抱かせようとしたらどうなるだろうか。絶対にうまくいかないはずだ。変えることが困難に感じられると、人はそれに逆らう。この心理はあらゆるものに共通する。テーマが何であるか――恐怖症の治療なのか、消費者の購買習慣や組織の慣行の変革なのか――は関係ない。抜本的な変革は、小さな一歩から始めたほうが成功する確率が高い。

英国を拠点とするパブリック・デジタル（Public Digital）は、新しいデジタル時代のビジネスへの転換を図る政府機関や大規模組織を支援するコンサルティング会社だ。同社はマダガスカルなどの国の政府機関と提携して、公共サービス（公共料金の支払い方法など）の迅速化や効率化、市民にとっての利便性向上に取り組んでいる。組織を進化させるこの種の取り組みのことを、業界用語では「デジタル・トランスフォーメーション」と呼ぶことが多い。

何十年も使われてきたシステムやテクノロジーを、（それを管理する人たちと一緒に）一新する試みは、大きな「抵抗」を生み出す。現代化《モダナイゼーション》した後に予想される世界を受け入れるのは、幹部クラスの人々にとってはたやすいことだ。だが、最前線で働く人々の見方は往々にして異なる。彼らは、製品やサービスをある一定の方法で提供することに職業人生の大半を費やしてきた。それが今になって、明日から仕事のやり方を変えてくれと言われているようなものなのだ。

パブリック・デジタルのような企業は、歴史ある政府機関をどうやって現代化しているのだろうか。その秘訣は、「小さく始める」ことにある。パブリック・デジタルのパートナーで同社の最高技術責任者を務めるジェームズ・スチュワートによると、大きな変革は大規模に始めるべきだと思っている組織が多いが、実際はむしろその逆が正しい。だから、ジェームズは最初のうちの議論では「デジタル・トランスフォーメーション」という言葉を使わないようにしている。「トランスフォーメーション」とは変革のことであり、大規模な変化を意味するからだ。ジェームズはむしろ、目標とする範囲を狭めることを提案する。「組織には、〝デジタル・トランスフォーメーション〟の目標について訊ねるようなことはせず、次に達成したいと思っている重要なことについてだけ訊ねる。そして、デジタルを最優先にする新しいアプローチで取り組むことの価値を示す良い機会として、その小型化したプロジェクトを活用する。課題の規模が小さくなっているため、こうするとより受け入れられやすくなる。そして、プロジェクトが成功すれば、そのプロジェクトは、刺激を求めている組織にとっての道標となる」

パブリック・デジタルが小さく始めることはもう1つある。組織全体に働きかけて一気に組織の現代化を受け入れさせようとはせず、新しいやり方で仕事をしてみようという積極性のある人を5～6人集めて、小さなチームを1つ作るところから始めるのである。そして、この「先駆けとなった人々《アーリー・アダプター》」に、自らの経験を組織全体に広めてもらう。このような段階的アプローチを取ることで、組織内の懐疑的な人たちには、新しいやり方に慣れる猶予が与えられるというわけだ。

「繰り返し」も、パブリック・デジタルが「惰性」と戦うときに用いる重要な戦術だ。同社では、メッセージを繰り返し伝えるために、ちょっとした成功事例を頻繁に紹介している。たとえば、カリフォルニア州のＩＴ部門の現代化を支援する仕事を請け負ったときで言うと、成功の鍵を握っていたものの1つは、なんといってもブログの活用だった。ジェームズの談話を紹介しよう。

「Doing and Done（予定と実績）」と題したシンプルな週次ブログをチームで作成したんだ。

形式は極めて単純で、その週に達成しようとしていることと、前の週に達成したことが分かるようにした。それでおしまい。ただし、関心を持っている人は誰でも閲覧できるようにした。このような細かい出来事を共有しつつ、不可解なデジタル・トランスフォーメーションのプロセスやデジタル・サービスの開発プロセスを解き明かしたことで、自分もやってみたいと他の人たちに思わせることができた。今にして思えば、このような小さな進歩について包み隠さず話すことだけでも、カリフォルニア州政府の変革の取り組みとしては、テクノロジーそのものに負けず劣らず大きなイノベーションだった。

繰り返すこと、そして小さく始めることは、馴染みのないものを馴染みのあるものに転換できる2つの方法だ。だが、どちらも時間が必要で、チャンスに恵まれる必要もあるため、いつでも利用できるわけではない。「惰性」を和らげるための戦略は他にもいくつかある。

戦略その3：伝達者をオーディエンスに似せる

売り込もうとしているメッセージが馴染みのないものであったとしても、メッセージを伝える人にも馴染みがないとは限らない。私たちは、情報を伝える人が誰かということに大きく左右される。人は、自分が知っている人や自分に似た人からのメッセージには耳を傾ける傾向があるのだ。

オランダのナイメーヘン大学の心理学者リック・ファン・バーレンが、一連の広告に対する感想を求めるという実験を行った。だが、感想を求めるというのは表向きの目的で、実は調査員は、やり取りをしながらそれとなく被験者を模倣していた。調査員は、あからさまになりすぎないように注意しながら、態度、手や脚の位置、活力の程度、声の調子などを、被験者とだいたい同じになるようにしたのである。心理学者はこれを「ミラーリング」と呼んでいる。対照実験は、ミラーリングを行わないという点を除き、まったく同じ条件下で行われた。

やり取りの間、調査員はうっかりミスを装って何本ものペンを床に落とす。ペンを拾う手助けをする確率は、模倣されていた被験者のほうがおよそ3倍高かった。真似されることで親しみを感じるようになり、調査員に対する厚意が数分で高まったのだ。[*2]

営業トークや人前で話をする場合は、これを「オーディエンス・チューニング」という。熟練プレゼンターはコントロールの仕方をよく分かっていて、堅苦しい聴衆の場合は真面目さの度合いを引き上げるが、くだけた雰囲気の聴衆に対しては真面目さの度合いを下げる。第2章で紹介した、世界記録を持つ自動車販売員アリ・リダは、オーディエンス・チューニングにまつわる興味深いエピソードを披露してくれた。アリは、自動車販売市場の中に自分が入り込めていない消費者層があることに気づいた。ミシガン州で急増しているメキシコ系アメリカ人の住民たちだ。アリはこの地域住民のニーズや関心を理解していないと感じていた。それに加えてスペイン語が苦手なことが大きな障害となり、信頼関係を構築することができない。そのため、彼が得意とする「信頼関係を基に展開するお客様本位の販売手法」を使えずにいた。そこでアリは弟子を取ることを決意し、カルロスを迎え入れた。営業経験こそなかったが、カルロスはミシガン州のメキシコ系アメリカ人コミュニティの一員だった。アリが誇らしげに伝えるところによると、カルロスは月に30台前後の車を売り上げている。これは、全米のどのディーラーにでも就職できるほどの実績だ。何よりなのは、カルロスの成功がアリの売り上げを奪っていないことだ。カルロスは新しい市場を開拓することでパイを大きくしたのである。

戦略その4：提案を典型的なものに似せる

コマドリもエミューも鳥だ。だが、コマドリの見た目はごく一般的な鳥そのものである。鳥と言われれば、コマドリのような外見の生き物を思い浮かべるはずだ。エミューも鳥だが、これはほとんど別ものと言っていい。典型的な鳥のイメージに真っ向から反している。革新的な製品であれ、新しい作業手順であれ、ほとんどの新しいアイデアはそれを包含するカテゴリーに属している。一般に、カテゴリー内の典型と言われるものと一致するアイデアは、そうでないアイデアより身近なものに感じられる（したがって好感を持たれやすい）。新しいアイデアが典型的なものと一致していない場合は「抵抗」が生じる。脳を普段より活発に働かせて、新しいアイデアを理解しなければならないからだ。私たちは志の高さに敬意を払うため、紙の上であれば急進的な変革を素晴らしいと感じる可能性はある。だが、「エミュー」のようなイノベーションを売り込んだとしたら、多くの人は馴染みのない概念を理解するのに苦労することになるだろう。

このことを正しく理解している好例として思い浮かぶのはテスラだ。テスラの車が初めて発売されたとき、ガソリン車から電気自動車に移行するという見通しは、既に大きな変化として多くの人に受け止められていた。そして、テスラのような先進的な企業であれば、車の特徴を何から何まで完全にデザインし直すものと思われていたはずだ。ところが、最初に生産が開始されたテスラのモデルSは、典型的な車によく似ている。動く仕組みは違うし、素晴らしい新機能がたくさん内蔵されているらしいが、外観は見慣れたものだ。一方、後続モデルは、モデルXのファルコンウィングドアといい、サイバートラックの未来を先取りしたようなデザインといい、典型的とは言いがたい。だが、今やテスラは押しも押されもせぬブランドである（つまり、メッセージの発信元に馴染みがある）ため、常識から逸脱しても許容される範囲が広がっているのだ。

戦略その5：喩え（アナロジー）を使う

「犬を飼っている人のためのウーバーのようなもの」「庭用のルンバみたいなもの」など、画期的な製品やサービスに直接的には馴染みがない場合、人々はそれを自分がよく知っているものに喩える。これは「喩えを使った比較」と呼ばれる。「喩え」とは要するに、2つの事物の類似点を示す比較の方法だ。喩えを使うと効果的なのは、馴染みのないものが馴染みのあるものに思えてくるからだ。「喩える」という行為は、初めて訪れた場所でも土地勘が働くように、その場所を既に知っている場所に似せることなのである。

元大統領ビル・クリントンのスピーチライターを務めたジョン・ポラックは、著書『Shortcut: How Analogies Reveal Connections, Spark Innovation, and Sell Our Greatest Ideas（ショートカット：関係性の解明、イノベーションの促進、素晴らしいアイデアの売り込みに「喩え」を活かす方法）』の中で、喩えの威力について述べている。この本には、パーソナル・コンピューターの黎明期に、スティーブ・ジョブズがどのように喩えを駆使してこの新しいテクノロジーを世の中に浸透させていったのかが分かるエピソードが書かれている。コンピューターが登場する以前、人々は物理的な世界で仕事をしていた。紙とペン、そして物理的なファイル・フォルダーなどを使っていた。仮想の世界で仕事をするというのは、これとは根本的に異なる概念だった。少なくとも、根本的に異なるように思えた。ジョブズが理解していたのは、物理的なオフィスと仮想のオフィスは基本的に似ているということだ。一般大衆の受け入れを図るために、ジョブズは人々がよく知っている従来の職場と、馴染みのない新しい仮想の職場とを効果的な喩えで結びつけた。

コンピューターが登場する前の職場ではアイデアを紙に書いたが、それを何と呼んでいたっけ？　……「ドキュメント」だ。そのドキュメントを保存する必要があるときは何に入れていたっけ？　……「フォルダー」だ。それで、そのフォルダーはどこに置いたんだっけ？　……机の上だ。「ドキュメント」、「フォルダー」、「デスクトップ」は仮想空間で仕事をするときに私たちが使う用語だが、そのようになったのは、馴染みのある用語を使うと新しいテクノロジーが理解しやすくなるということをスティーブ・ジョブズが理解していたからだ。物理的な職場と仮想の職場に類似点があるというのは、今や当たり前のことのように思える。だが、１９８０年代はそうではなかった。喩えを使うことをスティーブ・ジョブズが思いついたおかげで、パーソナル・コンピューター時代への移行が促進されたのである。

選択肢の提示に相対性を取り入れる

気持ちのいいある夏の日、あなたはシカゴの繁華街にいるとしよう。ふらりとナイキの店舗に立ち寄ると、新発売のかっこいいシューズ（自分用）と運動器具（子供用）が見つかる。しめて300ドル。あなたが代金を支払おうとすると、レジにいた店員が思いがけないお得情報をもたらす。最近、ほんの5ブロック先にナイキのディスカウント・ストアがオープンしたというのだ。しかも、あなたはついている。購入するつもりだった商品と同じものがそこでも手に入るという。300ドルを支払いかかっていたが、ディスカウント・ストアに行けば50ドル安く購入できる。このお得情報を聞いてあなたはどう感じるだろうか。きっとわくわくするはずだ。少なくとも、嬉しい驚きを感じるだろう。そして、多くの人が5ブロック先まで歩いていくのではないだろうか。

では、似たような別の例を見てみよう。あなたは新しい車を買いに出かける。そして、欲しい車が見つかった。必要書類を記入しようかと思っていると、販売員が思いがけないお得情報をもたらす。5分ほど行ったところに別のショールームがあるというのだ。あなたが購入しようとしている3万ドルの車は、そちらのショールームに行けば50ドル安く購入できるという。さて、これを知ってあなたはどう感じるだろうか。不快になるかもしれないし、がっかりするかもしれないし、戸惑うかもしれない。だが、間違いなく喜びはしないだろう。

ここが理解に苦しむところだ。合理的な生き物であれば、いずれの場合も同じお得感を覚えるはずである。ほぼ同じ労力で同じ額の値引きが受けられるのだから。50ドルは50ドルだ。安い居酒屋なら50ドルで十分に一晩過ごせる。だが、人間は合理的な動物ではない。

この例から見えてくるのは「相対性」の力だ。私たちは世の中を隅から隅まで——完全に——相対的な言葉で理解している。自分の性格について少し考えてみよう。そして、次の質問に答えてほしい。1~5の5段階で評価すると、あなたはどのくらい面白いだろうか？　創造性は？　野心の程度は？　自覚はないかもしれないが、今あなたが答えた内容は、ほんの少し違う質問に対するものだ。あなたが実際に自分に投げかけた質問はこうだ。「他の人と比べて自分はどれだけ面白いだろうか、創造的だろうか、野心的だろうか？」基準が何もないところでこうした評価を行うことなどできないからだ。ロレンはオランダに住んでいたとき、自分は社交的でダンスもかなりうまいと思っていた。だが、その評価はブラジルに引っ越してから変わった。

相対性を理解すると、私たちが世界をどのように見ているかが分かってくる。次頁に錯視画像がある。中央の2つの円に注目してほしい。この2つの円は同じ大きさであることが分かっている。あらかじめ測っておいたからだ。だが、私たちの目には同じ大きさには見えない。右側の中央の円のほうが大きく見えるが、それは、置かれている状況が異なる——中央の円を取り囲んでいる円が右側のほうが小さい——からだ。

相対性によって決まるのは自分自身や物体の見方だけではない。アイデアや機会の捉え方も相対性の影響を受ける。私たちは何もないところで新しいアイデアを見ているわけではない。一定の状況の中で捉えている。だが、人々に変化を受け入れさせようとするとき、私たちはこの事実を無視してしまう。

たとえば、従業員に新しい経費報告のやり方を受け入れてもらいたいと思っているとしよう。あなたならどうするだろうか？　きっと、「燃料」中心のアプローチに準じて、新しい経費報告システムの利点を説明するに違いない。たとえば、新しいやり方に変えた場合の時短効果などを力説するだろう。

ここに大きな問題があることにお気づきだろうか。このシナリオで、相対性はあなたに対してどのように作用しているだろうか。(A)有利に働いている、(B)不利に働いている、(C)どちらでもない、のどれなのかを考えてみよう。ＭＢＡの学生たちにこの質問をすると、およそ75％が(C)を選ぶ。

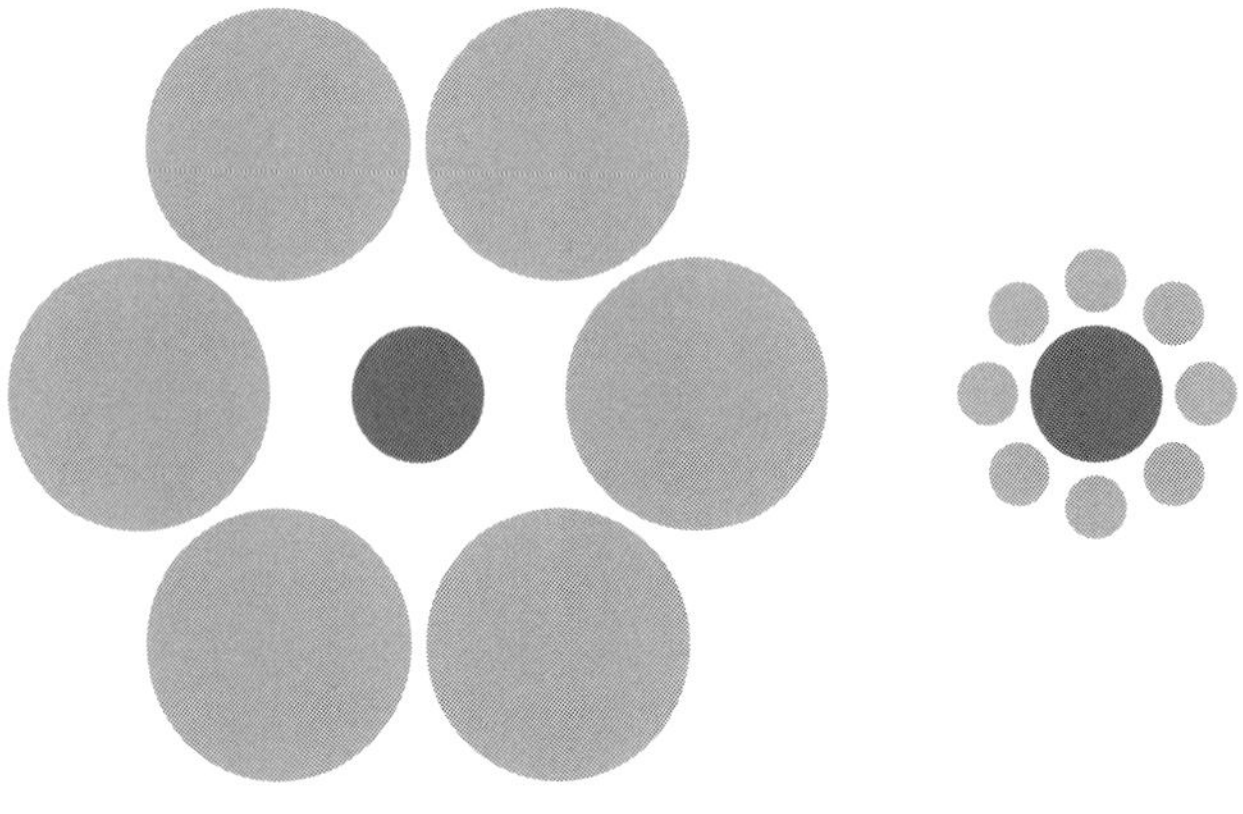

円：目の錯覚。

従業員は1つの選択肢しか検討していないのだから相対性は作用しない、と直感的に思うのだ。ところが、そうではない。

新しいやり方を人々に提示するときには、必ず暗黙の比較対象が存在する。「現状」だ。人は、馴染みがあって快適なものと新しいものとを比較する。この比較はイノベーションの敵だ。なぜなら、私たちの多くは不快であることよりも快適であることを望むからだ。

ここで良い知らせがある。相対性の仕組みを理解すれば、「惰性」を「抵抗」から「燃料」に転換することができる。そのためには、比較対象を作ってやればよい。影響を与えるための鉄則の1つは、「選択肢を1つだけにしない」ことだ。というのも、選択肢が1つしかないと、人は無意識のうちに新しいものと馴染みのあるものとを比較するからだ。しかも、たいていは馴染みのあるものに軍配が上がる。そうではなく、複数の（なおかつ提案者にとって望ましい）比較対象を作るのがよい。次に、相対性をあなたにとって有利に作用させるための戦略を2つ紹介する。

戦略その1：極端な選択肢を追加する

次のワインリストを眺めてみよう。何に目が行っただろうか。125ドルのボトル・ワインが気になったはずだ。リストに載っている他のワインと比べて極端に高いから目立つのである。20ドル前後のボトルが大半を占める中で、125ドルのボトルは飛び抜けている。なぜ、こんなものがリストに載っているのだろうか。気前よくこのワインを注文したら、もちろんレストランは大喜びだろう。だが、リストに載せている本当の理由は違う。125ドルのボトルがリストにあれば、44・99ドルのボジョレー・ヴィラージュや50・99ドルのコート・デュ・ローヌといった次の価格帯のワインを注文する理由を正当化しやすくなるのだ。

人々は、いくらならワインに使ってもよいかをはっきりと理解して街を歩いているわけではない。ワインがいくらぐらいなのかをなんとなく分かってはいても、状況（この場合はワインリスト）から判断してワインを選ぶ場合がほとんどだ。50ドルのワインがリストの中でいちばん高い状況でそのボトルを注文すれば、かなり奮発したように感じられるだろう。だが、125ドルのボトルがあるおかげで、50ドルのボトルはややリーズナブルに感じられるようになる。円の錯視とほぼ一緒だ。値段の高いワインがあると、他のものはどれも大したことがないように思えてくるのである。この教訓はイノベーションについても言えることで、やや極端な選択肢を追加すれば、それとの比較で他の選択肢をより合理的に見せることができる。

赤ワイン

ピノ・ノワール、2008年	17.99ドル
カベルネ・ソーヴィニヨン	23.99ドル
シラー、〝ラ・ヴィオレット〟	24.99ドル
ブルゴーニュ・ルージュ、ラフォーレ	22.99ドル
ボジョレー・ヴィラージュ	44.99ドル
モルゴン、G.デュブッフ	29.99ドル
シャトー・ラ・シャテニエール	19.99ドル
シャトー・ローラン・ド・ビィ	25.99ドル
シャトー・オー・モンデン	125.99ドル
シャトー・ラギャルド、サンテミリオン	25.99ドル
コート・デュ・ローヌ、レ・アベイ	50.99ドル

レストランのワインリスト：125ドルのボトルを掲載して、他のワインをリーズナブルに見せる。

映画館で売っているポップコーンのサイズがいくつあるか気にしたことはあるだろうか。S、M、L、XLがある（XLは「桶《おけ》」と呼ぶべきだと思うが）。125ドルのボトルと同じで、XLがメニューにあるのは戦略上の理由からだ。Mサイズにしようと思っていた人にLサイズを買わせるためなのである。

極端な選択肢の実例――契約期間と教員採用

数年前、ある事業系廃棄物処理会社は思うように成長できずにいた。中西部全域の飲食店やショッピング・モール、企業のゴミ配送を手がけていたが、この業界は非常に競争が激しく、この会社はその地区の新参者だったのである。そのため、この会社は短期の大幅な値引き契約を結ぶことで新しい取引先の獲得を進めていた。当初必要としたのは、最低1年の年間契約であった。そして、ほとんどの取引先が（ご想像のとおり）1年契約を結んだ。この会社の目標は、値引きをせずに、より長期の契約の取引先を増やすことだった。

そこで、解決策として複数の選択肢を提示することにした。具体的には、1年契約、3年契約、5年契約だ。結果はどうなったのだろうか。3年契約にする企業がすぐに現れ始めた。5年契約と比べると3年契約はさほど長くは感じられない。感覚というのは相対的なものだ。契約期間の長さの感じ方を変えたことで、人々の行動は変化した。

この話には詳しいいきさつがあり、それを知ると、イノベーションを起こそうとするときに私たちがやりがちな悪い習慣に関する最も重要な事柄の1つに気づくことができる。取引先は3年契約を結ぶところばかりだったわけではない。中には5年契約にした取引先もあり、当然ながら廃棄物処理会社を喜ばせた。だが、私たちは不思議に思った。この会社にとって5年契約が良いのであれば、なぜ最初から5年契約を提示しなかったのだろうか。そのことを訊ねると、「無理な要求になることを恐れた」という答えが返ってきた。これについて少し考えてみてほしい。私たちは変化を求めるとき、理想的な選択肢ではなく、優れてはいても現実的な選択肢を売り込もうとすることがよくある。要求が過剰になることを恐れて、理想的な選択肢を提示するのをやめるというわけだ。それを持ち出すと不快に思われるのではないかと懸念するのである。ここまでに見てきた相対性にまつわる心理についての知識を踏まえると、これは最悪のやり方だ。理想的な選択肢は常に前面に押し出すべきなのである。なぜなら、たとえいちばん良い選択肢が過剰であったとしても、それを前面に押し出すことで、他の通常なら良いとされる選択肢をさらに良く見せることができるからだ。

ここまでの2つの例には、「値段」と「時間」という数値で表しやすい2つの変数が関係していた。「極端な選択肢を加える」戦略は、変えさせようと思っている行動に、分量や契約期間や金額といった慎重に決定すべき数量単位が影響している場合のほうが使いやすい。だが、少しばかり独創的な発想ができさえすれば、ほぼいつでもこの戦略を適用できる。

ケロッグ経営大学院は秋学期が採用の季節だ。ロレンは何年も前から、「これまでやったことのないことをしよう」と経営学部の同僚たちの説得に努めてきた。神経科学者を採用しようというのである。神経科学者を採用することは、経営学部にとって2つの意味で効果があるとロレンは感じていた。まず、最先端を行く学部であり続けることができる。大学というところは、ともすると過去にとらわれやすくなる。行動神経科学は刺激に満ちた新しい分野であり、発想が豊かだ。第2に、差別化を図ることができる。教員の中に神経科学者がいる経営学部は他にほとんどない。そのような教員がいれば、他大学との違いを打ち出すことができる。

だが、まさにこれらの理由が「抵抗」の原因にもなっている。これは新しい試みだ。前例がない。「惰性」だけが「抵抗」ではないのである。素性も気になるところだ。その神経科学者とやらは我々の中にうまく溶け込めるだろうか？　最先端のツールを携えた期待の人材を迎え入れれば、今いる教員たちが時代遅れに見えやしないだろうか？

神経科学者を採用する利点ばかりをロレンが説明していたら、同僚たちは本能的に、この新しいタイプの教員を従来の教員――経営学部が普段から採用している類いの気遣いが不要な教員――と比較することになっていただろう。つまり、ロレンが従来のアプローチに従っていたら、相対性はイノベーションを阻害する「抵抗」の役割を演じることになる。なぜなら馴染みのある選択肢と馴染みのない選択肢が比較されるためだ。では、どうすれば相対性を「抵抗」から「燃料」に転換できるだろうか。

ロレンはあることに気がついた。同僚が好ましいと思う文脈に彼のアイデアを置くには、候補となるすべての神経科学者をカテゴリー別に分類する方法を見つければよかったのだ。彼は、採用候補を「ハイブリッド型」と「ピュア型」という2つのタイプに分類できると気づいた。ハイブリッド型の採用候補というのは、経営学者が通常行うような研究課題――社員のモチベーションを高めるにはどうしたらよいか、共同作業を促進するにはどうしたらいいか、といった課題――に取り組んでいるものの、異なるツール（神経科学）を用いてそれに対する答えを出す人のことだ。そして、次に登場するのが「ピュア型」の神経科学者の採用候補である。このタイプは、人が情報を処理する方法は感情によってどのように変わるか、というような、人間の行動に関するより基本的な研究をしている。

彼が同僚たちに提示した最終候補者リストに載っていたのは、ハイブリッド型の候補者だった（そして、それ以降も必ずそうなった）。だが、より極端なカテゴリー（ピュア型の採用候補）を基準点にすることで、新しいアイデアに対する「抵抗」が減るということを、相対性の科学は示している。今では、ハイブリッド型の候補者を採用するという考え方も、さほど珍しくないようだ。

戦略その2：劣った選択肢に光を当てる

新しい経費報告のやり方を導入する例に戻ろう。今使っているソフトウェア製品が気に入らないため、あなたはもっと良い選択肢を見つけたいと思っている。市販のソフトでは3つの選択肢が候補になりそうだ。だが、選択肢Aには、現在使用しているソフトウェアと同じ問題がある。ユーザー・レビューによると、インターフェイスが洗練されていない。このソフトは初期に市販された製品の1つで、確かにそうらしい。したがって、選択肢Aを選ぶのは明らかに間違っている。選択肢Bは、選択肢Aにないものをすべて備えている。ユーザー・インターフェイスも洗練されている。レビューでは使い勝手が良いと絶賛されているし、顧客サポートの評判も非常に良い。だが、問題点がある。価格が現在支払っている額の倍なのだ。良い製品ではあるが、価格を考慮すると選択肢から外れる。そして、選択肢Cである。これもユーザー・インターフェイスは素晴らしい。顧客サポートは選択肢Bほどではないものの、今使っているものより格上の製品であることは明らかだ。しかも、選択肢Bとは異なり、選択肢Cのコストは現在よりわずかに増えるだけだ。これらの選択肢を並べてみたら、どれを選ぶべきかは明らかで、選択肢Cに決まっている。

では、選択肢Cをどのように自分のチームに売り込めばよいだろうか。従来のアプローチで行くと、いちばん良い選択肢を職場の同僚に紹介し、その良いところを挙げ連ねることになる。もう、この戦略の問題点は分かるはずだ。比較対象を作っていない。従業員が反射的に比較するのは、選択肢Cと今使っている製品――完璧ではないものの、少なくとも欠点は分かっていて、あなたが提案しているソフトよりも安い製品――ということになる。

ここで起こる「抵抗」をなくすためには、比較対象を変える必要がある。選択肢Cの比較対象を、今使っているソフトウェアではなく、劣った選択肢にするのだ。そして、こんなふうに切り出す。「これまで使ってきた経費報告書作成ソフトに問題があることは分かっていると思う。他に使えそうな市販製品は3つあるが、私はこれしかないと思っている。選択肢Cだ。だが、みんなにはいろいろと知ったうえで判断してもらいたいので、他の2つの製品についても簡単に説明し、長所と短所を把握できるようにしたいと思う」

欠陥のある選択肢に光を当てることで、最終的に選ばれる製品の感覚的な価値を高めるのである。ここで気をつけてほしいのは、すべての選択肢を同等には扱わなかったことだ。「この3つの中から選んでほしい」とは言わなかった。そうではなく、劣った製品を基準点として使い、そのような基準がある状況の中で有力な選択肢を捉えられるようにしたのである。

劣った選択肢戦略とおとり選択肢のでっちあげ

消費者心理学ではこの現象を「おとり効果」と呼ぶ。たとえば、選択肢が2つしかない場合は、両者の長所（コストと製品機能など）を比べていずれか1つを選択せざるを得ないため、消費者は個人的な好みでものを選ぶことになる。価格に敏感な人なら、安いほうを選ぶだろう。だが、第3の選択肢を提示されたらどうなるだろうか。その選択肢は、しっかりとした機能を備えているものの、結局のところ、製品機能の優れた既存の選択肢には劣る。そうなると、製品機能が充実している既存の選択肢が選ばれるようになるだろう。

この概念を理解するために、おとり効果を活用してMサイズではなくLサイズのポップコーンを買うように仕向ける方法を説明する。ある映画館では、小さいバケツ（3ドル）と大きいバケツ（7ドル）でポップコーンを販売していた。映画を観に来た人のほとんどは小さいバケツを選んだ。どうやら、量をたくさん手に入れるよりお金を節約するほうを選んだようだ。

だが、次は条件を変えて選択肢を3つにし、小さいバケツ（3ドル）と大きいバケツ（7ドル）の他に、おとりの選択肢として中くらいのバケツを6・50ドルで販売した。どうしてこれが「おとり」なのかというと、大きいバケツと値段がほぼ同じなのに、サイズがまるっきり違うからだ。このように選択肢を3つ用意したところ、今度は大多数の人が大きいバケツ入りのポップコーンを選ぶようになった。だが、なぜなのだろうか。ほぼ同じ金額で、手に入るポップコーンが増えるからだ。おとりのおかげで、大サイズのポップコーンが相対的に安く感じられるようになるのである。

おとりの選択肢を作るというのは、マーケティング手法の中でも特に効果的なテクニックだ。読者の中には、このような戦術をなんとも思わない人もいるだろうが、不快に感じる人も多いのではないだろうか。私たちは、「劣った選択肢に光を当てる」戦略と「おとりの選択肢を作る」戦略とをはっきり区別したい。先ほどのソフトウェアの例の場合は、偽の選択肢をでっちあげて人々の思考を歪めようとしてはいない。むしろ、良いと思われる選択肢を他の選択肢との比較で把握できるようにしている。人々があなたと同じように考えるとすれば、劣った選択肢を提示することで、「惰性」という名の「抵抗」は弱まるはずだ。だがそれは、より多くの情報に基づいて公正に決断できるようにしているのであって、誠実な行為とも言える。

カエルも劣った選択肢に影響を受ける

動物界では、交尾の相手選びとなると、往々にしてメスのほうが好みにうるさい。鳥の一種であるアカフウキンチョウのメスは、非常に特殊な深紅色の羽毛のオスを探している。アオアシカツオドリ（こちらも鳥）のメスが交尾相手に選ぼうとするのは、最高のダンスをするオスだ（この鳥の求愛ダンスを見たことがない人は、ググってみよう）。中米原産の土色をした小さなカエル、トゥンガラガエルの場合は、なんといっても声だ。毎年、春になると何百匹ものオスのトゥンガラガエルが水たまりに集まり、求愛ソングを歌い始める。このカエルは、できるだけ音を立てないようにして一生のほとんどを過ごす。主要な天敵であるコウモリに見つからないようにするためだ。コウモリは「反響定位（エコーロケーション）」という特殊な知覚能力を持っているため、カエルはひと声、ふた声発するだけで居場所を探知されてしまう。だが、オスたちはそんな危険も顧みず、春には交尾相手を見つけるためにできる限り大きな声で鳴く。

アマンダ・リーとマーク・ライアンという2人の科学者が、カエルの交尾期の鳴き声を研究している（これに比べると、私たちの仕事がとても退屈なものに思えてしまう）。メスのトゥンガラガエルのこととなると、この学者たちは女性の好みを実によく知っている。メスたちは長い鳴き声（音を保持できるオス）、低音の鳴き声（メスはバリトン好きだ）、速いペースの鳴き声（速く繰り返せるほど良い）を出せるオスを求めている。

リーとライアンの2人の博士は、この3つの変数——鳴き声の長さ、音程、速度——を使って、交尾相手に恵まれるオスとそうでないオスをかなりの精度で区別することができる。2016年に2人が行った実験は、相対性の普遍的な力を証明するものとなった。彼らは水槽にメスのトゥンガラガエルを入れ、一角にスピーカーを設置した。そして、印象の異なるさまざまなオスの鳴き声を流した。すると、鳴き声が一流のオスのものである場合（メスの基準を満たす場合）、メスは鳴き声がする方向に跳ねていく。だが、二流のオスの鳴き声（基準に満たないオス）の場合は、鳴き声から遠ざかる方向に跳ねていくのであった。

2人は、劣った基準点を作ったらどうなるかを知りたくなった。カエルも同じ相対性の法則に左右されるのだろうか。この疑問の答えを見つけるために、2人は水槽の反対側に2台目のスピーカーを設置した。そして、2つの異なるオスの鳴き声（二流のオスの声と三流のオスの声）を同時に流した。前回は、二流のオスはメスを惹きつけなかったが、三流のオス（劣った選択肢）と対にしたら、今度は二流のオスが採用試験に合格したのである。

相対性に関する失敗はいつ起きるか

変化を導入するプロセスをごく簡略化して、以下に時系列で示す。

ステップ1：問題を発見する。
ステップ2：解決策の候補を集める。

ステップ３：最も良い解決策を決める（良くない解決策や素晴らしくても現実的でない選択肢は捨てる）。

ステップ４：解決策をオーディエンスに売り込む。

相対性の原則を理解すると、失敗が起きるのはステップ３と４であることが分かる。私たちは良くない選択肢をついつい摘み取ってしまい、時には、要求が過剰になることを恐れて理想的な解決策をしぶしぶ断念することさえある。その結果、私たちが犯すのが、人々に１つだけ、すなわち妥当な（とはいえ理想的ではないかもしれない）選択肢だけを提示するという過ちだ。あなたはそれが妥当な選択肢であることを知っているが、それは、劣った選択肢を検討したうえで却下したからでもある。そのことをあなたは知っている。だが、相手はそうではない。むしろ、あなたがその考えに至った背景が分かるようにしたほうがよい。基準点を設けてやるのだ。何事も他との比較で決まるのだから。

「惰性」を克服する方法のまとめ

人間の心というものは、馴染みのあるものを好むようにできている。だが、新しいアイデアを広めようと思ったら、未知のものを受け入れてもらわなければならない。イノベーターにとって「惰性」は永遠になくならない「抵抗」なのだ。この「抵抗」を和らげるには、馴染みのないものを馴染みのあるものに変えてやる必要がある。「惰性」が最も大きくなりやすい状況は2つある。1つは、現状を大幅に変えるようなイノベーションや変革の場合。もう1つは、変化に慣れるための時間がない場合だ。あなたの次なるアイデアを待ち受けている「惰性」がどの程度のものになりそうかを判断するために、次の3つのポイントを確認してみよう。

1. **そのイノベーションは現状を大幅に変えるようなものだろうか、それとも以前に行ったことをほんの少し変える程度のものだろうか?** 斬新なアイデアは「惰性」という名の強い逆風を受けやすい。というのも、もともと人間というものはよく分からないアイデアや試したことのないアイデアに不信感を持ち、そうしたものを拒絶するからだ。

2. **新しいアイデアに慣れる時間を与えたか?** 新しい考え方に慣れる時間を与えていなかった場合は、抵抗されると思ったほうがよい。

3. **提案した変化は徐々に起きるものだろうか、それとも1回で大々的に起きるものだろうか?** やり方や考え方をいきなり大きく変えるというのは、人間にとって最も不慣れなことであるため、強い「抵抗」を生む。

イノベーションが「惰性」に脅かされるようであれば、馴染みのないものを馴染みのあるものに変えてやる必要がある。なぜなら、知れば知るほど「抵抗」は和らいでいくからだ。新しいアイデアが、得体の知れない侵入者ではなく昔ながらの友人のように感じられるようにすることを目指そう。この章では、「惰性」を克服する方法を「アイデアに慣らす」と「相対化する」の2つに大きく分けて探った。これらのテクニックを適切に使えば、新しいアイデアに対する「抵抗」を和らげることができるうえ、親近感バイアスの向きを「抵抗」から「変革のための燃料」に変えることさえできる。

アイデアに慣らすための戦術

1．**新しいアイデアについて知らせてから、それについての意思決定を求めるまでの時間を延ばすことはできるか？**　検討できる時間が長いほど、アイデアが身近なものに感じられるようになる。

2．**どのくらいの頻度でそのアイデアのことを思い出させているか？**　アイデアに繰り返し触れていると、親近感が高まっていく。機会を見つけてはメッセージを発することで、徐々に賛同が得られるようになる。

3．**変化のプロセスを段階的なものにし、混乱を招かないようにすることはできるか？**　極めて大きなモデル変更や働き方改革を受け入れてもらう必要があるイノベーションの場合は、1つ1つの段階を小さくすることで、変化に順応してもらいやすくなる。

4．**そのアイデアは、それが属する分野の典型的なものと一致しているだろうか、それとも今までに見たことがないものだろうか？**　イノベーションというからには、やり方を変える必要がある。しかし、だからといってアイデアのあらゆる側面が現状から根本的に乖離《かいり》しているとは限らない。

5. **変化の顔は誰か？** アイデアについて発言する人は、見慣れない人物よりも、オーディエンスと同じ経歴や経験を持った人のほうがよい。オーディエンスが知っている人で、なおかつ好感を持たれている人が変化の顔であればなおよい。

6. **そのイノベーションの見た目や雰囲気はオーディエンスに合っているか？** ミラーリングを行い、あなたが影響を与えようとしているオーディエンスと同じ言葉やスタイルを採り入れることで、親近感を高めることができる。

7. **一般に馴染みがないアイデアである場合は、よく知られているアイデアで喩えに使えそうなものがないだろうか？** 喩えを使うと、初めての場所でも身近に感じさせることができる。

相対化するための戦術

1. **複数の選択肢を用意しているか？** 用意していない場合は、「惰性」があなたの不利に作用している可能性が高い。複数の選択肢を作り、現状以外のものに注意を向けさせよう。

2. **極端な選択肢を加えることはできるか？** 選択肢が極端であったり野心的であったりすればするほど、それとの比較で他のすべての選択肢がより合理的に見えるようになる。

3. **劣った選択肢を基準点として使えるか？** 劣った選択肢に光を当てると、それとの対比で他のアイデアがより良く見えるようになる。

5

「労力」

なぜ人は「『抵抗』が最も小さい道」を選ぶのか

カニも人も最小の労力で最大の成果を得たがる

太平洋沿岸の岩場や潮だまりに生息するヨーロッパミドリガニには不思議な習性がある。驚くほど偏食なのだ。ムラサキイガイを餌にしているのだが、童話『3匹のくま』（3匹の熊が暮らす家に留守中に迷い込んだ少女が、大きさや熱さが異なるそれぞれ3つのスープ、椅子、ベッドの中から、自分にちょうどいいものだけを選んで食べたり使ったりするという物語）に出てくる少女ゴルディロックスにそっくりで、殻の小さいムラサキイガイは放り出し、殻の大きいムラサキイガイには目もくれない。だが、中型のムラサキイガイはせっせと食べるのである。一見すると、この戦略はうまく機能しないように思える。どうしてヨーロッパミドリガニは、これほど多くの餌になり得るものを無視するのだろうか。その答えは「最適採餌理論」と呼ばれる動物行動学上のモデルに隠されている。

すべての生き物は栄養を摂取しなければ生きていけない。動物は植物と異なり、必要な資源を見つけるために移動することができる。小さな池の中で餌を探し回って一生を過ごすにしろ、獲物を追って何千キロも旅をするにしろ、原理は同じだ。動物は自らの生息環境を探索して食べ物を見つけるのである。

容易に移動ができるというのは大きなメリットだ。近隣地域に資源が乏しくても、資源が豊富な別の場所に移動することができるのだから。だがデメリットもある。移動するとエネルギーを消費する。最適採餌理論によれば、すべての動物は最も効率の良い資源収集法を見つけ出すようにプログラムされている。つまり、摂取エネルギーを最大にするために、食料収集時のコスト（消費するエネルギー）と利益（獲得するエネルギー）を比較検討するように設計されているのだ。

このような費用便益分析を行っているからこそ、ヨーロッパミドリガニは選り好みが激しいのである。ムラサキイガイの殻は構造的に開けにくく、カニにとって、殻を開けるという行為には2つのコストがかかる。殻をこじ開けるには大量のエネルギーが必要なうえ、爪をひどく摩耗するのだ。うっかりすると、殻で爪を損傷したり折ったりしてしまうこともある。そして、餌を取るためには爪が必要であるため、爪を折るというのはカニにとって致命傷だ。

カニにしてみれば、ムラサキイガイは小型であるほど餌の量が少ないということになる。だが、小さくてもムラサキイガイは殻が開けにくいため、摂取できる以上のエネルギーを消費する。殻が大きければそこに含まれる餌の量は格段に増えるが、年を経るごとにムラサキイガイの殻は厚くなるため、殻を開けるのがとりわけ難しくなる。殻で爪を折ってしまう可能性が非常に高くなるため、長い目で見ると、大きなムラサキイガイを餌にするというのは危険な戦略なのだ。これも、最終的には消費するエネルギーのほうが多くなる。

中型のムラサキイガイの場合、事情は異なる。殻の開けにくさは小さいムラサキイガイとさほど変わらないのに、食べられる餌の量は多い。中型のムラサキイガイから摂取できるエネルギー量は、「労力」を上回るのだ。そのため、ヨーロッパミドリガニは中型のムラサキイガイばかりを食べるのである。[*1]

人間もヨーロッパミドリガニと同じで、エネルギーの消費にとても敏感だ。私たちは、最も少ない「労力」で最大の見返りが得られる道を探し、それを選ぶようにプログラムされている。この設計上の特徴は「最小努力の法則」と呼ばれている。

新しいアイデアやイノベーションに初めて出合ったとき、私たちの頭はその実施コストをとっさに計算する。求められる「労力」が大きくなるほど「抵抗」が強くなるというわけだ。残念ながら、通常、イノベーションは何らかの「労力」を必要とする。新しい作業手順を覚えるには「労力」が必要だし、古い習慣は「労力」がなければやめられない。不慣れなウェブサイトを操作するにしても、さまざまな選択肢の中から新しい製品を選ぶにしても、新しい提案を検討するための会議を設定するにしても、「労力」が求められる。イノベーションに伴う「労力」は心理的な「抵抗」となり、新しいアイデアの訴求力を低下させる。

最小努力の法則はいたるところに見られる

私たちはその影響を意識していないことが多いが、「努力を最小限に抑えたい」という本能は、人の意思決定に最も強く作用する心理的な力かもしれない。毎日の通勤と、そのために必要なあらゆる意思決定について考えてみよう。給油するガソリンスタンド、通るルート、さらには利用する交通手段（車か公共交通機関か）まで、どれにするかの意思決定はすべて最小努力の法則に従っている。まず考えるのは利便性と効率性だ。あなたが多くの場合、自宅に最も近いガソリンスタンドで給油し、最も速いルートを通り、自家用車を運転することを選択するのは、それが簡単で効率的な選択肢だからだろう。それらを選ぶと個人的コストがいちばん小さくなるのである。

最小努力の法則によれば、時間の経過とともに人は最小限の努力で最大の報酬が得られる道を進むようになる。これは、１９４９年にハーバード大学の言語学者ジョージ・ジップによって初めて提唱された法則で、ジップの省略の法則とも呼ばれる。ご存じのように言葉は時間とともに変化するが、ジップは言葉が無秩序に進化しているわけではないことに気づいた。水が低いほうへと流れるのとまったく同じで、単語やフレーズは時間とともに簡略化されていく。たとえば、〝goodbye（さようなら）〟という単語がある。１５００年代の英国では、〝God be with ye（神のご加護がありますように）〟という4音節のフレーズで別れを告げるのが通例だった。それが、１６００年代までに〝God b'wi ye〟と略して表記されるようになった。１７００年代までには3音節に短縮されて〝God b'ye〟となり、その１００年後には2音節の〝good-bye〟となる。そして、１９００年代までにはハイフンが脱落して〝goodbye〟になった。現在では〝bye〟が普通になっている。

歴史の流れとともに単語やフレーズが短くなっていくのは、より簡単な道を私たちが自然に見つけるからだ。数学は本来〝mathematics（マセマティクス）〟だが、〝math（マス）〟のほうが言いやすいため、〝mathematics〟はほとんど使われなくなっている。簡単かつ効率的なほうを目指す動きは、本来の意味を犠牲にしてでも起こる。〝jack of all trades（何でも屋）〟という表現を聞いたことがあるかもしれない。だが、この表現は当初、〝jack of all trades, master of none, although oftentimes better than master of one（多芸は無芸というが、一芸だけに秀でた専門馬鹿より役に立つことが多い）〟だった。もともとの表現は、何でもそつなくこなす万能型人間への褒め言葉だ。それが後に、〝jack of all trades, master of none〟と簡略化され、万能型人間はほとんど何も知らないという意味に変わった。そしてさらに簡略化され、やがて現在のバージョンである〝jack of all trades〟になり、万能型人間の資質を賞賛する褒め言葉に戻った。

言葉の進化の仕方は簡略化だけではないが、単語やフレーズが時間とともに変化する主要な方法の1つではある。明らかなのは、言葉の変化が逆方向には流れないことだ。時が経つにつれて単語やフレーズが長くなった例はほとんどない。なぜなら、人間の性質に反しているからだ。

言葉の進化は過去150年にわたる米国の小売業の変遷とよく似ている。町や都市が発展し始めた頃、米国人は小さな店で商品を買っていた。ほとんどの米国人は田舎の農場に住んでいたため、町まで行かなければ買い物ができなかった。家族経営の小さな店が目抜き通りに並んでいた時代である。だが、百貨店のシアーズが買い物を容易にした。シアーズの通信販売カタログを使って、自宅にいながらにして買い物ができるようになったのである。アメリカ人が郊外に移り住むと、デパートやショッピング・モールが最も効率的な買い物の手段になった。必要なものがすべて1カ所に揃っていて便利なうえに、購入したものが郵送されてくるまで何週間も待つ必要がなかったからだ。次に登場したのはウォルマートなどの大型店だ。そして今はアマゾンの時代となり、ワンクリックで買い物ができるようになっている。

言葉と同じで、人々はより効率的な買い物の仕方を絶えず求めており、これまでより簡単な方法が現れると、驚くほど積極的に新しい買い物の仕方を受け入れる。いずれ私たちは、さらに簡単な別の方法を見つけることになるだろう。ＡＩアシスタントやドローン配送といった新しいテクノロジーがオンラインで買い物をすることへの「抵抗」を減らし、小売業を再び一変させるはずだ。

最小努力の法則は友人関係にも認知にも影響

最小努力の法則は、人生で重要なもう1つの部分――社会的関係性――をも支配している。私たちは、相手の美点や能力、共通の経験など、意味のある基準で友人を選んでいると思いたがる。だが、友人関係のほとんどは接近しやすさと接近する機会の多さによって形成されているというのが現実だ。学者たちはこれを「近接性の原理」と呼んでいる。近接性の原理とは、友人関係は意外なほど利便性に依存しているという考え方だ。職場では、オフィスや個室が近い同僚と時間を過ごす。だが、距離が離れると交流の頻度は激減する。それどころか、職場の交流に関する調査によると、2人の同僚の席が50メートル以上離れてしまうと、会話や協力がまったくと言っていいほどなくなることが分かっている。このパターンを電子メールで打ち破れるかというと、電子メールは通常、既に知っている人に送るものであるため、ほとんど役に立たない。

特に意味があると私たちが考える友人関係のいくつかは、大学時代に築かれたものだ。だが、結局ここでも近接性の原理が働いている。大学時代に友人になった人とは意味のある深い絆で結ばれていると思いたいかもしれない。だが、友人「選び」は主に近接性に基づいて行われている。大学時代の友人のほとんどは、1年生のときにたまたま寮が同じだった人たちのはずだ。そして、その中で卒業後もつき合いのある友人はどんな人だろうか。おそらく、同じ街に住んでいる数人だろう。

なるべく楽な道を選ぼうとする性質は非常に根源的であり、私たちの知覚システムは、より簡単な選択肢がより魅力的に見えるように設計されている。[*2] 自分は世界をあるがままに受け止めていると人々は思い込んでいる。だが、そうではない。次のようなエレガントな研究が行われた。雲が左または右に流れる様子を表示するスクリーンを被験者に見せる。被験者はジョイスティックを渡され、雲が左に動いている場合はジョイスティックのハンドルを左に、右に動いている場合は右に動かすよう指示された。このテストは簡単だったため、被験者は全員、難なく合格した。だが、条件を変えて行われたテストにはちょっとした仕掛けがしてあった。ジョイスティックに細工を施し、左右を比べた場合に一方の側だけハンドルをわずかに動かしにくくしておいたのである。このテストの結果分かったのは、右方向にハンドルを動かしにくい場合は、実際に雲が動いている方向は右であっても被験者には左に動いているように見え始めるということだった。被験者はハンドルが細工されているとは思いもしなかった。「抵抗」がほとんどない方向に雲が動いていると信じきっていたのである。

このような現象は「動機づけられた認知」と呼ばれる。他の研究では、重いリュックを背負っている場合は、何も背負っていないときよりも、距離が長く見えたり坂道が険しく見えたりすることが分かっている。このような知覚の錯覚が組み込まれていることには、進化上のメリットがある。リンゴを収穫している人は、低い位置になっている実のほうが少ない「労力」で収穫できるため、そちらのほうを選びたいと思うはずだ。コストに敏感な私たちの頭は、低い位置になっている実をいちばんおいしそうに見えるようにして、経済的な道を進むように作られているからだ。[*3]

「高い価値」より「少ない労力」が優先される

最小努力の法則がイノベーションに与える影響は極めて大きい。この法則によれば、人々が新しいアイデアや機会について検討するとき、最初に考えるのはそのアイデアがもたらすメリットでも価値でもない。いちばんの関心事は行動に要するコストだ。

映画、テレビ、音楽といった創造物の楽しみ方が時代とともにどのように変化してきたかを見てみよう。まずは音楽だ。私たちの親の世代は私たちよりも良い音楽――少なくとも音質という点では――を聴いていた。現在は、ほとんどの人がスマートフォンでストリーミング再生した音楽を安物のワイヤレス・イヤホンで聴く。この方法のほうが、かつての音楽プラットフォームよりはるかに簡単に音楽を聴くことができるからだ。スマートフォンを使えば、これまでに録音されたほぼすべての曲をすぐに聴くことができる。だが、この便利さは音質の犠牲の上に成り立っている。というのも、ファイル・サイズを小さくするために、どのストリーミング・サービスでも音声圧縮を使用しているからだ。そのため、アーティストがリスナーに聴かせたいと思った音楽の一部は文字どおり切り捨てられているのである。

いい音で音楽を聴きたいと誰もが思うが、いざとなったら、利便性を犠牲にしてまでそうしたいとは思わない。映画も同じだ。どんなに優れたホームエンターテイメント・システムで観ても、映画館での鑑賞体験には遠く及ばない。だが、自宅（あるいはスマートフォン）でビデオをストリーミングできるようになった今は、ストリーミングによる映画鑑賞が普通になりつつある。

採用者の決定に関するデータも、「労力」の観点の優位性を裏付けている。非常に有能ながらも一緒には仕事がしづらい候補者と、能力は劣っていても一緒に仕事がしやすい候補者のどちらかを選べと言われたら、採用者は前者を選ぶと口では答える。だが、実際に採用者を決める段になると、難のある優秀な候補者よりも、良好な関係を築きやすい候補者を一貫して選ぶのである。

私たちは「労力」が「価値」に勝ることを実証するために、５分間のアンケートに答えてもらえるかどうかをＭＢＡの学生に訊ねた。そして、「はい」と答えた学生１人につき３ドルを寄付することにした。だが、寄付する先には違いを持たせた。半数の学生には、アンケートに答えてくれたら地元の犬保護施設に寄付をすると伝えた。だが、残りの半数に伝えた寄付先はまったく別の慈善団体で、「Chicago Herpetological Society（シカゴ爬虫両生類学会）」だった。ご存じない方のために説明すると、爬虫両生類学とは爬虫類と両生類を研究する学問である。

当然ながら、カエルよりも犬を助けるボランティアをしたいという人のほうがはるかに多かった。普通の人は犬への関心のほうがはるかに高いからだ。この結果は「燃料」の価値を物語っている。人は、自分が高く評価しているアイデアや重要だと思うアイデアに同意する傾向がある。オーディエンスの目に映るあなたのアイデアをカエル（低い）から犬（高い）に格上げできれば、あなたのアイデアが成功する可能性は高くなる。

別のクラスでも同じ実験を行ったが、大きな違いが1つだけあった。アンケートに要する時間を5分ではなく20分にしたのである。より多くの「労力」を必要とする要求をしたことで、結果はどのように変わっただろうか。「はい」と答える人の割合が大幅に減少した。これは驚くほどのことではない。驚いたのは、カエルと犬の間で好みが分かれなくなったことだ。条件が犬でもカエルでも、「はい」と答える人の割合に有意な差はなかった。つまりこれは、この集団に属する人たちにとっては犬もカエルも価値に差がなかったということだろうか。もちろんそうではない。これは「内的動機付けのクラウディングアウト効果（押し出し効果）」と呼ばれるものだ。人々は依然としてカエルより犬に関心があるが、20分のアンケートに答えるという要求のコストが圧倒的に高かったため、他の考慮事項は全部どうでもよくなってしまったのである。馬鹿げた実証実験をしたものだと思われるかもしれない。そして、ある意味では確かにそうだ。だがここには、他の考慮事項よりも「労力」（この場合は時間）を優先させようとする人の意志を見て取ることもできる。多くの人（の「労力」）を必要とするイノベーションは、起こそうとしている変化そのものが評価されていても、多くの「抵抗」に直面することになるのである。

「労力」が最優先されるとなれば、ビジネスで使われている従来のたくらみの多くは、その妥当性が疑われることになる。たとえば顧客サービスだ。顧客ロイヤルティ（顧客が企業や商品、サービスに対して感じる信頼や愛着）を高めるものは何だろうか。顧客サービスの責任者100人にこの質問をしたところ、89人が「顧客の期待を超えることが主な戦略だ」と回答した。そして、期待をはるかに超えるサービスで顧客を「感動させる」ために「努力」していると説明した。ところが、顧客ロイヤルティに関するある詳細な調査は、この見解に反する結果を示している。この調査では、7万5000人を対象に、最も愛着を感じる企業はどこかを訊ね、その後、一連の質問を通じてその理由を特定している。

その結果分かったのは、キャッシュバックや粗品など、顧客の期待を超えることを目指した「燃料」中心の戦術では顧客ロイヤルティが構築されないということだった。むしろ、顧客サービスでのやり取りでよく発生する「抵抗」（何人もの担当者に問題を説明しなければならないことなど）を減らすことで、ロイヤルティが構築されることが分かったのである。

この調査結果は、顧客サービスに対する企業の考え方を根本的に変えるはずだ。問うべきことは、「どうすれば顧客に喜んでもらえるか？」ではない。「どうすれば顧客に負担をかけずに済むか？」だ[*4]。この問いかけをすれば、新たな改善余地や優先すべき事柄が見つかる可能性がある。南アフリカの銀行ネッドバンクは最近、顧客の「労力」を減らすことを顧客サービス部門の基本に据えた。ネッドバンクは〝Ask Once（問い合わせは1度だけ）〟保証を創設し、顧客の抱える問題が解決するまで1人の担当者が責任を持って応対するとしている。

「労力」の計算は少しのことで大きく変わる

最小努力の法則が意味するところははっきりしている。新しいアイデアの導入コストを下げれば、それだけ世の中に受け入れられやすくなる。だからこそ「労力」は重要なのだ。世界銀行は毎年、世界各国の新規事業の立ち上げやすさを評価している（２００３年から毎年実施されていたが、順位の不正操作が発覚し、２０２１年に中止された）。起業に要する「労力」は国によってかなりばらつきがある。ニュージーランドは２０２０年、起業しやすい国の世界第1位にランクインした（以下、シンガポール、香港、デンマーク、韓国、米国と続く）。ニュージーランドで起業を希望する場合、必要なのは1種類の書類と平均4時間の時間だけ。63位のインドの場合は起業するのに平均17日を要する（しかも、必要な書類は1種類どころではない）。最下位に近いチャドで起業しようと思ったら、９つの行政機関から承認を得る必要があり、すべてを取得し終わるまでに平均で62日かかる。

当然ながら、起業にかかる「労力」の大きさは人々の起業意欲を左右する大きな要因となる。上位に近い国々は、下位半数の国々に比べて4倍近くも起業活動が盛んだ。自国のイノベーションを促進しようとする場合、「燃料」中心の考え方でいくと、起業意欲を刺激する改革を実施したり、機会を創出したりすることになるだろう。ここでも軽視されがちなのは、起業を阻む「抵抗」だ。

一見すると些細な変化であっても、当人にとっての「労力」の計算が変わることで、行動に大きな影響を与えられることもある。最近行われた実験がその好例だ。ＩＱを測定すると称して希望者を募った。調査員はテストが3部構成であることを説明した。被験者はまず30分のIQテストを受け、次に10分間の休憩を取り、最後に2回目のIQテストを受ける。

だが、実験者はテストの結果には関心がなかった。本当に関心があったのは休憩時間中の被験者の行動だった。被験者が最初のテストを終えると、実験者は菓子の入ったボウルと雑誌を手にして部屋に入った。そして、休憩中はのんびりするようにと言い、雑誌や菓子を自由に取るよう促した。

だが、そこには巧妙な仕掛けがしてあった。菓子の入ったボウルを置く場所を変えたのである。ある条件では、被験者から75センチメートルのところに菓子を置いた。別の条件では、25センチメートル離れたところに置いた。25センチメートルのところだと菓子にすぐ手が届く。だが、75センチメートルとなると身を乗り出さなければ手は届かない。10分後、調査員は菓子の入ったボウルを回収し、菓子がどれだけ消費されたか計量して確認した。この50センチメートルの差は大きかった。菓子に楽に手が届いた被験者は、およそ倍の量を食べたのである。この結果からイノベーターが学ぶべきは、小さな変化が大きな影響を及ぼすこともあるということだ。何らかの手段でほんの少しだけ行動しやすくしてやることができれば、望む方向に大きく行動を変えることができるかもしれない。[*5]

私たちは「労力」の影響を軽視している

私たちの行動を左右する力の中でも特に影響力の強いものの1つが「労力」であるにもかかわらず、変化を起こそうとするときに人はこれをほとんど考慮しない。これは、私たちが「労力の軽視」と呼ぶ盲点だ。ロレンの研究室では、人が直感で捉える「労力」とその影響を何年もかけて評価してきた。

1問か5問か20問のいずれかのアンケートに答えてもらえるかどうかを訊ねる実験をしたことがある。1問のアンケートには84％が同意し、5問のアンケートには半数強（56％）が同意し、20問のアンケートには11％しか同意しなかった。次に、5問のアンケートの結果を別の集団に伝えた。この新しい集団には、5問のアンケートに答えることに同意した人が56％いたと告げた。そして、この情報を参考に、1問または20問のアンケートを依頼した場合に何人が同意するかを推測してもらった。おそらく、1項目のアンケートに同意する人は56％を超え、20項目のほうは56％に満たないはずだ。

被験者は、1項目のアンケートには59％が、20項目のアンケートには32％が同意すると予測した。つまり、簡単にすれば同意する人は若干増え（56％から59％）、質問の数が15項目増えると、同意する人は減る（56％から32％）と考えたのである。

この結果から2つのことが明らかになった。人は「労力」が重要だということを理解している。だが、それがどのくらい重要なのかはほとんど理解していない。この実験では、アンケートに答えるという要求に注がれる「労力」の量が行動を左右する主な要因だった。「労力」は人が予想するよりはるかに大きな影響力を持っていた。「労力」に対するこの盲点が、イノベーションにとっては非常に大きな問題になる。なぜなら、「労力」の力を理解していなければ、新しいアイデアを実行に移すときに「労力」を軽視することになるからだ。

入学志願者を増やすためにシカゴ大学がしたこと

シカゴ大学は世界有数の学術機関の1つだ。だが、その世界的評価とはうらはらに、意外な問題に何年も悩まされていた。同レベルの大学であるハーバード、プリンストン、イエールなどに比べ、シカゴ大学が受けつけた入学願書の数がはるかに少なかったのである。たとえば、2005年にプリンストン大学が受けつけた願書の数は2万8000件だった。これに対してシカゴ大学は4000件に届いていない。

これは大問題だ。大学のランキングは合格の難易度も加味して決定される。希望者の数が少ないということは、シカゴ大学の合格率はかなり高くなるということであり、そのために評価が下がっていた。同レベルの他大学の合格率（志願者と合格者の比率）が5％前後であるのに対し、シカゴ大学は40％に近かったのである。大学の学長や学部長は、『USニューズ』などのメディアが作成した大学ランキング・システムの持つ意味を軽視したがるが、その影響力と重要性は否定できない。親や受験生が大学の社会的評価を知る手がかりは、主にこのランキングだからだ。

シカゴ大学としてはなぜ出願数がこれほど少ないのか分からず、解決方法も見つかっていなかった。教授陣の多くの見立ては、学業に厳しいという評判が受験生を遠ざけているというものだった。シカゴ大学の非公式のモットーは、〝Where fun goes to die（楽しいことが死に絶える場所）〟だ。だが、厳しい授業はこの大学の核心的価値でもある。それを変えることは、この大学を特別なものにしている要素自体を取り除くことになる。「アイビーリーグ」（米国北東部にある名門私立大学8校の総称。ブラウン大学、コロンビア大学、コーネル大学、ハーバード大学、ペンシルベニア大学、プリンストン大学、イエール大学、ダートマス大学で構成されている）に属していないから受験生の志望順位が下がるのだと感じていた教授もいる。

結局、問題は大学そのものとも大学の評判とも関係なかった。問題は出願手続きだったのだ。ほとんどの大学はコモン・アプリケーション（Common Application。米国の大学への出願に共通して使用できるオンライン・システム。現在は900を超える大学がこのシステムで願書を受けつけている）と呼ばれるシステムを使用している。これは各大学への出願手続きを標準化したものだ。高校生はほぼ全員が複数（平均5校）の大学に出願するため、いったん登録すれば希望するすべての大学に出願できるので大幅な時間の節約になる。

だが、シカゴ大学はコモン・アプリケーションを利用していなかった。この大学は独特の出願方式を取っていることで知られており、その中心となっていたのが挑発的な小論文問題だ。その一例をご紹介しよう。

「Who does Sally sell her seashells to?（サリーは誰に貝殻を売っているのか？）」「How much wood can a woodchuck really chuck if a woodchuck could chuck wood?（ウッドチ

ャック（北米に分布するリス科の動物）が木材を放り投げられるとしたら、実際にはどのくらいの量を放り投げることができるか?）」など、好きな早口言葉（もともと英語だったものでも他言語から翻訳されたものでもどちらでもよい）を選んで、そのなぞなぞの解決策を考えなさい。解決に用いる手法は数学、哲学、言語学など、何でも構わない（なんなら、ウッドチャックを使ってもよい）。

名門大学のいずれかへの進学を希望する受験生は、小論文を1つ書けば全米のすべての一流大学に出願できるが、そこにシカゴ大学は含まれていない。シカゴ大学に出願するには、小論文と願書をもう1つずつ書く必要がある。費用と便益の観点からすれば、合格率が他よりかなり高いシカゴ大学は、名門大学の中で最も入学しやすい大学ということになる。であれば、ほとんどの経済学者はこう主張するのではないだろうか。小論文をもう1つ書くのに1～2日かかるとしても、その大学の名前が先頭に書かれた履歴書を一生使える確率が40%あるのなら、そうするだけの価値はある。

2009年、シカゴ大学に新しい学長が就任した。賛否は分かれたが、彼は伝統を打ち破ってコモン・アプリケーションを採用する決断を下した。翌年、出願数は5000件から3万3000件に増加した。

入学希望者激増の鍵は「燃料」中心の解決策ではなかった。キャンパスの美化に莫大な投資をする必要もなかった。最新鋭のクライミング・ウォールを設置することでもなかった。出願しやすくすることが鍵だったのである。

この事例は、「労力」の威力と、それを過小評価することの危険性を浮き彫りにしている。「労力」を要する仕事ほど魅力が薄れることを私たちは誰でも理解しているが、イノベーターにとって理解するのが非常に難しいのは、「労力」の本当の力だ。シカゴ大学の教授陣は、手続きが共通でないために出願を躊躇する人がいることは知っていた。誰も理解していなかったのはその「抵抗」の大きさだ。手続きが共通でないというのは、問題の一部ではなく問題そのものだったのである。大学側がそれを理解していたら、何年も前に独自の出願手続きを止めていたはずだ。

「労力」に価値が見出される状況

人は「抵抗」の最も少ない道を選ばない場合もある。あまり人が通らない道を敢えて見つけ出そうとする状況はたくさんある。手の込んだ料理を自宅で作るよりファストフードにするほうがはるかに便利だが、時には自宅で料理するほうを選ぶものだ。ここでは、「労力」に価値が見出される状況としてよくあるものを4つ紹介する。

体験すること自体が目的である場合

他の肉体的行為と同じで、セックスも「労力」を要する。だが、セックスは快い活動だ。激しいセックスほど一般に良いセックスとされるのも、その行為自体が快楽を与えてくれるからだ。ビデオ・ゲームにも同じことが言える。多大な「労力」を要するゲームは多い。だが、そこに信じられないほどの時間と注意力と知的「労力」を注ぎ込むというのは、それがとても楽しいからだ。

美徳のシグナル

「労力」をかける――力を尽くす――ということは、真摯な取り組み姿勢を示す手段でもあり、自らの美徳をひけらかす手段でもある。毎月のボランティア活動に多くの時間を費やしているとすれば、それは自分がどれほど博愛主義者であるかを示す強いシグナルとなる。活動をすればするほど、そのことを誇らしげに語っても許されるようになるのだ。

質としての「労力」

人は（しばしば誤って）作業量の多さと質の高さとを関連づける。完成までに何年もかかった絵画は数日で描かれた絵よりも価値があるとみなされるものだ。そのため、研究者はデータ収集にどれだけの「労力」を費やしたかを述べたがる。そんなことは関係ないのだが、それでもその点を力説するのは、作業量が多いほど質が高いと他の学者が考えるからだ。

退屈しのぎ

人は退屈しのぎに身体や頭脳を酷使しようとすることがよくある。退屈というのは感情が否定的になっている状態であるため、人はこれを避けようとする。骨の折れる仕事に取り組むことで安心感が得られる場合もあるのだ。

6 「労力」を克服する

アイデアを実行しやすくする方法

「労力」を減らして人々を救った事例

今日の世界が直面している公衆衛生上の最大の課題の1つは、きれいな飲料水を飲めない人々が存在することだ。世界の人口のおよそ30％が安全な水を入手できていない。その結果は痛ましいものだ。世界保健機関の推定によると、毎年75万人の子供たちが安全でない水を飲んで命を落としている。

水を浄化する方法としては、塩素で処理するやり方が最も一般的だ。米国では、公共浄水場の98％が塩素を使用して水道水を安全に飲めるようにしている。水処理インフラが整備されていない発展途上国では、援助団体が定期的に浄水用の塩素ボトルを家庭に配布している。水を媒介とする病気を予防する方法として塩素ボトルは信頼性も費用対効果も高い。だが、実際に使用している人はごくわずかだ。塩素ボトルを定期的に使用しているのは、配布された家庭の10％程度に過ぎない。

問題を詳しく調べていけばその理由はすぐ分かる。水を汲んで処理をするというのは大変な工程だ。まずは水を汲んでくる必要がある。町なかの井戸や公共の取水所まで行くのだが、たいていは徒歩での移動となる。水を汲んだらそれを家に持ち帰らねばならない。そして、家に着いたら水を塩素で処理する必要がある。そのためには、塩素を正しく計量して水に加えなければならない。少なすぎれば効果が得られないし、使いすぎれば身体に悪いからだ。その後には待つことも必要になる。水が浄化されるまでには時間が（20分程度）かかるのだ。

行動科学者のマイケル・クレマー（1964年〜。ノーベル経済学賞受賞）が率いる非営利団体IPA（Innovations for Poverty Action［貧困対策のためのイノベーション］）は、塩素の活用を促進するために浄水工程を簡素化するシステム作りに乗り出した。最初の試験場所はケニア西部の農村地域だった。同団体は自家用の塩素ボトルを配布する代わりに、公共取水所に塩素ディスペンサーを設置した。水を汲んだらその場で塩素を加えてもらおうという発想だ。村人たちは塩素を入れてから家路につくことになるため、これによって大きな「抵抗」の1つ――水が浄化されるまでの待機時間――が取り除かれた。そして、家に着いたときにはもう浄水が終わっている。この塩素ディスペンサーには「抵抗」を減らす特徴が他にもあった。村人たちは通常、5ガロン（約19リットル）の〝ジェリカン〟（燃料などを入れるための缶）を使って水を汲むのだが、このディスペンサーは、ジェリカン1つに必要な量の塩素を正確に吐出するように設計されていたのだ。水の入った容器をディスペンサーの下に置いてクランクを1回転させるだけで、正確に計量された塩素が吐き出される。この設計上の特徴のおかげで、もう1つの大きな厄介ごと――塩素を正確に計量する手間――がなくなった。設計上の最後の特徴は、ディスペンサーを明るい色で塗装したことだ。ディスペンサーを目立たせたことで、塩素の入れ忘れが起こりにくくなった。

その成果は驚くべきものだった。個別にボトルを配布していたときは、いつも水を浄化していた世帯はわずか14％だった。だが、ボトルの配布先となっていた同じ対象世帯が公衆ディスペンサーを利用できるようになると、清潔な水を飲む世帯の割合は61％に跳ね上がった。この変化はプログラムの測定が行われていた2年間ずっと持続した。その後、エビデンス・アクション（Evidence Action）という組織がこのプログラムの対象範囲を拡大し、ケニア、マラウイ、ウガンダの全域に2万5000台を超えるディスペンサーを設置した。エビデンス・アクションの推定によると、公衆ディスペンサーを設置したことで400万人以上の人々に清潔な水が行き渡るようになった。

ＩＰＡがこのような素晴らしい結果を出せたのは、2つのことをうまくやったからだ。まず、「抵抗」になっているポイントを究明した。そして、ポイントを理解したうえで、行動変革の足かせを取り除くための独創的な解決策を考え出したのである。「労力」に由来する「抵抗」を和らげるときには、2つの基本的な質問を自分自身に投げかける必要がある。このように行動するのが難しいのはなぜなのか、どうすれば容易に行動できるようになるのかを問うのである。この章では、これら2つの質問への答えを出すためのテクニックを紹介する。

「労力」の2つの側面――「苦労」「茫漠感」

「労力」が何を意味するのかを理解しなければ、「労力」を減らすことはできない。アイデアや取り組みの実行しやすさや実行しにくさを決める属性は何なのだろうか。「労力」には2つの側面がある。1つは明白だが、もう1つはそうではない。ぴんとくる明白なほうの側面は、身体や頭を酷使すること、すなわち「苦労」だ。これは、ある作業や行動に注がれるエネルギーの量と捉えることができる。5ページの文書より50ページの文書を作成するほうが苦労を強いられる。

「労力」の2つ目の側面は、どうすればよいのか分からないという「茫漠感」だ。目標達成に必要な作業量が「苦労」だとすれば、目標達成の方法を知っているかどうかを示すものが「茫漠感」だ。新しい土地に初めて足を踏み入れる探検家や、初めて迷路を通るネズミのことを考えてみよう。道が分からなければ自分で発見しなければならない。つまり、試行錯誤をするということだ。これは、何度も道を間違え、何度も袋小路にはまることを意味する。「労力」の非常に重要な側面が茫漠感だと言えるのは、イノベーターにとっては簡単そうでも他の人からすると茫漠としているアイデアが多いからだ。

企業内の何らかの承認プロセスを思い浮かべてほしい。学術機関であれば、新講座設置の承認を得るプロセスを思い浮かべるのがいいだろう。この承認プロセスにおける「労力」は、苦労と茫漠感が合わさったものだ。承認を得るために費やされる作業の量が苦労である。承認を得るのが比較的容易な学術機関も一部にはあり、そこでは講座の説明を書いたメールを学科長に送るだけでよいらしい。だが、これは一般的ではない。私たちが見てきたほとんどの学術機関では、新しい講座の承認を得るのはお役所仕事かと思うほど面倒な作業だ。

もう一方の茫漠感の大きさは、承認プロセスがよく理解されているかどうかによる。新しい講座をどうしても作りたい教授がいるとして、その教授はそれを実現する方法を知っているだろうか？　そして、もし仮にやり方が分からない場合、誰に相談すれば必要な情報が得られるかを知っているだろうか？　さらに、もし仮に複数の同僚に話を聞いた場合、得られる情報は一貫しているだろうか、それとも矛盾しているだろうか？　私たちの経験では、これらの質問に対する答えはたいてい「いいえ」だ。どこに行けば情報が得られるのか分からないとなると、動き出すのは困難だ。課題を取り巻く不明事項が実際の作業よりも大きなハードルになることはよくある。

「労力」の持つ２つの側面を理解することが重要なのは、その理解が「労力」を克服するための基本だからだ。茫漠感は「ロードマップの作成」と呼ばれるプロセスで制するのに対し、苦労は「行動の簡素化」と呼ばれるプロセスで変貌させる。

ロードマップの作成で「茫漠感」を制した事例

今では忘れ去られてしまっているが、第二次世界大戦時の米国政府が抱えていた課題の１つは、膨大な支出だった。米国が戦争に費やした額はざっと３０００億ドル。見方を変えると、この数字は戦前の歴代全政府による総支出の倍に相当する。戦争の「労力」に必要な資金を調達するために、フランクリン・D・ルーズベルト大統領とその顧問は民間人に助けを求めることにした。戦時国債を大量に売って戦費をまかなうことにしたのである。

だが、そのためには何百万人もの米国人に国債を買ってもらう必要がある。そこで米政府は、マディソン・アベニュー屈指の広告会社を起用してキャンペーンを展開した。国債の販売促進に大きな役割を果たしたのはポスターだった。お察しのとおり、感情に訴える「燃料」に大きく依存したポスターで購入を促したのである。典型的なあるポスターには、負傷した兵士が戦場でこう問いかける姿が描かれていた。「同胞よ、やれるだけのことはやったか?」飛行中の誇り高き戦闘機パイロットを描いた別のポスターには、「君が国債を買えば、僕らは飛べる!」という標語が添えられていた。他には、敵に対する恐怖心に目をつけた広告もあった。あるポスターなどは、ナチスの兵士が若い女性をいやらしい目つきで見ている様子を描き、「彼女を敵の手に渡してはならない」という不気味な言葉が添えられていた。

ところが、感情に訴えかけるスローガンが最も効果を発揮したわけではない。恐怖をあおる戦術も同様だ。最も効果的だったのは、「燃料」系のスローガンではなかった。なぜ支援すべきなのかという理由ではなく、いつ支援すべきなのかを説くものが最も効果的だったのだ。そのポスターには、会社で働く従業員が描かれており、「職場の勧誘員が支援を呼びかけたら国債を購入しよう」というキャッチフレーズが添えられていた。このキャッチフレーズが非常に効果的であることが判明すると、すぐにすべての戦時国債ポスターにこのメッセージが追加された。その結果どうなったか。戦時国債の売れ行きは倍増した。

愛国心を刺激するメッセージや敵への恐怖心をあおるメッセージより、そうではないメッセージのほうが効果的だったのはなぜか。ロードマップを示したからだ。いつ支援すればいいのかを伝えることで、そこに至る道筋を整備したのである。ロードマップがないとどのような「抵抗」が生じるのか考えてみよう。勧誘員が職場を訪れたときにその人から戦時国債を買うべきだということを知っていなければ、勧誘員が訪れても国債を購入するための時間を作らないかもしれない。あるいは、翌月の給料が入ってからにしようと考え、購入を先延ばしにするかもしれない。支援の方法とタイミングが茫漠としていると、支援したいという気持ちは萎えるものだ。

ロードマップの威力を示すもう1つの古い事例として、破傷風の予防接種を奨励するキャンペーンがある。破傷風の予防接種を受けようとしない米国人がたくさんいる中、接種するよう説得するメッセージを考案する仕事が心理学者のグループに託された。いろいろな説得の理論に基づいてさまざまなメッセージが作られた。ワクチンのメリットを強調するメッセージがある一方で、この病気の危険性や最終的に命が脅かされる可能性がある点を力説するメッセージもあった。だが、戦時国債の例と同じで、「燃料」に焦点を当てたメッセージが特に効果的だったわけではない。第3のメッセージではまったく異なるアプローチが取られた。それは、破傷風の予防接種が受けられる地元の診療所を目立たせた地図を示し、診療所に立ち寄れそうな時間帯をその週のスケジュールの中から見つけるよう促すものだった。「燃料」系のメッセージを受け取った人のうち、予防接種を受ける気になった人はわずか3％程度だったが、ロードマップつきメッセージを受け取った人の28％が破傷風の予防接種を受けに行った。

投票率向上キャンペーンでも似たようなアプローチが成功している。選挙を左右するのは投票率だ。投票を促すために、毎年、数十億ドルが費やされている。こうしたキャンペーンのほとんどは、投票すべき理由を中心に展開される。投票の重要性を強調するのだ。予想に違わず、キャンペーン広告は投票しに行く負担を軽減するようには作られていない。投票率を左右する大きな要因は、投票に伴う「労力」だというのに。自宅から投票所までの距離は、投票に行く可能性を予見させる重要な材料だ。小さな子供がいることもそうだ。出産すると市民の義務に対する意識が低下するからではない。子育てには、朝食の準備やら着替えやら学校への送り迎えやらと、さまざまな「労力」がかかる。連日これほどの「労力」を子育てに注いでいる人が投票所に行くというのは、自分自身の食事と着替えだけで済む人よりはるかに困難なのだ。

ところが、投票にまつわる茫漠感を少しでも排除することに重点を置いて支援策を講じた場合は、往々にして従来のキャンペーンよりも成果が上がる。ハーバード大学ケネディスクール公共政策大学院の行動科学者であるトッド・ロジャーズは、2008年の民主党の予備選期間中に、従来の有権者支援プログラムの効果と茫漠感を減らすアプローチの効果とを比較した。対象となったのは約30万人。一方のグループには、民主党全国委員会（DNC）が使用している標準的な台本通りに投票を呼びかけた。今度の選挙がいかに重要な意味を持つのかを前面に押し出した台本だった。もう1つのグループにも同じ台本で投票の重要性を説いたが、投票に行く方法について話題にする部分を加えた。有権者に次の3つの質問を投げかけたのである。どの時間帯に投票に行くつもりか？　投票所までどのような移動手段を使うつもりか？　どこから投票所に向かう予定か？

調査の結果、従来の台本に則った会話をしたグループの投票率は2パーセントポイント上昇した。従来の台本に加えてロードマップに関する会話をしたグループの投票率は4パーセントポイント上昇した。つまり、3つの短い質問を加えたことで、それまで投票率の向上に最も寄与していたDNCの台本の効果が2倍になったのである。この2パーセントポイント増をその後の大統領選に当てはめてみよう。2012年の大統領選でこれだけ投票率が上がっていたら、フロリダ、オハイオ、ノースカロライナの各州では結果がひっくり返っていただろう（この3つの州は得票率の差が2パーセントポイント未満だった）。

ロードマップにこれほどの効果があるのはなぜだろうか。1つには、ロードマップがあると調査に要するコストが削減され、行動までの道筋が明確になるという利点がある。「従業員にもっとやってほしい行動は何か」とリーダーに訊ねると、同じ流行語《バズワード》が何度も出てくる。多くのリーダーが口にするのは「イノベーション」だ。ある経営者はこのように回答した。「私は常々イノベーションを起こすよう社員にはっぱをかけているのだが、イノベーションはなかなか起きない。奨励金も出してみた。だが、私が何を言っても社員たちは今のままでいいと思っているようだ」営業というのは見込み客作りに時間を取られがちな仕事だ。営業スタッフは地域を回って人脈を作るべきなのだが、既存顧客にばかり時間を割き、人脈作りに時間を使わない、と上司は部下に対して不満を抱いている。大企業での流行語は連携《コラボレーション》だ。リーダーたちは、部門間の高い垣根に頭を悩ませている。

こうした不満に応えて経営陣に宿題を出そうと思う。従業員にもっとやってほしい行動が実際に行われるべきタイミングを、1日、1週間、または1カ月の中のいつなのかを書き出してほしい。たとえば、現場に出て見込み客を獲得してもらいたいと営業スタッフに望んでいるとしたら、いつ、どのようにその活動を行うべきだろうか。毎日行うべき活動だとしたら、1日のどのタイミングだろう。また、どのように行うのがよいだろうか。参加すべきイベントはあるだろうか。会議はどうだろう。そして、部門間連携はどのように行うのがよいだろうか。従業員は議論ができるほど互いをよく知っているだろうか。仮によく知っているとして、議論するための時間と場所はあるだろうか。

イノベーション、見込み客の獲得、連携が不足している組織の大半の経営陣は、これらの問いになかなか答えられない。経営陣は、従業員が自発性を示してこれらの質問に自分で答えを出すべきだと反論する。おっしゃるとおりだ。だが、その行動を起こすための道筋がはっきりしていなければ、経営陣が望むような行動はまず起こらない。無関心のように見える従業員のふるまいの多くは、実は単なる茫漠感の現れなのである。

いつ、どのように行動すべきかを考えることは、私たちの意図する行動を妨害する物理的な障壁についてじっくり考えるのに役立つ。「燃料」を中心とした考え方に立つと、実際にふるまいを起こす際に発生する問題（予定を組む手間など）は些細なもののように思えるだろう。だが、「労力」の威力を理解している人にとっては、そうした障害が主要な関心事なのである。

「イノベーション」をロードマップに落とし込む

行動をロードマップに落とし込んだ素晴らしい例として、アトラシアンの事例を紹介しよう。アトラシアンはさまざまなプロジェクト管理ツールを開発しているオーストラリアのソフトウェア会社だ。ナイキ、コカコーラ、ネットフリックス、グーグルなどの企業が、同社の製品を使って最重要プロジェクトを管理している。アトラシアンは、他のソフトウェア開発企業と同様、イノベーションをコアバリューとして掲げている。それもそのはず。企業が遭遇する新たな問題に対して、独創的な解決策を打ち出し続けなければならないのだから。

だが、日々の仕事で手一杯のときに将来の製品について考える時間を捻出するのは困難だ。そこでアトラシアンは、ある種の文化的儀式として、一定期間をイノベーション——好調を維持するために必要な行動——に充てることを思いついた。社員は3カ月に1度チームを作り、与えられた24時間の中で新しいコンセプトやアイデアを生み出す。ルールはただ1つ。現在取り組んでいる製品のアイデアであってはいけない、ということだけだ。イノベーションに集中するこうした1日のことを同社では「フェデックス・デー」と呼んでいるが、それは、世界的物流会社フェデックスが一晩で荷物をデリバリーするように、各チームも一晩で何かを形にしてデリバリーしなければならないからだ。

アトラシアンの首脳陣は説教や報奨でイノベーションを鼓舞しようとはしない。その代わりに、イノベーションがシステマティックに行われる習慣を作った。アトラシアンではフェデックス・

デーが非常にうまくいっているため、今ではイノベーションを起こそうとしている他の企業にこの習慣を教えている。

その行動を取るべきタイミングを設定する

ロードマップを作ることにはもう1つ利点がある。やるべき行動を思い出すきっかけができるのだ。新しいアイデアが人々に受け入れられない大きな理由は、（能動的に抵抗しているわけではなく）単に行動し忘れてしまうことにある。たとえばある調査では、乳房の自己検診を怠った女性の70%が、忘れてしまうことを主な理由として挙げていた。ロードマップは、未来のあるタイミング（例：勧誘員が職場を訪ねてきたとき）と、そのタイミングで取るべき正しい行動（例：戦時国債を買う）とを明確に結びつけて記憶に定着させるものであり、うっかり忘れを防止する手段なのだ。この、タイミングと行動の組み合わせは、「Xの状況になったらYを行う」という関係にあることが多い。つまり、どんなときに何をするのかを設定しているのである。

この例としてぴったりなのが、ロレンが懇意にしている不動産屋のトニー・Gだ。ロレンはこれまでに10人前後の仕事仲間をトニーに紹介している。その理由の1つは、トニーが非常に有能であることだ。シカゴの不動産市場を熟知しているし、顧客対応は抜群だし、一緒に仕事をするのがとても楽しい。つまり、たくさんの「燃料」をテーブルに運んできてくれるのだ。だが、もう1つ重要な理由がある。トニーは実に気の利いたことをしてくれたのだ。他の人に自分のことを紹介してほしいと（不動産屋ならたいていそうするように）ロレンに頼んだとき、こう言ったのである。「ケロッグ校で仕事を始めたばかりの同僚に何か親切なことをしたいと思っているなら、初めて会ったときに、不動産屋が必要かどうか聞いてみてくれよ。知ってのとおり、僕は面倒見がいいからね」

この売り込みでは、小さいながらも強力なことが2つ行われた。ロレンも多くの人たちと同様、新しく着任した同僚の力になり、彼らと良好な関係を築きたいと考えている。トニーが明確なやり方を教えてくれたことで、ロレンは良い同僚になりやすくなった。トニーはそのためのタイミングも明確に設定してくれた。彼は自分を同僚に紹介するという案をロレンに示しただけではない。「新しい同僚に初めて会ったときに、不動産屋が必要かどうか訊ねてくれ」と言ったのである。要するに、この案がすぐに思い出されるようなきっかけを設定したのだ。ロレンは新しい同僚に「はじめまして」の挨拶をするたびに不動産屋が必要かどうかを無意識に訊ねているが、それは努力しなくても質問が頭に浮かんでくるからだ。

アトラシアンでイノベーションが起こる大きな要因は、よくある「抵抗」と障壁が取り除かれているからだ。ロードマップを作成すると人々を自分の意志で行動させることができるが、ロードマップ作りは何も考えずにできるものでもないし、よく行われていることでもない。皮肉なことに、新しいアイデアの実行を怠る傾向が最も強いのは、そのアイデアに深く肩入れしている人たちだ。最近の研究によると、意志をくじく可能性のある「抵抗」を最も軽視しがちなのは、絶対に行動できると自信を持っている人々なのだ。このような人たちは、たとえ障害があっても、強い信念があるだけで十分にゴールまでたどり着けると勘違いしているからである。[*1]

行動の簡素化で「苦労」を減少させる

「労力」のもう1つの側面は「苦労」だ。苦労は、行く手をふさぐ障害物の大きさと深刻さと捉えることができる。求められる「労力」が大きくなればなるほど、変革に対する「抵抗」は強くなる。アイデアに潜んでいる「労力」が「抵抗」の原因になっているとしたら、あなたの仕事は、変革を容易にする方法を見つけることだ。目標は、流線型で抗力のかからない、空気力学的に優れたアイデアにすることだ。私たちはこれを「簡素化」と呼んでいる。簡素化に必要なのは、障壁を取り除き、近道を見つけることである。

その手始めとして、どこで「抵抗」が発生しているのか、そのポイントを突き止めよう。ポイントが自明な場合もときにはある。長蛇の列に並ばなければならないというのは、疑う余地のない明白な「抵抗」だ。だが、目に見えないところに潜んでいて、注意深くのぞき込まなければ見つからない「抵抗」もある。ビーチハウス（第1章を参照）が良い例だ。「古いソファをどうしたらいいか分からない」という「抵抗」は、顧客に詳しい聞き取り調査を行うまで姿を隠していた。だが、このような「抵抗」を見つけるためにわざわざ行動デザイナーを雇う必要はない。ほとんどの場合は、いくつか適切な質問をして少しばかり熟慮するだけで事足りる。たとえば次のようなケースだ。私たちの友人に講演業を生業《なりわい》にしている人物がいる。他の優れた経営者と同様、彼も自分の仕事ぶりに関するデータを注意して追いかけている。丁寧に観察しているデータの1つは、講演会がきっかけで発生した紹介の件数だ。紹介はビジネスを大きくする主な手段であるため、この件数は成果を測る主要な指標の1つである。彼はある晩、面白いパターンがあることを酒の席で教えてくれた。成果が真っ二つに分かれるというのである。しゃべった後に何人か見込み客が現れるか、そうでなければまったく現れないのだ。彼が見せてくれた紹介件数のデータの一部を次に示す。

2019年10月15日：0件
2019年10月19日：6件
2019年11月5日：9件
2019年11月16日：0件
2019年11月17日：4件
2019年12月10日：0件
2019年12月13日：8件

何件も引き合いがある講演会とまったくない講演会に分かれるのはどうしてなのかと、彼はいぶかしがった。リハーサルまではやらないが、入念に作り込んだ台本に沿って話をする。そのため、そのときどきで講演の出来が大きく変動するようなことはない。あれこれ調べた後、私たちの1人が的を射た質問をした。紹介はどのような形で行われるのかい？　電子メールで問い合わせが来るのか、それとも最初は対面かな？　ほぼ100％対面だ、と彼は言った。それで、そのタイミングは？　と訊ねると、講演会の直後だ、と彼は答えた。そして、説明を続けた。「講演を聞きに来た人たちと話ができるように、講演会の直後はできるだけ身体を空けておくようにしている。引き合いはいつもそのタイミングで発生しているみたいだからね」。そのとき彼は閃《ひらめ》いた。コーヒーブレイクだ！　紹介につながるプレゼンは、直後にコーヒーブレイクや懇親会を設けている講演会だ。つまり、コンタクトを取る時間帯が明確に用意されている場合だ。紹介件数ゼロの講演会では、プレゼンの後に別の講演が控えていた。彼のメールアドレスはどの配布資料にも大きく書かれているし、講演の最後には必ず、遠慮なく問い合わせをしてほしいと伝えている。だが、素晴らしい講演だったと感じているときに相手が同じ部屋にいれば、話を聞きに行くのは簡単でも、しばらくしてからタイミングを見計らって、「話がしたいので時間を取ってほしい」という内容のメールを送るというのは、明らかに無理がある。この小さな発見は大きな見返りをもたらした。彼は現在、プレゼンテーションの後にはできる限りコーヒーブレイクや懇親会を設けることにしている。

私たちが取っている簡素化のアプローチは2つのステップに分かれている。最初のステップで行うのは、ユーザーの道のりのプロセス、すなわちユーザー体験《エクスペリエンス》の図表化だ。私たちはこれを「体験タイムライン」の作成と呼んでいる。体験タイムラインは、やってほしい行動が完了するまでに必要なすべてのステップをあぶり出すためのものだ。体験タイムラインは1つ1つの瞬間を視覚的に表現するもので、図の左端の縦線が体験の開始を、右端の縦線が終了を表す。

体験タイムラインの目的は、変革を阻害する「抵抗」が発生する瞬間をイノベーターが視覚的に把握できるようにすることである。タイムライン上で上方にある「良い」体験は、ユーザーの満足度が高くなる瞬間（肯定的な感情）を表す。ユーザーの道のりに含まれる体験のうち、満足度をさらに高めたいとイノベーターが思うような体験が、このような瞬間として示される。「悪い」体験は、異常なまでの「労力」を強いられる不満な瞬間だ。タイムライン上で下方にあるそうした瞬間が、簡素化の格好の対象となる。

体験タイムラインを作成するにあたっては、まずユーザーに対象となっている体験についての最近の道のりを振り返ってもらい、その道のりの途中で特に重要だと感じた具体的な瞬間を挙げてもらう。そして、道のりの途中のそれぞれの瞬間にどのように

体験タイムライン

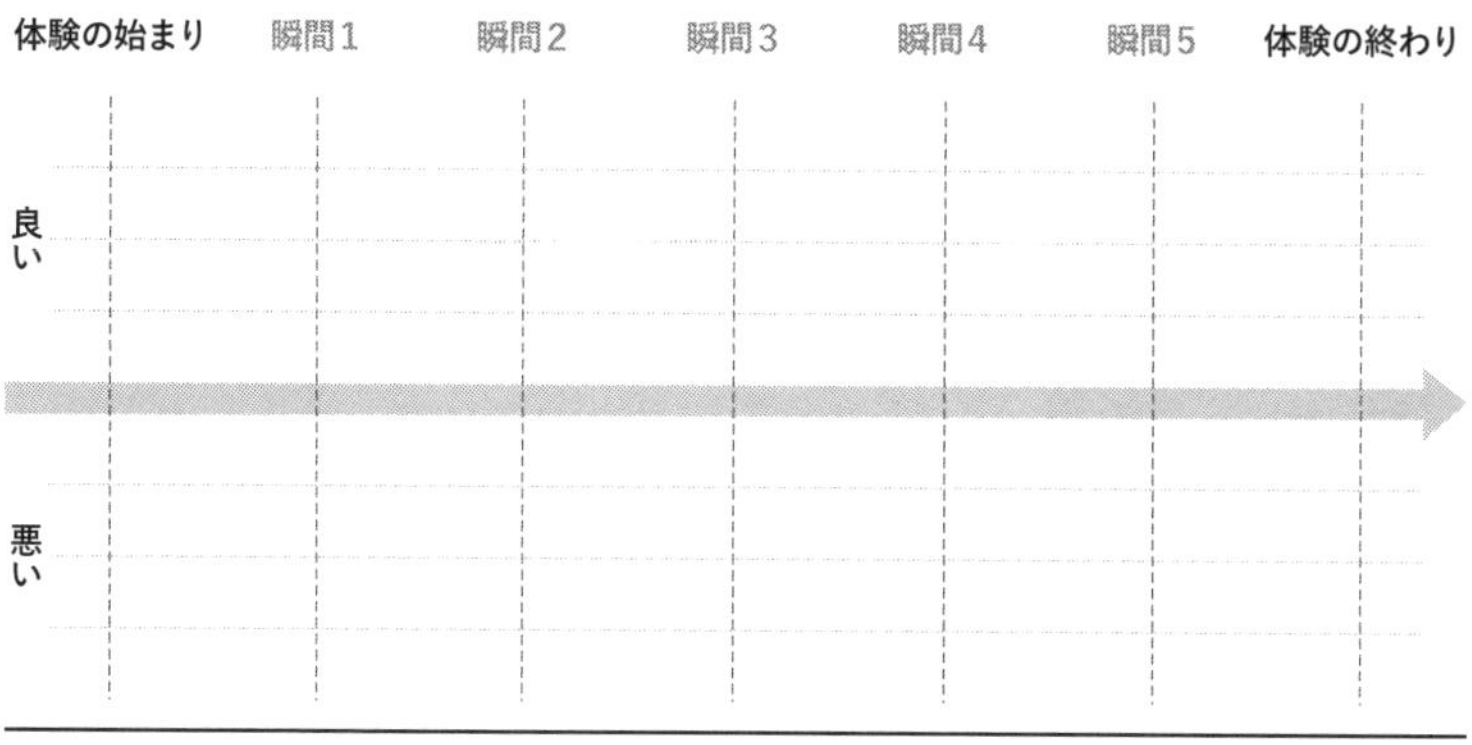

感じたか（良い、悪い、どちらでもない）が分かるように、個人としての体験をタイムラインに沿って〝波線〟で描いてもらう。道のりで経験したことがどの程度良かったのか悪かったのかを、波の高さと深さで示すのだ。ユーザーを変えて7～10枚の体験タイムラインを完成させると、パターンが明らかになってくるため、最も改善が必要な瞬間に焦点を当てて簡素化に取り組むことができる。

では、水の浄化に塩素のボトルを使っていた事例に戻ろう。清潔な飲料水の利用促進に尽力している非営利団体の立場からすると、塩素のボトルを支給することで問題を容易に解決できそうに思える。一見すると、必要なのは塩素を水に加えるという簡単なステップただ1つだ。だが、IPAはこの行動習慣が見かけよりも難しいことに気がついた。IPAは、浄水のプロセスで「労力」を要するとはっきり分かる瞬間を5つ特定し、概略を書き出した。瞬間1は水源地までの移動。瞬間2は水を汲むという行

体験タイムライン｜例

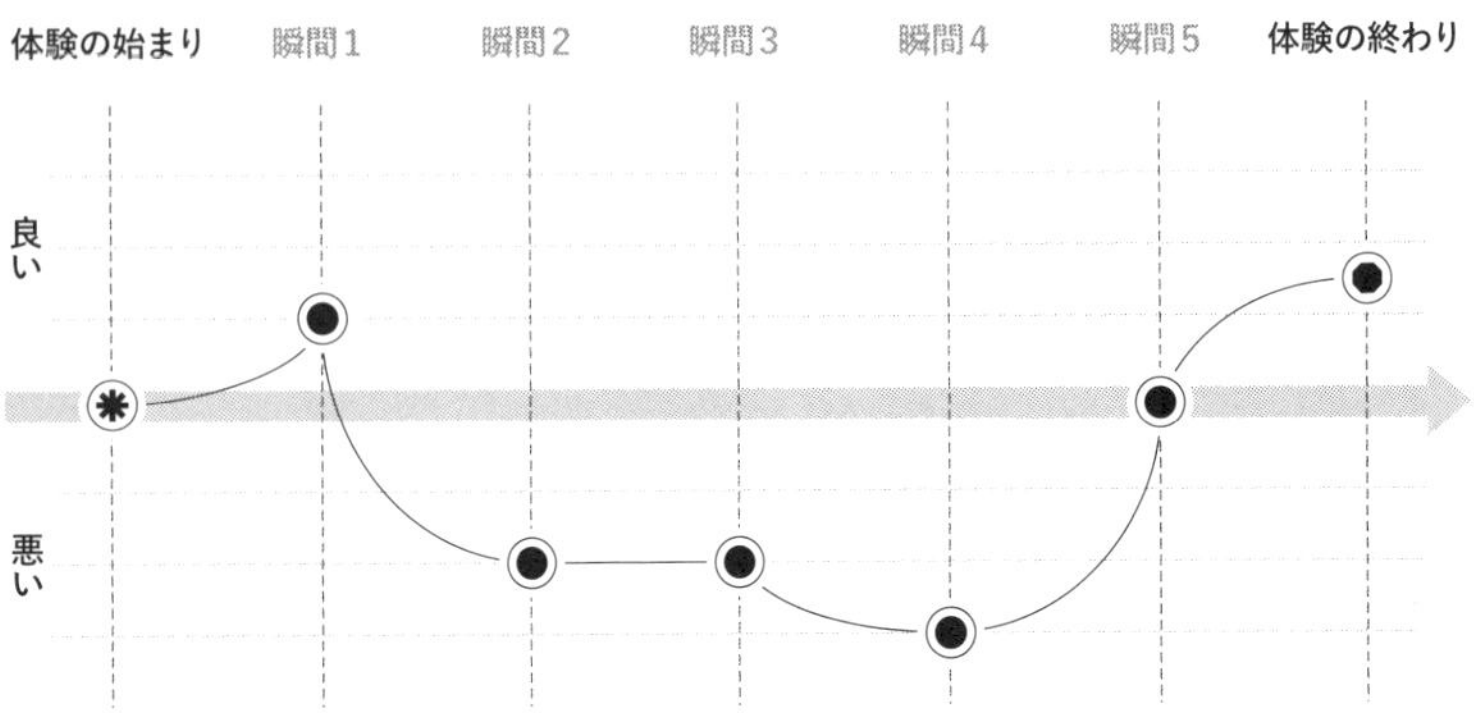

複数の体験タイムラインを比較して改善が必要な場所を浮かび上がらせる。

為。瞬間3は汲んだ水を家まで持ち帰る移動。瞬間4は1回分の塩素を計量して水に加える行為。瞬間5は水が浄化されるまでの20分間の待機時間だ。

簡素化のプロセスでは、タイムラインを使ってマイナスの瞬間を突き止めた後、次のステップとしてそれを取り除いていく。このプロセスの最初のステップが、「労力」の手がかり探しに取り組む探偵のようなものだとすれば、次のステップは、どちらかといえばエンジニアのような作業になる。行動がしやすい平坦な道を作るために、環境の再構築に取り組むのである。非営利団体のIPAは、水を持ち帰る移動と塩素が効果を発揮するまで待つ20分間が、ユーザーの体験全体の中で特にコストがかかっている2つの「抵抗」だと考えた。水を持ち帰る移動をなくすことはできないが、プロセスを設計し直して、水を汲んだ時点で塩素を加えるようにすることは可能だった。そうすれば、帰宅するまでの間に水が浄化されるため、工程全体が20分短縮される。簡素化

体験タイムライン｜水汲みと浄化

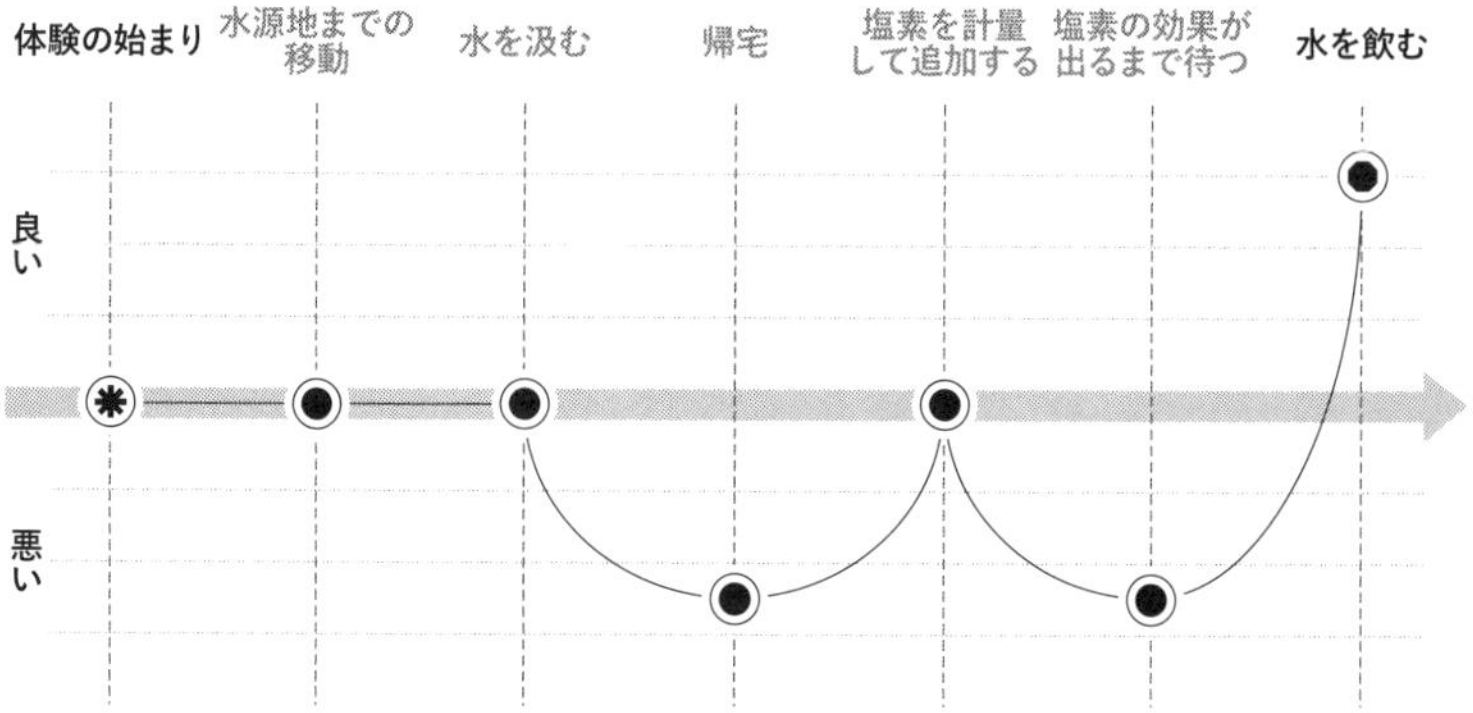

IPAが浄水に関する調査を行ったときの体験タイムライン

の鍵（そして体験タイムラインの利点）は、具体的に道のりのどのステップが最大の「抵抗」の原因になっているのかを究明し、それを基にして、特に問題となっている瞬間への対処にエネルギーとリソースを集中的に投入することである。

ここまでに紹介した事例の多くで、簡素化の取り組みが行われている。ビーチハウスの事例に戻ろう。彼らの解決策は、顧客の古いソファを引き取って寄付することで、新しいソファを購入しやすくするというものだった。これは主要な「抵抗」を和らげるサービスだ。だが、ビーチハウスが取り得たアプローチはこれだけではない。実施上の課題や費用負担を考えると、古い家具を回収して寄付するというのはコストがかかりすぎるかもしれない。このケースでは、ハビタット・フォー・ヒューマニティ（Habitat for Humanity）や救世軍といった慈善団体と提携して、古いソファを引き取って再利用する方法でも顧客の負担は軽くなる。このような寄贈サービスを顧客の代わりに行えば、顧客の負担はさらに軽くなるはずだ。しかも、寄贈するソファの引き取りと新しいソファの納入が同時に行われるように予定を組んであげれば、「労力」の計算法はがらりと変わる。顧客のカレンダーに追加されるはずだった予定が1つなくなることになるのだから。こうした取り得る策を1つ1つ実施していくことで、不便さが取り除かれ、結果としてソファ購入のプロセスが簡素化される。

シカゴ大学にとっての簡素化はコモン・アプリケーションへの移行だった。アマゾンにとっての簡素化はワンクリック注文への移行だった。例の講演者にとっての簡素化は、講演を聴きに来た人が紹介を行いやすくなるような機会（コーヒーブレイク）を設けることであった。

人々が作る近道「けもの道」

2点の間を直線で結ぶと距離は最短になる。だが、ある場所から別の場所に移動しようとしたとき、いつも世の中に選択肢として直線が用意されているとは限らない。だから、人はそのような選択肢を作り出す。「けもの道（Desire paths）」とは、人間によって作り出される近道のことを指す。公園や森林保護区で目にしたことがあるのではないだろうか。決められた歩道や通路ではない場所を人が何度も通ることで、芝生や土がすり減ったり踏み固められたりしてできる小道だ。目的の場所まで楽に行ける近道を見つけたら、人はそちらを多用するようになる。容易なほうの道が希望に適った道だからだ。

これまで、けもの道は目障りなものとされてきた。だが、都市設計家は次第にけもの道をユーザーからのフィードバックが得られる貴重な情報源と捉えるようになり、けもの道を舗装することで歩道や小道を整備し、それによってデザインを改善するという動きが出てきている。これをさらに一歩進め、人が自然に作り上げる通り道を確認してから恒久的な歩道を作るという設計家もいる。

けもの道は製品やサービス、体験への関わり方にも姿を現す。複雑さや要する時間や手間が過剰だと感じると、私たちは近道や回避策を自ら作り出すものだ。都市設計家と同じで、多くのイノベーターは自分のアイデアが意図したとおりに使われないと不満を感じるが、人が自発的に作り出した近道を見つけることは重要だ。そこには、より簡単な方法を見つけたいという願望が現れているからだ。

@FAKEGRIMLOCKはツイッター上の人格で、技術系のインフルエンサーだ。彼は未来から来たロボットのティラノサウルスのような顔をしていて、ツイートはすべて大文字で書かれ、文章は不完全なものばかり。ばかばかしいイメージが思い浮かぶFAKEGRIMLOCKではあるが、実は時折、賢人の知恵を授けてくれる。この未来からやって来た博学な恐竜は、示唆に富む言葉をつぶやくのだが、その中で私たちが気に入っているものの1つに、けもの道や近道に潜むチャンスに関するものがある。「補修テープ（ダクトテープ）が貼られている場所があったら〝すごいやつ〟に交換しろ」

必ず知っておくべき2つの簡素化テクニック

簡素化にはコツがいる。時には解決策が明白なこともある。50ページのレポートが厳しすぎるなら、25ページに減らすことで「抵抗」はいくらか解消されるだろう。だが、特に効果的な簡素化の手法の中にも見落とされがちなものがたくさんある。以下では、イノベーターなら誰でも道具箱に入れておくべき簡素化のテクニックを2つ紹介する。

「ノー」と言いにくくする

簡素化というのは、やってもらいたい行動をやりやすくするプロセスを指すのが一般的だ。だが、「ノー」と言いにくくするやり方もある。たとえば、科学論文の発表だ。科学は査読制度の上に成り立っている。科学誌に投稿された科学論文については、その分野に詳しい他の科学者に査読を依頼して、その価値を判断してもらう。だが、この制度がうまくいくのは、他の科学者が進んで査読を引き受けてくれる場合だけだ。査読には半日程度の時間がかかる。しかも、多くの学者は月に何本もの査読依頼を受ける。そんなわけだから、当然ながら査読者を集めるのは難しい。従来の方式の場合、科学者が受け取るのは、査読依頼を引き受けるか断るかだけを訊ねるメールだ。これだと、「ノー」をクリックするのは「イエス」をクリックするのと同じくらい簡単だ。いくつかの賢明な科学誌は、もっとうまくこの質問をする方法を発見した。「イエス」か「ノー」かを訊ねるというより、2つの選択肢を提示し、依頼を受諾するか、受諾しない場合は代わりに査読を依頼できる人の名前とメールアドレスを書いてもらうようにしたのである。

5時間を要する退屈な仕事に比べれば、他の同僚の名前とメールアドレスを入力するなど些細なことだ。だが、これによって行動が大きく変化する。なぜなら、「イエス」と答えるか「ノー」と答えるかを決めようとしているその瞬間に、「労力」の計算法が変わるからだ。苦労と茫漠感という形の「抵抗」が加わるのである。誰が査読者にふさわしいかを考えなければならない（明白な場合もあるが、そうでない場合もある）。そして、査読者が見つかったら、その人のメールアドレスを突き止めなければならない。その瞬間、「イエス」を選択したほうが楽だということになる。

このアイデアを実践するためのもう1つの簡単な方法を紹介しよう。賛同を得ようとするときは、「このアイデアについてどう思う?」と質問してはいけない。「このアイデアは気に入ったかな? それとも、もっといいアイデアがあるかい?」と聞くのである。このように質問の仕方をわずかに変えるだけで、「ノー」と答えることの大変さが変わる。アイデアを否定するだけでなく、より良い代替案を考え出さなければいけなくなるからだ。このシンプルな「抵抗」によって、多くの人が「イエス」と答えるようになる。

デフォルトにする

簡素化をする目的は、障害物を取り除き、やってもらいたい行動を容易にすることだ。これをさらに一歩進めることができるとしたらどうだろうか。もし、やってもらいたい行動が容易になるだけでなく、事実上「労力」がまったく不要になるように、「労力」の計算法を変更できるとしたらどうだろうか。やってほしい行動をデフォルトの選択肢にすると、まさにそのとおりのことが起こる。平たく言うと、何もしなかった場合に起こる結果がデフォルトだからだ。

行動科学の分野で最強のツールを表彰する賞があったとしたら、「デフォルト」に最優秀賞が贈られるだろう。いくつか証拠を見てみよう。ディズニー・ワールドでは何年も、園内での食事にはより健康的なメニューを選ぶよう子供たちに働きかけていた。だが、ご想像のとおり、どれほどマーケティングやメッセージの発信で野菜や果物を奨励しても、子供たちをピザやソーダから遠ざける効果はほとんどなかった。だが、その後、別の方策が取られた。子供向けメニューのデフォルトの選択肢を変更したのである。サンドイッチにフライドポテトとソーダが自動的に付いてくるのではなく（以前はそうだった）、デフォルトの選択肢をフルーツとジュースに変更した。子供たちは（追加料金なしで）フライドポテトとソーダを選ぶこともできるが、能動的に要望する必要がある。すると、ほとんどの子供は最も「抵抗」の少ない道を選んだ。デフォルトを変更することで、摂取されるカロリーが21％、脂質が40％、塩分が45％減少した。

デフォルトを変えると命を救うこともできる。ドイツでは、臓器提供の登録者が人口の12％しかいない。ドイツの隣国オーストリアの登録者が99％であることを考えると、これはかなり低い数字だ。デンマークはドイツよりさらに低く、臓器提供の登録者は5％に満たない。だが、スウェーデンは85％に達している。この差は何に由来するのだろうか。臓器提供者の少ない国では、人は生来、非ドナーと設定されるため、申し込みをしなければ提供者名簿に名前が登録されない。ほぼ全員が臓器提供登録をしている国や地域では、これがまったく逆になっている。人は生来、ドナーとして設定されるため、名簿から名前を削除するには、そうすることを選択しなければならない。名簿に名前を載せるにしろ載せないにしろ、大した手間はかからない。申請書に記入するだけのことだ。だが、進む道を変えることが比較的容易であっても、ほとんどの人は最も「労力」を必要としない道を選ぶのである。

最近、ある企業経営者の学生が、変革に対する「抵抗」にデフォルトの原則を利用して対処する方法を教えてくれた。彼は新しい取り組みを進めようとしたときに、変革に対する不満の大きさに困惑することがよくあったそうだ。会社の方針を少し変えるだけでも、批判の大合唱が起きていたという。そこで行ったのが、「イエス」をデフォルトにすることだった。彼は習慣として、社員が彼のところに相談などに訪れられるよう朝食会を行っていた。そこで、新たな変革を発表するときに、新しい取り組みに関する疑問や不安やアイデアがある社員は朝食会への参加申し込みをするようにと呼びかけたのである。すると、正当な懸念を抱いている社員が参加するようになった。彼が意見を聞きたいと思っていたのは、まさにこのような社員たちだ。だがほとんどの社員は、その新しい取り組みに馴染みがないとか、ちょっとした「労力」が必要だとかいう理由で軽い「抵抗」を感じていただけで、時間を作ってまで会合に参加するほどのことではなかった。そのような社員は、しばらくして新しい取り組みに慣れてくると、それを受け入れるのであった。

デフォルトをうまく活用すれば、自分の時間に対する要求を変容させることもできる。支援や助言を求める人たちから、あなたがどれほどの依頼を受けているか考えてみるとよい。そのような依頼は、あなたを難しい立場に置くはずだ。たいていの人は力になりたいと思うが、すべての依頼に「イエス」と答えていたら、(多くのリーダーがそうであるように)本人が疲れ果ててしまう。ここでデフォルトをうまく使いこなせば、あなたは救われるはずだ。手を差し伸べたいと思う要求には「イエス」と答えよう。ただし、最初の一歩は相手に踏み出させるようにする。たとえば、コーヒーでも飲みながら知恵を貸してくれないかと言われたら、オンラインカレンダーに招待状を送って寄こすよう依頼するのだ。また、進路相談に乗ってほしいという学生がいたら、こう返事をするとよい。「喜んで力になろう。ついては、キャリア目標を簡単に書いたメールに履歴書を添付して私宛に送るように」

依頼内容が何であれ、最初の一歩は相手に踏み出させるのである。ロレンはこのルールに従うことで、学生との関わりを上手にやりくりしている。彼の経験では、何かをしてほしいと依頼すると、それがほんの些細なことであっても10人中9人は応じてこない。あなたの時間を本当に尊重している人はさほど多くないのだ。そして、それ以外の人たちは、彼らにとって都合が良い場合に限るという条件付きであなたの時間を欲しがっている。あなたが持っているのは、前者のための時間だけだ。デフォルトを適切に設定すれば、あなたの時間を本当に貴重だと思っているのが誰だか分かる。

ＵＸデザイナーのように思考する

特定のウェブサイトやモバイル・アプリケーションが他より使いやすくて楽しいのはなぜだろう、と疑問に思ったことはないだろうか。ユーザー体験《エクスペリエンス》（ＵＸ）デザインの世界を覗いてみよう。ソフトウェア製品と人とのインターフェイスや関係性を作っているのは、ＵＸデザイナーだ。ユーザー体験から「労力」を取り除き、ユーザーが「直感的で使いやすい」と感じられるデジタル製品にすることが彼らの仕事である。ＵＸデザイナーのように思考すれば、「抵抗」を見つけ出して行動への道筋を簡素化することができる。以下に示す４つのＵＸ基本原則が、「労力」を削減するためのヒントになるはずだ。

負担を軽減する

ユーザー体験に含まれる必須のステップが多ければ多いほど、ユーザーが途中で諦めてしまう可能性は高くなる。DuoLingo や Abridge AI といった有名なUX企業の熟練デザイナーで、UX関連の著書もあるサイモン・キングは、ユーザー体験という道のりに含まれる（一見すると無害な）ステップの1つ1つが、ユーザーに道のりを放棄させる——UX用語で言うところの〝離脱〟を引き起こす——問題のステップになり得ると指摘している。

初めて使うウェブサイトやモバイル・アプリのユーザー・プロフィールを作成するという単純な操作を考えてみよう。作成のプロセスで入力必須のステップが多いほど、作成が完了する前にユーザーが離脱してしまう可能性は高くなる。離脱は作成プロセスの最初の数ステップ（名前とメールアドレスの入力）で発生することもある。3つ目のステップ（電話番号の追加）や4つ目のステップ（クレジットカード情報の入力）で発生することもあり得る。こうしたステップのそれぞれがリスクなのだ。1つ1つのステップが微小な「抵抗」を引き起こし、そのせいでユーザーは注意が散漫になったり購入を再検討しようと操作を一時停止したりするようになる。

では、その解決策は？　オートコンプリートだ。もしかするとこれは、ここ数年で最も独創的なUXイノベーションの1つかもしれない。オートコンプリートとは、情報を要求しているフィールドに該当するデータを自動で入力してくれる機能で、その対象にはメールアドレスや電話番号などのデータの他に、クレジットカード情報までもが含まれる。この機能を使えるようにしておけば、ユーザーがデータを入力しなければならないステップの数が減るため、ユーザー登録の道のりをユーザーが完遂する確率は大幅に向上するはずだ。

デザインをシンプルにする

製品に機能を追加できるからといって、そうするべきとは限らない。多くの機能を搭載した製品は、ユーザーが困惑するほどインターフェイスが複雑になりがちで、その結果、「労力」面（時間とエネルギー）と「感情」面（困惑感）、両方の「抵抗」を招くことになる。シンプルさの原則が実践されている最たる例は、グーグルの検索ページだ。Ｙａｈｏｏ！の検索ページと比べてみればよく分かる。確かに、グーグルの検索ページは見た目が特に魅力的というわけではないが、初めて訪れた人が使い方に茫漠感を抱くようなことはまったくない。このシンプルさは、変化の絶えない検索エンジンの世界で変わることのないグーグルの競争優位性の1つだ。サイモン・キングはこう指摘することを忘れていない。「シンプルであるということは、必ずしも少ないという意味ではない。本当の意味は、ユーザーが取り返しのつかないうっかりミスをすることがほとんど不可能になるように、新しい体験をデザインすることなのだ」

選択肢を増やしすぎない

選択肢が多すぎるためにメニューが電話帳のようになっているレストランに行ったことは

ないだろうか。メニューがわずかしかないレストランでは、選択肢が限られているという贅沢を味わうことができる。選択肢が少ないということは「労力」が減るということであり、〝間違った〟料理を選んでしまう心配も減るからだ。これはプロダクト・デザインについても言える。ヒックの法則（心理学者ウィリアム・エドマンド・ヒックの名にちなむ）によれば、提示される選択肢が多ければ多いほど選択のプロセスは長くなり、意思決定に要する「労力」が増える。たくさんの選択肢を用意しすぎるとユーザーが困惑しかねないため、ＵＸデザインの場合は「少ないほうが優れている」のである。

進捗状況をユーザーに知らせる

ＵＸデザインの最後の原則は、ウェブサイト上で進捗があった場合にそれをユーザーに通知することだ。利用するための道のりを踏破することにうんざりする人もいるかもしれないが、道のりの終点がはっきりしていない場合はなおさらだろう。道のりの途中で進捗状況を通知することで、ユーザー体験全体としての負担感や茫漠感を軽減することができる。ソフトウェアをデザインする場合は、確認メッセージや進捗バーでこの種のフィードバックを行い、ユーザーのデジタル体験がどのあたりまで進んでいるのかを視覚的に把握できるようにしている。このような小さな励ましと確認がちょっとしたご褒美となり、フィードバックがない場合には大変なものに感じられがちなユーザーの道のりが、そうは感じられなくなる。

「労力」を克服する方法のまとめ

人の心は「抵抗」が最も少ない道を選ぶものだ。新しいアイデアやイノベーションに初めて出合ったとき、私たちの心は知らず知らずのうちに、それを実行する場合のコストを計算する。求められる「労力」が大きくなればなるほど、「抵抗」は強くなるものだ。残念ながら、イノベーションというものは通常、何らかの「労力」を必要とし、「労力」には2つの側面――「苦労」と「茫漠感」――がある。目標達成に必要な作業量が「苦労」だとすれば、目標達成の方法を知っているかどうかを示すものが「茫漠感」だ。あなたの次なるアイデアを待ち受ける「労力」がどの程度のものかを判断するために、次の2つのポイントを確認してみよう。

1. **その変化を採り入れるために、どの程度の肉体的・精神的な苦労が必要か？** 必要な苦労の量が多ければ多いほど、そのアイデアが遭遇する「抵抗」は大きくなる。
2. **やってもらいたい行動の実践方法を人々は知っているだろうか、それとも茫漠としてよく分からずにいるだろうか？** イノベーターには簡単なようでも他の人からすると茫漠としているアイデアは多い。

この章では、「労力」を克服する方法を大きく2つに分けて探った。茫漠感は「ロードマップの作成」と呼ばれるプロセスで制するのに対し、苦労は「行動の簡素化」と呼ばれるプロセスで変容させる。以下の質問事項を確認すると、新しいアイデアに潜む「労力」を究明し、排除することができるはずだ。

ロードマップを作成する戦術

1. **やってもらいたい行動の実践方法を示すことはできるか？** 変革を実践する方法が茫漠としている場合は、実践の手順を1つ1つ示してやれば、イノベーションを受け入れてもらいやすくなる。

2. **やってもらいたい行動を起こすタイミングを人々は知っているか？** 行動するタイミングを明確に区切ってやると、イノベーションに充てる時間が確保され、その行動を忘れずに実行してもらえるようになる。

3. **行動を誘発するきっかけを設定できるか？** （能動的に抵抗しているわけではなく）単に行動し忘れるというのも、新しいアイデアが人々に受け入れられない大きな理由だ。「行動を誘発するきっかけ」は、未来のあるタイミングとそのタイミングで取るべき正しい行動とを明確に結びつけて記憶に定着させることで、うっかり忘れを防止する手段だ。「Xの状況になったらYを行う」ように仕向けることができる。

行動を簡素化する戦術

1. **あなたのアイデアを実現するために実行してもらわなければならないステップにはどのよう**

なものがあるだろうか？　重要そうでないものも含め、すべてのステップを挙げてみよう。体験タイムラインを活用すると、イノベーションの妨げになっている隠れた問題点を見つけ出すことができる。

2. どうすれば、そのイノベーションを実行しやすくなるか？　一見すると小さな「抵抗」でも、それを取り除くことで大きな成果を得られる場合があることを忘れてはいけない。

3. イノベーションに対して「ノー」と言う場合に要する「労力」を増やすことはできるか？　簡素化というのは、やってもらいたい行動をやりやすくするプロセスを指すのが一般的だ。だが、「ノー」と言いにくくするやり方もある。

4. 人々に実践してもらいたい行動が「労力」をまったく必要としないものになるように、「労力」の計算法を変えることはできるか？　イノベーションをデフォルトの選択肢にすることができれば、成功は保証されたも同然だ。

7 「感情」

最も優れたアイデアが最も大きな不安を生むのはなぜか

「ケーキを焼いた感じがしない」という問題

ケーキを焼いたことのある人なら、ケーキミックスを使ったことがあるだろう。米国では現在、一からケーキを焼く人よりも必要な材料が調合されたミックス粉を使って作る人のほうが6000万人多い。ケーキミックスの魅力はたやすく理解できる。一からケーキを焼くとなると、作業量(「労力」)が大幅に増えるうえ、寸分違わぬ正確さが求められる。さらに、オーブンの温度や生地の濃度が少しでも違っているとケーキは膨らまない。しかし、ケーキミックスを使えば手間が省けるばかりか、完璧な出来栄えがほぼ保証される。ケーキを焼く世界中の人々が大喜びする画期的な商品であることは疑いようもない。

となれば、あなたはこう思うだろう。このようなメリットがあるなら、一から作ることに相当なこだわりを持っている人でない限り、すべての人がケーキミックスを好んで選ぶようになるはずだ、と。ところが、1929年に初めてケーキミックスが発売されたときの状況は、「あっという間に大ヒット」とはほど遠いものだった。明らかなメリットがこれだけあるにもかかわらず、ケーキミックスは25年もかかってようやく人気商品になったのだ。

味が問題だったのではない。試食した人々は、現在と同様、ケーキミックスで作ったケーキをあらゆる点で大いに気に入った。価格が問題だったわけでもない。一から作るよりケーキミックスを使ったほうが安かったのだから。むしろ、問題はケーキとはまったく関係ないところにあった。問題は、ケーキが表現するものだったのである。ケーキを作るのはなぜなのかを少し考えてみてほしい。私たちは自分だけのためにケーキを焼いたりはしない。誰かを祝うために焼くのだ。愛情を表現するために焼くのであり、節目や業績を祝うために焼く。ケーキは大切な人への究極のグリーティング・カードなのだ。ケーキを焼くのにかかる時間はその心遣いを表す。ケーキ自体は、そこに込められた気持ちを形にしたものに過ぎない。

ケーキミックスが初めて出回った頃は、そういうものを使うのは心のこもっていない行為だとみなされていた。ケーキミックスでケーキを作るというのは、手料理をふるまうと言って友人を招いておきながら、冷凍の料理を電子レンジでチンして出すようなものだったのだ。大戦直後くらいまで、主婦がケーキミックスでケーキを焼くのは、「自分でケーキを作るほどあなたのことを大切だとは思っていませんよ」と言っているも同然だったのである。このマイナス・イメージが普及を妨げる大きな「抵抗」になっていた。ケーキミックスを使ってケーキを焼く場合は、手抜きをしたと批判されることを恐れ、誰にも気づかれませんようにと祈らなければならなかった。

１９５０年代までには、当時ケーキミックスの主要な販売元だった米国の大手食品会社ゼネラル・ミルズでも、ケーキミックスの魅力にはどうしても限界があるという考えが容認されるようになっていた。ケーキミックスは、きちんとケーキを焼く時間がないときに、ケーキ作り好きの人が苦し紛れに選ぶ〝第2〟の選択肢以上の存在にはなり得ないのだ、と。

　そのとき登場したのが、アーネスト・ディヒター（1907年〜1991年。モチベーション・リサーチの父と呼ばれる）だ。アーネスト・ディヒターは、迫り来るヨーロッパでの戦争から逃れるためにウィーンから米国に移住した心理学者である。[*1] ディヒターは、神経症の識別や治療に役立てられている心理学の原理と同じものが、消費者ニーズの理解を深めるためにも応用できると考えた。ディヒターが取ったさまざまな手法から生まれた代表的な発明は〝フォーカス・グループ〟だ。[*2] フォーカス・グループとは、調査対象者同士で定性的な議論をしてもらう環境を作り、その中でそれぞれの願望をより詳しく引き出すことを目的としたものである。この画期的な調査手法は、当時主流だったアンケートや世論調査といった定量的な手法と好対照をなしていた。アンケートを実施すれば、人々が何をすることにしたのかを明らかにできるかもしれないが、フォーカス・グループを使えば、なぜそれを行うのかという、選択の背後に潜む動機を発見できる、とディヒターは考えたのである。[*3]

　一説によると、ゼネラル・ミルズはディヒターを雇い、自社のブランド「ベティクロッカー」からケーキミックスにつきまとうマイナス・イメージを取り除く方法を探ったそうだ。ディヒターは、ケーキ作り愛好者がケーキミックスを使いたがらない理由を把握するために、彼らから話を聞いた。[*4] 大きな問題は、時間をかけて一からケーキを焼かないと批判されることへの恐怖だった。だがディヒターは、ケーキミックス・メーカーが気づいていないもっと根深い問題を発見した。

ベティクロッカーのケーキミックスには、ケーキ作りに必要な材料がすべて含まれていた。ケーキをオーブンに入れる前にやらなければいけない作業は水を加えることだけだった。もっと根深い問題というのは、ケーキミックスを使うとケーキを焼いている感じがしないことだったのである。ほとんど何もしなくていいだけでなく、材料を1つ加えることさえしなくてよかった。自分で作っているという満足感を味わうことがお菓子作りを楽しむ大きな理由の1つなのに、ケーキミックスを使うとその満足感が奪われてしまう。

ディヒターのおかげでゼネラル・ミルズは、ケーキミックスを画期的な商品たらしめている理由そのものが、ケーキミックスの問題点だということに気づくことができた。ケーキミックスを使うのでは簡単すぎたのである。そこでディヒターは、ケーキ作りの工程にわずかな「労力」を取り戻すことを提案した。いくつかの理由（中には極めてフロイト的なものもあった）から、途中で加えるべき唯一の材料としてディヒターは生卵を選んだ。調合済みの粉に卵を加え混ぜるという手間は、作業量としてちょうどいい。一から作るよりも依然としてはるかに簡単でありながら、ケーキを「自分で作った」と感じることができる。

ゼネラル・ミルズがミックス粉から粉末卵を取り除き、卵を加えるレシピに変更したところ、利用者に達成感や満足感が戻ってきた。ケーキミックスを使っていても、自分でケーキを焼いていると実感できるようになったのだ。売り上げは急増し、米国人が自宅で一からケーキを焼くことはいっさいなくなった。だからこそ、現在でも変わらずほとんどのケーキミックスには卵を加える必要がある。

「感情面の抵抗」――出会い系アプリの事例

ケーキミックスの歴史を振り返ると、感情がいかにイノベーションの妨げになるかがよく分かる。新しいアイデアやイノベーションを阻害する思いがけない否定的感情のことを、「感情面の抵抗」と私たちは定義している。「感情面の抵抗」はさまざまな形で現れる。新製品を受け入れる際に沸き起こる不安や疑念は、よくある「感情面の抵抗」だ。先生のお気に入りになることの決まり悪さが「感情面の抵抗」となって、持てる能力を学業で発揮しないでいる小学生は多い。内向的な人の場合は、社会不安が「抵抗」となり、貴重な人脈作りの機会に参加できないこともある。私たちは日々、大小さまざまな決断をする中で「感情面の抵抗」に遭遇している。第2章で紹介した軍隊の新兵募集にまつわる話を思い出してほしい。あれは「感情面の抵抗」についての話だった。入隊を希望しているにもかかわらず、多くの新兵候補がそうしないのは、母親がどのような反応を見せるか心配だからなのである。

「感情面の抵抗」は私たちの目指すものとは正反対のものである。新しいアイデアを世に送り出すときは肯定的な感情を引き起こしたいと願うものだ。自分のアイデアが人々の喜びや、わくわくする気持ちや、自信につながることを私たちは望んでいる。だが、自分では気づいていないだけで、相手が正反対の反応を感情として抱いていることはよくある。どんなにアイデアが有望であっても、アイデアの採用を阻む大きな壁となる否定的感情を意に反して誘発することがあり得るのだ。そうなった場合は、その否定的な感情が「抵抗」だ。そして、他の「抵抗」と同様、「感情面の抵抗」が引き起こす抗力を解消してからでなければ、実際に変化を起こすことはできない。

競合他社が見逃している、あるいは解決できずにいる「感情面の抵抗」を見つけ出す過程で、驚くべきチャンスに巡り合えるかもしれない。出会い系アプリのティンダーはなぜ成功したのか考えてみよう。ティンダーが登場するまでは、マッチドットコムやイーハーモニー（eHarmony）といった会社がオンライン・デート市場を支配していた。だが、これらの会社のアプリでは詳細なプロフィールを作成しなければならず、政治的見解、収入、体型といった極めて個人的なことまで入力する必要があった。プロフィールを作成したら、次は膨大なデータベースの中から相性が良さそうな相手を探さなければならない。そして最後にようやく、関心を持った相手に電子メールを送信することができる。

マッチドットコム方式に存在する明らかな「抵抗」の1つは、プロセスが「労力」集約型であることだ。ユーザーは完璧な（とはいえ必ずしも正確ではない）オンライン・プロフィール作りに多大な「労力」を費やす。そして、気が合いそうな相手を探すのにさらに多くの時間を費やす。しかも、検索は一筋縄ではいかない。自宅から10キロメートル以内に住んでいる人を探すのか、それとももっと遠くまで検索範囲を広げるのか、条件を決めなければならないのだ。その上、これは条件を設定する際に選択すべき項目の1つであって、選択肢は他にまだ何十もあり、条件をどれか1つ変えるだけで結果はまったく違ってくる。そして、気に入った相手が見つかったら、次は非の打ち所のない電子メールを作成しなければならない。その人が運命の人かもしれないからだ。そのためユーザーは、快諾してもらえますようにと願いながら、メッセージを書いては書き直すという作業に何時間も費やす。

この全行程を完了するのには多くの時間と苦労が求められる。この作業が楽しくてわくわくする人もいるだろう。だが、多くの人は疲れ果ててしまう。ティンダーの成功の一因は、デートのプロセスから多くの「労力」を取り除いたことだ。プロフィールはわずか数分で作成できるし、デート相手の候補者はティンダーが見つけてくれる。しかも、メッセージを送る必要はない。画面をスワイプするだけでよいのだ（ティンダーでは意思表示として、画面に表示された相手に好感を持った場合は右に、パスしたい場合は左にスワイプする）。

だが、負担を軽くしたことはティンダーの成功要因の一部に過ぎない。ティンダーは痛ましい「感情面の抵抗」を取り除く方法も考え出した。マッチドットコムのユーザーは、相手が自分に関心を持っているかどうかまったく分からない状態でメッセージを送らなければならない。断られて傷つく恐れがあるのだから、誰かに関心を示すには勇気がいる。たとえば、自分にぴったりのように見える候補者を見つけたとしよう。その相手に、「一緒にコーヒーでも飲みませんか？」と心のこもったメッセージを送る。すると、マッチドットコムのユーザーは、よく次のような返事を受け取る。

「もう少し若い人を探している」

「悪いけど、共和党支持者とはデートしない！」
「好みのタイプじゃない」

ひどい場合は何の反応もない。要するに、従来のオンライン・デート・プラットフォームは拒絶を大量発生させるのである。マッチドットコムのようなサイトでは、断られてばかりいることに耐えられなくなって退会する人が多い。ティンダーはオンライン・デートに伴う「感情面の抵抗」を和らげるために、互いに関心を持っていることを前提としたシステムを構築した。ティンダーでは、互いに「右スワイプ」した相手でなければメッセージを送ることができない。互いに関心があると分からぬままに、断られて傷つく心配はないのだ。ティンダーは、「相手が自分にアプローチしてほしいと思っていることが分かれば、気楽にアプローチできる」という知見を中核にして作られた。従来のオンライン・デート・サイトの欠点を見つけ、それを正したおかげで、ティンダー（およびティンダーを模した多数のアプリ）は、オンライン・デートの主流モデルになったのである。

感情とは何か

感情は行動に大きな影響を与える。私たちは感情を感覚として経験するが、感情は決して単なる主観的体験ではない。感情は思考や行動を変容させる。そのときどきの感情によって注目するものが変わるし、情報の処理方法も変わり、頭に浮かぶアイデアや記憶も変化する。

感情は、進化の過程で直面したさまざまな危機的状況に適応的な反応ができるようにできている。たとえば、自分を取り巻く環境に脅威が潜んでいることを感知すると、恐怖心が沸き起こり、恐怖を感じると、危険を回避しようという目標が生まれる。また、脅威を感知できるようにするため、目視できる範囲が広がる（恐怖を覚えると文字どおり周辺視野が広がる）。そして、いつでも闘争・逃走反応を起こせるように身体が準備態勢に入る。

感情は私たちの人生に建設的な影響も及ぼすし、破壊的な影響も及ぼす。自制心に関わるほとんどの問題も、根っこは感情だ。怒り、プライド、恐怖に任せて決断すると、残念な結果になることがある。だが感情は、人間が適切に機能するために不可欠なものでもある。感情を持たない人（通常は、脳の重大な障害が原因）は、他人を理解することや他人と関わることがうまくできず、適切な判断を下すのが非常に難しい。

「ジョブ理論」に基づいて感情について考える

「感情面の抵抗」について理解を深めるためには、先に正反対のもの――感情面の価値――について理解する必要がある。感情面の価値を理解するのに最適だと私たちが思った概念の1つが、〝片づけるべきジョブ（Jobs-to-be-done）〟理論（ジョブ理論）だ。これは、プロダクト・イノベーターであるボブ・モエスタが作り命名した理論で、後に、ハーバード・ビジネス・スクール教授でイノベーションの思想的指導者《ソートリーダー》であった故クレイトン・クリステンセン（1952年〜2020年。『イノベーションのジレンマ』で提唱した「破壊的イノベーション」理論が有名）が著書『ジョブ理論　イノベーションを予測可能にする消費のメカニズム』（依田光江訳、ハーパーコリンズ・ジャパン）の中で発展させたことで広く知られるようになった。

この理論の根底にあるのは、人は3つの基本的欲求――機能面の価値（例：時間を節約できる）、社会面の価値（例：友人を感心させる）、感情面の価値（例：喜びがもたらされる）――を満たすために製品やサービスを「雇用」する、という考え方だ。ボブ・モエスタによれば、「これら3つの価値側面は、新しいものを購入するかしないか、新しいことに挑戦するかしないかを決める1つ1つの判断の中に存在している」。

たとえば、新しい冬物のジャケットを購入する場合、3つの価値は次のような形で意思決定に影響を与えるだろう。

機能面の価値：ジャケットを身につけたときに感じられる暖かさや通気性。

社会面の価値：そのジャケットのスタイルやブランドが周囲の人に与える印象（おしゃれ、裕福、気取りがない、新しもの好き、など）。

感情面の価値：身につけているとき（さらには、自宅のクローゼットに掛かっているそのジャケットを見たとき）に自分自身が抱く感情。

この概念は商品とサービスに限ったものではない。どんなアイデアやイノベーションにも当てはまる。新型コロナウイルス感染症が教育に与えた影響について考えてみよう。２０２０年の春、米国でロックダウン（都市封鎖。移動や外出の制限）が実施されると、あらゆるレベルの学校の授業が急遽、オンラインに移行された。教師たちはほぼ一晩で、授業内容や指導方法をオンライン環境に合わせたものに変えなければならなかった。幸いなことに、ＺｏｏｍやMicrosoft Teamsなどのビデオ会議テクノロジーは、新たな需要の波に対応できるだけの拡張性を備えていた。だが、この新しいテクノロジーの機能面の価値はパズルの１ピースに過ぎない。２つ目のピースは、オンラインで授業をするという発想に生徒や教職員を馴染ませることであり、これは１つ目よりはるかに複雑で困難だった。この事例の場合、教師にとっての各側面の価値は次のような問いによって決まる。

機能面の価値：オンラインでも生徒は従来の対面授業と同じように学習できるか？　そのテクノロジーは授業を受ける生徒のさまざまな学習ニーズに対応できる機能を備えているか？　使いやすいか？

社会面の価値：生徒や教師が望む個人同士の交流をどの程度実現できるか？　これを使うことで教師は生徒と同僚の両方からどのように見られるか？　このテクノロジーを全面的に受け入れると、ＩＴに詳しい教師のように見えるか？　ぐずぐずしていると、時代の変化について行けない人だと思われてしまうだろうか？

感情面の価値：この新しいテクノロジーを使っているときに、教師はどのくらい自信や不安を感じるか？　この変化によって、テクノロジーを中心にして回る世界に対する見方は楽観的になるだろうか、それとも悲観的になるだろうか？　教師の個人としての出来不出来が決まることになるのか？

価値が多面的なものであると認識した点は、ジョブ理論の大きな進歩だ。だが、人が新しいアイデアを受け入れようと決めるときに感情がその理由になり得るのであれば、変化を拒絶するときの理由にもなり得る。

ペット持ち込み不可のDVシェルターの事例

ステイシー・アロンソは動物に癒やしの力があることを知っている。息子を妊娠中に婚約者を亡くしたとき、人生の中で途方もなく困難な時期を耐えられたのはペットがいてくれたおかげだ。ステイシーはこの経験を通じ、どれほど耐えがたい人生経験でさえも、動物を可愛がることで少しは我慢できるようになるのだと身をもって学んだ。

ステイシーは、困難な状況に置かれている他の人々を助けなければならない、とずっと感じていた。そこで、2003年に、ネバダ州ラスベガスを拠点とする保護施設「ザ・シェードツリー（The Shade Tree）」の役員に加わった。この施設では、虐待されたり家を失ったりした女性とその子供たちに、食べ物や住居を提供するとともに安全を確保し、危険な生活環境から抜け出すための支援を行っている。ザ・シェードツリーは1989年からこの重要な活動を行っており、あらゆる職業、社会的地位、コミュニティに属するネバダ州の女性たちにサービスを提供している。ザ・シェードツリーは誰でも喜んで迎え入れていたが、１つだけ重大な例外があった。ペットの持ち込みが禁止されていたのである。

ペットを飼っていない人にとっては、大騒ぎするほどの規則ではないように思えるかもしれない。ペットを里親に譲ることもできるし、友人に預けることだってできそうなものだ。だが、ペットを飼っている人なら誰でも知っているように、動物は単なるペットではなく、真の友であり、無条件の愛を与えてくれる存在だ。虐待を受け続けている女性にとって、ペットの持つ意味は計り知れないほど大きい。ステイシーが語ったとおりで、「ペットは癒やし、愛、そして支えとなる大きな要素だ。虐待を受けた多くの女性たちにしてみれば、愛するペットを置き去りにするなどまったく考えられないことだった」。彼女は言葉を継ぎ、「その原因は感情にあるのだ」とも語った。ペットに対する気持ちが強すぎて、ペットを見捨てたくないという理由だけで女性たちが危険な環境に留まろうとすることがよくあったのである。多くの場合、彼女たちが生きている中で温もりや喜びや友情を感じさせてくれるのはペットだけだった。ステイシーは詳細を次のように語っている。

女性たちは駐車場に車を停めると、犬を電柱につなぐなり猫のキャリーケースを歩道に置くなりして、保護施設の玄関扉まで歩いて来ます。見ていると、「ペットお断り」の標示が目に入ったな、という瞬間が分かりました。女性たちはそのあと少しの間その場に立ち尽くし、どうしようかと思案するのです。施設に目をやり、それからペットのほうに視線を戻し、何分か逡巡《しゅんじゅん》した後、くるりと向きを変えて元来た道を戻っていくのでした。

電話でも同様のパターンが見られた。ステイシーによると、そのパターンとは次のようなものだ。「（女性から）電話がかかってきて、保護施設についていくつかの質問を受ける。最初は、到着したときのことや入居の手続きに関する基本的なことだ。そして、会話が始まってから数分した頃、『犬を連れて行ってもいいか』と聞かれる。『だめだ』と答えると電話は切れてしまう」。これと同じことが何十回も繰り返されるのを見たステイシーは、「ペットを同伴できない」という感情面の壁を取り除くことが必須であると判断した。

2007年、ステイシーはザ・シェードツリーの敷地内に「ノアの動物の家（Noah's Animal House）」という独立した施設を開設し、安全な隠れ家を求めている女性たちの飼っている動物たちに、宿泊場所やペット・サービスを提供するようになった。ザ・シェードツリーが女性のための安全な避難所であるのと同様、ノアの動物の家はペットのための安全な避難所となっている。同じ敷地内にあるため、女性たちは自分の生活再建に取り組みながら、ペットを訪ねていって一緒に遊ぶことができる。これでもう女性たちは、愛と喜びをもたらす最大の存在と離れ離れにならずに、心身の傷を癒やすことができるようになった。一緒に頑張れるようになったのだ。

ステイシー・アロンソとノアの動物の家の事例が示すように、「感情面の抵抗」が明らかになるのは、私たちが役に立ちたいと願っている相手の「道のり」――変化の瞬間が訪れるまでの一連の出来事や心の動きや気持ち、そして変わろうと決断した（あるいはしなかった）後に起こる出来事や沸き上がる気持ち――を隅から隅まで観察したときである場合が多い。ペットを連れてザ・シェードツリーにやって来た1人の女性の道のりに注目するだけでは、前進しようとする女性を妨害する「感情面の大きな抵抗」は浮き彫りになっていなかっただろう。だが、何人かの利用者の道のりを調査し、共通するパターンに目を向ければ、問題（とその原因）はすぐに明らかになる。

造影剤を注入すると鮮明な画像で医療分析ができるようになるのと同じで、複数のユーザーの道のりを検証して互いに比較することで、「抵抗」が発生する重要な瞬間を浮き彫りにすることができる。「感情面の抵抗」は従来の手法で市場調査をしてもほとんど明らかにならないため、この「抵抗」を突き止めようとするときは、複数のユーザーの道のりを検証するこのやり方が特に効果を発揮する。そして、決定的な瞬間とその原因を究明したら、それへの対処を始めればよい。ステイシーと彼女のチームが行ったことも同じだ。

ペットの避難所を設置している米国内の保護施設は、２０２０年の時点で10％を超えている。4％だったものが、わずか3年でここまで増加した。ところが、これだけうまくいっているにもかかわらず、ステイシーは「まだ終わっていない」と断言する。ノアの動物の家では、手順や運営モデルを事実上「オープンソース化」し、米国内のどの保護施設でも同様のモデルを構築できるよう、リソースやアドバイスを無料で提供している。つまり、ステイシーは明確なロードマップを提供することで、ペットにやさしい保護施設作りにかかる「労力」を減らしたのである。

「私の目標は、DVシェルターの玄関扉に貼られている『ペットお断り』の標示をすべて剝がすことだ」と彼女は語った。今の調子で行けば目標を達成できるかもしれない。

機能面の価値が「感情面の抵抗」を招いた事例

ステイシー・アロンソが全国的な活動に着手した理由は、必要な支援を得ようとする女性たちを感情面で妨害する障害物を見つけ、それを取り除くことができたためだ。だが、「感情面の抵抗」となると、イノベーター自身が、うっかり自分のアイデアの敵対者になってしまうことがあり得る。

デイヴィッドは数年前、世界のトップCPO（最高調達責任者）が集まる年に1度の主要イベントで講演をしないかと声をかけられた。そのイベントは〝調達のダボス会議〟という触れ込み（冗談ではない）の大会の中で行われるという。この喩えだけでも、この誘いはたまらなく魅力的だ。調達担当者とは、大企業において外部ベンダーの選定や管理、料金交渉などを行う責任者である。その強引な交渉術とコスト削減を追求する厳しい姿勢から、調達担当者は組織の内部からも外部からも敵視されることが多い。だが実際には、調達部門は組織改革に関するアイデアが驚くほど豊富に湧き出す源泉かもしれない。

プレゼンテーションの後、デイヴィッドは世界有数の大企業のCPOたちと昼食のテーブルを囲んでいた。彼らの会話を聞いていて分かったのは、ほとんどの調達担当者がとてもよく似た目標や目的を持っていることだった。彼らは、会社が極力コストを抑えながら事業の運営と拡大を進めていけるようにすることを目指している。

デイヴィッドはある大手国際銀行に務める1人のCPOに意見を求めようと、次のように自分の考えを話した。「コストをできるだけ抑えることが目標なのですから、交渉プロセスの初日にベンダーが〝最終的な最低価格〟を提示してくれるのが理想的なシナリオ、ということになりますか？ そうなったらあなたの部署の仕事は楽になりますね？」すると、銀行のCPOはきっぱりと答えた。「とんでもない！」

そして（こっそりと）説明を続け、すべてのベンダーが最初から最終的な最低価格を提示してきたら、自分や自分の部署が不要だと思われてしまうのではないかと心配なのだと語った。彼にとっての理想は、ベンダーとの交渉の過程で値引きを〝引き出す〟ことなのだ。そうすれば、彼や彼のチームは、自分たちが銀行にもたらす具体的な価値を、自信を持って上層部に示すことができる。会社の成功に不可欠な感じがするという、この「感情面での価値提案」を行うことが、このCPOの意思決定プロセス、ひいては彼が率いる組織全体の意思決定プロセスにおける重要な要素だったのだ。

デイヴィッドの不用意な発言で、機能面の価値は厳しい「感情面の抵抗」へと姿を変えた。デイヴィッドは調達部門が時間と「労力」を節約できるようにと思って力を貸しているつもりだったが、実際には、会社における彼らの役割に対する不安や恐怖を生じさせたのだ。いずれにしても、無用の存在だと感じるのと、不可欠な存在だと感じるのはまるっきり逆である。

この例は、重要な点をもう1つ指摘している。私たちはビジネスを次の2つの種のいずれかに分類しがちだ。

消費者向けビジネス（B2C）：企業が消費者に直接商品を販売するビジネスモデル（例：小売業、消費者向けテクノロジー、ソーシャル・メディアなど）。

企業間取引（B2B）：企業が他の企業に自社の製品などを販売するビジネスモデル（例：企業向けソフトウェア、事業者向けサービス、原材料など）。

B2Bビジネスモデルでは「人的要素」を見過ごしやすい。なにしろ、売る相手は個人でなく企業なのだ。だが、調達の例からも分かるように、企業は多数のさまざまな個人「顧客」で成り立っているものであり、その1人1人が、提示されているアイデアに対して独自の社会的、機能的、感情的価値を求めている。

リーダーが優秀な部下を重用しない理由

社員の求める価値と会社の目標が完全に一致することも、ときにはある。だが、そうでないこともある。いずれにしても、イノベーターや変革を起こそうとしている人々は、ほんの少し時間を取って組織と組織内の個々人がそれぞれ片づけようとしているさまざまな「ジョブ」の理解に努めたほうがいい。両者の間にはっきりとした対立関係が存在するとしたら、「感情面の抵抗」が大きくなるのにうってつけの条件が揃っていると言える。採用者を決定する場合がその良い例だ。

傑出した求職者とそこそこ優秀な候補者がいた場合、あなたならどちらを採用したいと思うだろうか。馬鹿げた質問のように聞こえるかもしれない。だが、残念ながらそうではない。企業のリーダーは決まって（しかも意図的に）、最も優秀な部下を仕事から外してチームに迷惑をかけていることが判明したのである。

心理学者のシャーリーン・ケースとジョン・メイナーは、部下の配置についてリーダーに訊ねる一連の実験を考案、実施した。[*5] 配置先は、チームの成功の鍵を握る副指揮官的な役割と、チームの業績にさほど影響を与えない実働部隊的な役割のいずれかだ。候補者は能力も実績もさまざまだったが、どの実験でも、素晴らしい実績を持つ非常に優秀な候補者が1人いて、その人物が副指揮官にふさわしいことは明白だった。ところが、非常に優秀な候補者が最も影響力のある役割から遠ざけられてしまう事例が頻発した。

その後の実験で分かったのだが、リーダーは高い実績を上げている社員から他の方法でも力を奪おうとしていた。素晴らしく出来の良い社員をのけ者にして、重要な情報を渡そうとしないことがたびたびあったのだ。さらには、優秀な社員を孤立させるために、チームとの絆を深めにくい役割を与えるという手段を取るリーダーまでいた。なぜリーダーはそのようなことをするのだろうか。チンパンジーの行動にそのヒントがある。ヒエラルキーの頂点に立つチンパンジーは、群れに属する他のチンパンジーに対して非常に協力的で思いやりのある場合が多い。ただし、例外が1つある。それは「ベータ」だ。ベータというのは、群れのメンバーのうち、いつの日か十分な力をつけてアルファ（いちばん順位が高いオス）の権威にたてつく可能性のあるオスのチンパンジーのことである。アルファ・チンパンジーはベータ・チンパンジーを脅威とみなし、敵視することが知られている。

人間界のリーダー層も同じだ。ケースとメイナーの実験では、優秀な候補者に脅威を感じてリーダーが彼らを降格させることがよくあった。大半のリーダーは権力や影響力のある立場をうまく利用しているのである。優秀な候補者を影響力のある役割に就けるのがチームにとっては最善かもしれないが、そうするとその候補者がライバルになる可能性も出てくる。

同僚の成功が組織全体にとってプラスであることは分かっているのだから、理論的には、同僚が成功できるよう、組織に属するすべての人が同僚を応援するはずだ。ところが、「感情面の抵抗」を考慮に入れると、真相はそうでないことが分かってくる。

製品情報収集のセルフサービス化の弊害

１９４７年、米国の自動車オーナーにとって新たな時代が始まった。この年、ロサンゼルスでガソリンスタンドを経営していたフランク・ウルリッヒが、全米初のセルフサービス式ガソリンスタンドをオープンしたのだ。それまでは、自動車やトラックへの給油はすべて、訓練を受けた専門家だけが行っていた。ドライブスルーのガソリンスタンドに車が入ってくるとベルが鳴り、制服を着た従業員がやって来てすぐに燃料をタンクに送り込み、オイルを点検し、タイヤに空気を入れ、窓を拭いてくれた。給油の専門家は、顧客の車に必要なものとそのタイミングを正確に把握していた。消費者は指一本動かすことなく、ニーズを満たすことができた。この体験は、後に業界内でフルサービスと呼ばれるようになる。

そして、40年以上この方法でうまくいっていた。消費者は給油の手順を覚える必要も、ボンネットの下で何が起こっているのかを知る必要もなかった。消費者は消費するだけでよかったのである。他のことは専門家が面倒を見てくれるのだから。

だが、フランク・ウルリッヒの考えは違っていた。米国の消費者は自分で給油する能力が十分にあり、少しでもお金を節約できるのであれば喜んでそうする人がたくさんいるはずだと考えたのである。そこで、ウルリッヒはロサンゼルスにあるガソリンスタンドで革新的なサービスを開始し、それを〝セルフサービス〟給油と名付けた。ウルリッヒのスローガンは、彼が提案する価値を端的に表していた。「もう、高い代金を支払う必要はない。自分で給油して5セント節約しよう」。彼のアイデアはすぐに受け入れられた。セルフ方式の給油所が全国的に急増したことで、米国のドライバーが燃料を入手する方法が永久に変化したとはっきりした。セルフサービスの時代が始まったのである。商品やサービス、アイデアを推進する「燃料」の入手方法に関しても、似たような〝セルフサービス〟の時代を迎えている。*6

アーネスト・ディヒターなどの心理学者たちが感情面の価値の基礎を築いていた頃は、新しい製品やサービスに関する情報は、新聞やラジオ、テレビなどの広告を通じて大衆に発信されていた。人々はそうした「燃料」源がもたらすコンテンツと身近な人たちの意見や感想だけをほぼ頼りにして、購買の意思決定を下していた。新しい製品やサービスに関する情報を自分で簡単に入手する方法がなかったため、「燃料」の持つ〝4P〟を広告コンテンツや売り文句にふんだんに盛り込み、訓練を受けた専門家が直接顧客にそれを給油する必要があったのだ。マーケティング、セールス、説得は、本質的にフルサービス事業だった。

企業は今でも広告やセールス・プレゼンテーションを通じて価値を伝えているが、現代の人々がそうしたフルサービスのチャネルに頼る機会は、アーネスト・ディヒターがガム1個を購入する行為から親と子供の関係を把握しようとしていた頃よりはるかに少ない。今日の消費者は、自分で発見したり情報を得たりする力をかつてないほど身につけている。製品、サービス、企業、個人に関する情報は豊富にあり（豊富すぎるとさえ言える）、その結果、「燃料」の入手は、はるかにセルフサービス寄りの作業になっている。消費者である私たちは、どこに行けば意思決定に必要な知識やデータが得られるのかをよく知っている。その情報源とはほとんどの場合、少し手を伸ばせば届くような、コートのポケットやハンドバッグに入っているデバイスだ。今やどの広告を見るかの選択ができ、興味のない広告は早送りできる世界に私たちは生きている。それどころか、従来のフルサービス・マーケティングの配信を完全にシャットアウトする手段を用意しているビジネスも登場している。衛星ラジオ、Spotify、ストリーミング・テレビの加入者は、プレミアム料金を支払えば、〝給油される〟広告を見なくて済むのである。

「燃料」がこのようにセルフサービス化されたのであるから、新しい製品やサービスに対して私たちが感じる魅力の多くも、ある程度は自ら生み出していることになる。私たちは、解決しなければならない問題に気づくと、選択肢を検討するためにインターネットに直行する。そして、見つかった選択肢を比較する。自分の考えについて友人や同僚、その他の知り合いと少しばかり意見交換（多くの場合はネット上で）をすることもあるかもしれないが、その後、個人的に機能面、社会面、感情面の価値に点数をつけ、そのスコアカードに基づいてどれを選ぶかを決める。こうして時間をかけたことにより、私たちは自分がこれから経験する価値は、そこに到達するまでに要したエネルギーよりも大きいはずだと思う。これはまさに、フランク・ウルリッヒが１９４０年代にＤＩＹ方式のガソリンスタンドを初めてオープンしたときの思いと同じだ。

ところが、セルフサービスの「燃料」には奇妙な副作用があり、選択を誤ることに対する感情面のリスクを高めてしまう。今日の人々は独自のデータを自力で収集できるようになっているが、自分の責任でこの決断を下すのだと思ったところで「感情面の抵抗」が生まれる可能性がある。セルフサービス「燃料」が引き起こす「感情面の抵抗」の症状は周囲にあふれている。私たちは何かを選択するとき、先延ばしにしたり、躊躇したり、悩んだりするし、買う前より買った後のほうが、その物についてよく調べる。オンライン・カートに商品を入れても、決済手続きの途中で購入をやめてしまうこともある。このように、フルサービスからセルフサービスへと進化し続ける社会では、イノベーターの役割も進化していかなければならない。「感情面の抵抗」というリスクが高まる中では、イノベーターはかつての需要を生み出す役割から、１人１人に選択の自信を与える役割へと転身しなければならないのだ。

8 「感情」を克服する

進歩を阻む恐怖を和らげる方法

探していないものは目に入らない

1990年代の終わりから2000年代にかけて、ある心理学者のチームが一連の研究を行い、人は周囲にどれほど注意を払っているのかを調べた。彼らが特に知りたかったのは、周辺にある異常に気づく頻度と難易度だ。これらの疑問を解明しようとした研究者たちは、細部に注意を払うことを生業《なりわい》としている人たち――放射線科医――に注目した。放射線科医は、医療画像(CTスキャン、MRI、X線、超音波など)の読み取りと解釈を担当する。彼らは人体の構造についてみっちり訓練を受け、画像を調べて異常なものがないかどうか探すことを職務としている。

研究チームは放射線科医のグループに、定期健康診断で撮影された胸部レントゲン写真の診断を依頼した。だが実は、このレントゲン写真は定期健診のものではなかった。どの画像にも加工が施され、鎖骨が完全に消されていたのである。レントゲン写真のおかしな点に気づく人がいるとすれば、それは放射線科医だ。彼らは髪の毛ほどの細い亀裂骨折も見つけられるように訓練されている。ベテラン放射線科医なら、骨が丸ごとなくなっていることにすぐ気がつくはずだ。とところが、60％を超える放射線科医がこの問題を発見できなかった。[*1]

この調査がたまたまそうだった可能性もあるため、その後、平均15年以上の臨床経験を持つ放射線科医を集めた別のコホート（同一の性質を持つ集団）を対象にした追跡調査が行われた。このとき使用されたのは肺をスキャンしたCT画像だった。このグループの放射線科医には、肺のスキャン画像から結節や腫瘤を探してほしいと依頼した。今回は、解剖学的に重要なパーツを取り除くのではなく、ある絵――怒って拳を振り回しているゴリラの絵――を挿入した。ところが、被験者となったベテラン放射線科医のうち実に83％が、画像の中のゴリラに気づかなかった（繰り返すが、写り込んでいたのはゴリラである）。画像が小さすぎて発見できなかったのではないかと思う人がいるかもしれないが、ゴリラの大きさは平均的な肺結節の48倍もあった！[*2] いったいどうなっているのだろうか。

放射線科医がゴリラに気づかなかったのは、ある意味、見えなかったからだ。訓練の過程で、放射線科医のメンタル・モデル（認知心理学用語。物事の見方や行動に大きく影響を与える固定観念や、暗黙の前提）は、レントゲン写真で見えるべきものを探すように微調整されていく。そのため、生理学的にあり得る異常を見つけることには慣れているが、もともとあるこのマインドセットにそぐわない現象は目に入らない。探しているのは他のものであるため、鎖骨の欠損や威嚇するゴリラには気がつかないのだ。

「探していないものは目に入らない」というこの現象は「非注意性盲目」と呼ばれ、私たちは日常的に経験している。前回、食料品の買い出しに行ったときのことを思い出してほしい。棚には何万点もの商品が並んでいたはずだが、特定の商品を探すというミッションをこなす間、買い物リストに載っていない商品にどのくらい目が留まっただろうか。おそらく、まったくと言っていいほど目に入らなかったはずだ。探していなかったから気づかなかったのだ。買い物をするときのメンタル・モデルに適合しなかったため、普通に置いてあっても目に入らなかったのである。これは「感情面の抵抗」についても言えて、探さなければ目に入らない。

「感情面の抵抗」の発見は市場を拡大させる

だが、私たちはそうした点にも注意を向けるべきだ。「感情面の抵抗」に対処するということは、もう少し役に立つアイデアになるように小さな問題をいくつか取り除けばよい、という話ではない。他の人が見逃している「抵抗」を見つけた人には、信じられないようなチャンスが待っているのだから。

ティンダーの例を思い出してみよう。従来の出会い系サイトには断られる恐怖が組み込まれていたが、ティンダーはそれを取り除く形で設計された。ユーザー体験から恐怖を取り除いたことによる影響は、既にマッチドットコムを使っていた人たちがティンダーに乗り換えたことだけではなかった。それよりはるかに大きかったのは、尻込みしていた人たちがティンダーに集まってきたことだ。結局のところ、ウェブサイトやアプリを通じて人と出会うというアイデアを気に入っていた恋人募集中の潜在ユーザーは膨大に存在していたのに、マッチドットコム型サイトを利用する場合の「労力」と「感情面の抵抗」が入会をためらわせていたのである。そうした障壁がなくなった途端に、市場は爆発的に拡大した。イノベーションから「感情面の抵抗」を取り除くことには多くのメリットがある。最もわくわくするのは、そうすることで自分のアイデアの市場が劇的に拡大することだ。次に示すような例は数え切れないほど存在する。

インディアナ州フォートウェインに、スウィートウォーター・サウンド（Sweetwater Sound）という音響・楽器店がある。多くの優れた企業がそうであるように、スウィートウォーター・サウンドの創業ストーリーも心温まるものだ。この会社は１９７９年、当時22歳だったミュージシャンのチャック・スーラックによって創業された。サックス奏者として米国各地を回る日々が何年も続き、ツアー疲れがたまっていたチャックは、インディアナ州の自宅近くにいながら音楽の仕事を続ける方法はないものかと懸命に探していた。

ツアー・ミュージシャンとして活動していた頃、レコーディング業界が対応できていないニーズがあることにチャックは気づいた。ガレージ・バンドから教会の聖歌隊まで、多くのアマチュア音楽家たちが自分たちの音楽をプロに録音してもらいたいと思っていた。だが、従来のレコーディング・スタジオは料金が高く、大都市以外ではなかなか利用できない。そこでチャックは、中古のワーゲンバスに録音機材を取りつけ、移動式スタジオに変身させた。

ビジネスモデルはいたってシンプルだった。教会や学校といった現場に出向き、生の演奏をバスの中から録音する。その後、録音したものをカセットテープに変換して依頼主に販売する。他の楽器のトラックを追加して、プロ品質の音楽に編集することもあった。このワーゲンバスがスウィートウォーター・サウンドの出発点だ。

現在スウィートウォーター・サウンドは、楽器や音響機材を扱う米国最大のオンライン小売業者となっている。おおよその出荷件数は、ギター3300本、ギターピック3万7000個、キーボード830台、ドラムキット460台、マイク5300本。ただし、これは1週間の件数だ。過去20年間、楽器業界が非常に厳しい状況にあったことを考えると、スウィートウォーターの成功はなおさら注目に値する。ピアノ、ドラム、ギターを販売する店のほとんどが営業をやめてしまっているのだから。しかも、2020年には、最大のライバルであるギターセンター（Guitar Center）が米連邦破産法第11条に基づく破産保護を申請したのに対し、スウィートウォーターは創業以来最高の年を迎えていた。

スウィートウォーターの成功を支える主な要因は、競合他社が見逃していた「感情面の抵抗」を克服したことにある。ギター・ショップやその他の楽器店は、初心者が怖じ気づく場所として有名だ。こうした店は通常、音楽や音楽機材に非常に精通している人を従業員として雇う。音楽作りに熱心なのは確かに良いことだが、身につけている専門知識が高度すぎる従業員は、素人に楽器の基礎を説明することに不満を持ち、退屈以外の何ものでもないと思うようになることがある（「知識の呪い」と呼ばれたりもする現象だ）。そして、楽器を始めたばかりの人と話をしているときに、その不満が露骨に態度に表れることがよくある。

楽器を弾くにしろ、馴染みのないスポーツを始めるにしろ、新しい言語を話すにしろ、新しいことに挑戦するには勇気がいる。初心者は、知識不足や能力不足のために恥ずかしい思いをすることを恐れるからだ。他人から批判されるのが怖いのである。心理学では、初心者が抱える不安を「未経験者の恥」と呼ぶ。生まれて初めて楽器店に足を踏み入れる初心者の顧客が感じる不安——どうやって始めたらいいのか、何を質問したらいいのか分からない——も、この恥を含んでいる場合がほとんどだ。このとき初心者が聞きたいと望んでいるのは、おぼつかない最初の数カ月間を乗り切る力となる辛抱強い励ましの言葉だ。それなのに、店員は業界用語や高度な専門用語を口にして、望みとは正反対の感情を初心者に味わわせる。これは、「お前の来るところではない」と言っているようなものなのだ。

チャック・スーラックはアマチュア音楽家を相手に商売を始めたため、初心者の不安を実によく理解していた。彼が気づいたのは、楽器を弾けるようになりたい、あるいは長い間やめていた楽器をもう一度やりたいとずっと思ってはいても、不安を感じてその思いを行動に移せずにいる人が世の中に大勢いることだった。そこでスウィートウォーターは、初心者から上級者まで、すべての音楽愛好家が心地よく感じる販売文化を意図的にデザインすることにした。

そして、この価値観を浸透させるために、全新入社員に「スウィートウォーター・ユニバーシティ」での13週間のトレーニングを義務づけ、それを修了してからでなければ接客ができないようにした。特に重点が置かれているのは、初心者の気持ちに寄り添い、肯定的な態度で接するためのトレーニングだ。スウィートウォーターのセールス・エンジニアであるブラント・ミラーは次のように語っている。

新しいお客様と初めてお話しするとき、楽器のことにはいっさい触れません。ギターやアンプ、ドラムなどを買い求めにいらっしゃっているとは思いますが、楽器の話を始める前に、お客様の映画を結末まで早送りしてもらいます。つまり、どんな夢を持っているのか、どんなことをしている自分を思い描いているのかを訊ねるのです。もちろん、適切な機材を選ぶお手伝いをするとか、予算内に収まるようにすることだけをご希望のお客様もいらっしゃいます。でも、普通、初心者のお客様にとって大切なのは、彼らの夢を心から応援し、「あなたならできる」と励まし、目標に向かって第一歩を踏み出そうとする意欲を讃える人の存在です。

要するに、スウィートウォーターは初心者を祝福しているのだ。それが確認できた瞬間、初心者の猜疑心は解消される。もう、初心者の客がえせミュージシャンのような気分にさせられることはない。むしろ、ミュージシャンの卵になったような気がしてくる。これこそ、彼らがスウィートウォーターを雇用したことで片づけたかった〝ジョブ〟なのである。

このように初心者の顧客に意識的に寄り添うようにしていることから、スウィートウォーターは前年からの成長分の30％を新規顧客によるものと考えている。そして、この30％のうち約半分は、新たに楽器を始めた人が生まれて初めて楽器を購入したことによるものと推測している。このような人たちは、楽器市場を調査した業界レポートやデータセットには現れてこない。なぜなら、スウィートウォーターに出会うまで、彼らは自分のことを「ミュージシャン」だと思ったことがないからだ。怖い思いをさせないようにしたことで、潜在ミュージシャンが現役ミュージシヤンに変わり、スウィートウォーター・サウンドは市場を拡大することができた。

「感情面の抵抗」が明瞭に表れることは少ない

「感情面の抵抗」を見つけるために最初に打つべき手は、「抵抗」探しに着手することだ。私たちの思考回路が「燃料」中心であるということは、「抵抗」はもともと私たちのメンタル・モデルの構成要素ではないということだ（肺のスキャン画像に写っていたゴリラと同じだ）。アイデアの発展を阻害する「抵抗」が目に見えるようになるには、それに気づこうとする姿勢が必要だ。

残念ながら、「感情面の抵抗」に気づくのは難しい。なぜなら、ほとんどの人はネガティブな感情を隠そうとし、新しいアイデアや新しい人と接するときは特にそうするからだ。不安やためらいがあったとしても、「このアイデアは気に入らない」、「この新製品は使いにくい」、「最近入社してきた新人に不安を感じる」などといった本音の感情を、熟考した分かりやすい言葉で表現することはほとんどない。私たちは他の人が自分のアイデアに対して抱いた本当の否定的な感情を目にするのではなく、根底にあるそうした感情が引き起こす症状を観察することがよくある。そのために本当の問題を取り違えたり見誤ったりすることさえある。顧客の〝不安〟が〝無関心〟という形で表れることもある。同僚の〝怒り〟が〝無気力〟という形で姿を現すこともある。このような「感情面の抵抗」の症状だけを治療しようとしていたら、相手の「抵抗」の原因を克服することはできないだろう。

必要なのは、「感情面の抵抗」が発生する瞬間を現場で見つける手法だ。それができれば、「抵抗」をイノベーションのチャンスとして捉え直せるかもしれない。「感情面の抵抗」を見つけ出すテクニックはたくさんある。ここでは、イノベーションを阻む感情面の障壁を見つける際に頼りになるアプローチを3つ紹介する。

「なぜ」にフォーカスする

1978年、エジプトとイスラエルの両国は、40年にわたる紛争の和解を成立させようと、淡い期待を抱いてメリーランド州のキャンプ・デービッド（米大統領の別荘）に赴いた。両国ともに多くの不満を抱えていたが、中心的な問題はシナイ半島の支配権だった。もともとエジプトの土地であったシナイ半島は、1967年の六日戦争でイスラエルの支配下に移った。エジプトはこの土地の返還を求めたが、イスラエルは支配権の維持を主張した。キャンプ・デービッドでの首脳会談は、この2つの歴史的対立国の間に合意点を見出すための窮余の「努力」であった。米側の交渉団は、両国の納得が得られる形で土地を分割できる何らかの仕組みを見つけようと、たゆまぬ努力を続けたが、考え得る境界線を引いた地図はことごとく即座に却下された。シナイ半島を自ら進んで明け渡すことは、たとえ1センチであったとしてもエジプトにとってはまったく受け入れられないことだった。エジプトからすれば、シナイ半島はファラオの時代からエジプトのものであり、エジプトが主権を有する土地なのである。だが、この土地を返還することはイスラエルにとっても等しく受け入れがたいことだった。依然として両国は膠着状態にあり、さらなる紛争は避けられないように思われた。

だがそのとき、交渉団はアプローチを変えた。何が欲しいのかに目を向けるのではなく、なぜ欲しいのか、その理由に注目することにしたのである。イスラエルの動機は安全保障だった。この土地をエジプトに返還すれば、エジプト軍が国境に駐留することになり、イスラエルは攻撃を受けやすくなる。一方エジプトは、まったく異なる動機を持っていた。エジプトを突き動かしていたのは、文化的な誇りとアイデンティティーを取り戻したいという強い思いだった。シナイ半島は何世紀もの間、外国の侵略者に占領されていた。ローマ帝国から大英帝国時代に至るまで、シナイ半島がエジプトの支配下にあったことはない。エジプトがこの地の支配権をようやく取り戻したのは、六日戦争の前、20世紀になってからのことだった。それをまた失うというのは、考えられないことだったのである。

キャンプ・デービッドで首脳会議が行われるまでは、紛争の機能面（土地の面積、境界線、国境線）を中心に交渉が行われていた。だが、争点が領土の分割から領土を希求する根本的理由に移ると、解決案は自ずと見えてきた。シナイ半島はエジプトに返還するが、エジプトはそこを武装化しないことに同意するという案だ。それまで、事態を進展させようとするあらゆる試みを妨げていた「感情面の抵抗」は、この解決策によって解消された。

対立の交渉で和解が成立しやすいのは、それぞれがどのような態度を取っているか（何が欲しいと言っているのか）にはこだわらず、それぞれの欲求や利益（なぜそれを求めるのか）に注目する場合だ。領土の返還を要求するのは態度だ。昇給を要求するのも態度だし、納入業者に価格を下げろと言うのも態度だ。そして、なぜ新しい領土、昇給、値下げを求めるのかという理由が、人々の動機となる利益なのである。

イノベーションは、イノベーターとオーディエンスとの間の交渉と考えることができる。オーディエンスが新しいアイデアに抵抗したり、きっぱりと拒否したりする場合、「ノー」が彼らの態度だ。それははっきりしている。だが、「ノー」だけでは変化に抵抗する理由は何も分からない。抵抗する本当の理由を明らかにするには、「なぜ」なのかを理解する必要がある。それができなければ、「感情面の抵抗」を究明することはできない。第2章で紹介した陸軍の新兵募集の例を思い出してみよう。申し込みたいのにそれができない入隊希望者の抱える「抵抗」を解消できるのは、彼らを妨害している理由（母親と難しい話し合いをすることへの恐怖）を理解した場合だけだ。

たとえばあなたは起業家で、ソーシャル・メディアのフィード管理を支援する新しい企業向けソフトウェアを売り込もうとしているとする。セールス・プレゼンテーションが終わると、見込み顧客はこう言う。「このソフトウェアは確かに素晴らしいし、仕事が楽になりそうだということも分かった。でもなあ、ちょっと高すぎるよ」

おそらくあなたはこの反応を文字どおりに解釈し、「燃料」中心の会話で応じようと予算や価値、料金プラン、費用対効果について話して、顧客の反論を抑え込もうとするだろう。だが、実際にはコストが理由でない場合がほとんどだ。顧客にとっては、コストに文句をつけるのが売り込みを終わらせる最も手っ取り早い方法であり、全般的な疑問を表明する最も簡単な方法なのである。さまざまな「抵抗」を簡潔かつ行儀のいい一語にまとめると、たいてい〝コスト〟や〝経費〟になるものだ。コストに対する不満は「抵抗」の症状であって、根本的な原因ではない。コストに対する不満の根っこを突き止める秘訣は、埋もれている「なぜ」にたどり着くまでじっくり時間をかけて答えを解き明かすことだ。

ビジネス上の議論を掘り下げていくこの手法は、当初、1970年代の「トヨタ生産方式」の一部として広まった。製造上の問題が大きくなる前にその原因を突き止めるために、トヨタは「5回のなぜ」と呼ばれる手法を導入した。前提としてあるのは、製造の仕組みに関わるどのような問題も、その真因は通常、表出している症状の5階層下にある、という基本的な考え方だ。問題の本当の発生源（隠れた「抵抗」）にたどり着くために、技術者は調査を進めながら「なぜ」を5回繰り返す。そうすることで、原因が明らかになるのである。[*3]

この問いかけの手法は、4つの「抵抗」のどの根本原因を明らかにする場合にも応用できるが、「感情面の抵抗」を見つけるのに特に適している。プレゼンの後に異論を唱えられた起業家が、新しいソフトウェアに対する「抵抗」の本当の理由を突き止めるまでの様子は、次のようなものになるだろう。

顧　客：「このソフトウェアは確かに素晴らしいし、仕事が楽になりそうだということも分かった。でもなあ、ちょっと高すぎるね」

起業家：「なるほど。では、ご意見をもう少し詳しくうかがわせてください。価格がどれくらいであればよいとお考えなのか、このプラットフォームのどのような点が気になっているのか、もう少し詳しく教えていただけますか？」（1回目のなぜ）

顧　客：「安いはずがないことは分かっていたけど、新しいプラットフォームに投資するタイミングは今じゃないような気がするんだ。ちょうど来年の計画を立てている最中でね、今はほとんどそっちにかかりっきりなんだよ」

起業家：「そうでしたか。では、ソフトウェアには問題がないけれど、タイミングが悪いということですね。他の要因もありますか？」（2回目のなぜ）

顧　客：「タイミングが悪いだけじゃない。これだけ値が張ると、役員会の承認をもらってからでないと話を先に進めることはできないんだ」

起業家：「このような商談に関して取締役会の支持を取りつけるのは難しいことなのでしょうか？　以前にも同じ経験をされたことがあるようにお見受けしますが。前回はどのような感じでしたか？」（3回目のなぜ）

顧　客：「容赦なかったよ。商談を進めるにはずいぶんと根気が必要だった。役員会はこっちが予想もしていなかったやり方で取引内容を徹底的に調べたんだ。同じ立場にいる者同士とはとても思えなかったね。なんとか調査は終わったけれど、あのときは本当にじれったい思いをした」

起業家：「想像がつきます。前回の商談でいちばん細かく調査されたのはどの部分だったたか、

覚えていらっしゃいますか？　何かあったら具体的に教えてください」（4回目のなぜ）

顧　客：「役員たちはデータ・プライバシーにこだわっていたようだ。役員の1人が過去に自分の会社でこの問題に関してかなり嫌な経験をしたようで、今ではソフトウェアについて何を決めるにしてもとても慎重なんだ」

起業家：「では、どうやってその懸念点に対処したら問題を解決できたのでしょう。覚えていらっしゃいますか？」（5回目のなぜ）

顧　客：「役員会が高く評価している他の企業からの推薦や紹介で議論を収拾することができた。尊敬する他の会社がそのプラットフォームをうまく使っていることが分かったら、安心感が格段に増したようだった」

新しいアイデアに対して異論を唱えられた場合、本当の理由は最初の答えより何層も深いところにあるものだ。それを見つけるために、イノベーターはさまざまな形で「なぜ」と問いかけて答えを解き明かす必要がある。この例では、コストも問題ではあったが、それは商談を断る根本原因ではなかった。主要な「抵抗」は、じれったい思いをするだろうと予想されたことであり、役員会の賛同を得るとなると大変だし面倒なことになるのが気がかりだったからだ。

核となる問題が判明するとシナリオは一変する。このような「感情面の抵抗」が顧客の側に存在することが分かったら、起業家は顧客の力になることができる。たとえば、今回の商談に関して社内的な支持を取りつけやすくするために、現在そのソフトウェアを使用している有名企業から「利用者の声」や成果を示すデータを入手し、それらを盛り込んだプレゼン資料を作ってもいいだろう。あるいは、プラットフォームのデータ・プライバシー監査を第三者機関に依頼してもいいかもしれない。監査に問題がなければ商談を成立させることを条件としてそのような申し出をするのだ。「感情面の抵抗」が存在する理由が明確になれば、「抵抗」の症状に対処するのではなく、「抵抗」そのものを除去する取り組みを始めることができる。

理由を聞き出す質問の方法

先の例を読んで気づいたかもしれないが、本当の「感情面の抵抗」を探るときに「なぜ」という言葉そのものを使って質問する必要はない。新しいアイデアに「抵抗」する理由を明らかにする質問は、次の3つの特徴を備えているものが多い。

1. 自由回答式の質問《オープン・クエスチョン》：「御社にとって価格は重要ですか?」のような限定質問《クローズド・クエスチョン》には、「イエス」か「ノー」で簡潔に答えられる。例の起業家がこの質問をしたら、顧客は「イエス」としか答えなかっただろう。これでは、価格に対する不満を再確認できるだけで、根本にある本当の理由は1つも明らかにならない。自由回答式の質問にはひと言で答えられないため、はるかに上手に情報を引き出せる。「価格がどれくらいであればよいとお考えなのか、このプラットフォームのどのような点が気になっているのか、もう少し詳しく教えていただけますか？」というように質問すると、相手は話をし始めてくれる。

2．**探りを入れる質問**：人は恐れや不安を明かすことを嫌がるものだ。探りを入れる質問とは、問題をより深く掘り下げることを求める質問だ。「前回はどのような感じでしたか？」と質問することで、詳しい説明をそれとなく促すことができる。探りを入れるための質問は複雑でなくても構わない。「それは興味深いですね。詳しく教えてもらえますか？」という素朴なフレーズは、ほとんどの場面に使えるとても効果的な質問だ。

3．**問題を浮き彫りにする質問**：問題を浮き彫りにする質問は、新しいアイデアが相手のニーズや目標と対立しそうな部分はどこか、という点に的を絞って行う。「このプラットフォームのどのような点が気になっていますか？」という質問は、問題を浮き彫りにするのに非常に効果的だ。このような質問をすると、新しいアイデアのどこに人々が脅威を感じているのかを発見できるはずだ。「前回の商談でいちばん細かく調査されたのはどの部分だったか、覚えていらっしゃいますか？」と質問することによって、データ・プライバシーに対する不安が本当の問題であることが分かる。そして、今後この「抵抗」を防ぐにはどうすればよいか、その方法を見つけるための強力な手がかりが手に入るのだ。

行動観察者になれば「本当の理由」に近づける

有名な起業家で「リーン・スタートアップ」ブームの火つけ役となったスティーブン・ブランクは、「オフィスの中に事実《ファクト》はないのだから、さっさと外に出よう」という言葉で知られている。人が実地にあなたに見せる様子のほうが、会議室や電話であなたに話す内容よりはるかに説得力を持っていることはよくある。

行動観察者《エスノグラファー》とは、ユーザーが普段過ごしている自宅やオフィスといった環境の中でユーザー調査を行う人である。行動観察者は、ユーザーを「実地（in the wild）」に観察することにより、ユーザー目線で世の中を見ることができ、ユーザーが実際にどのように行動しているのかを、フォーカス・グループといった従来の市場調査手法につきものの編集による（誤解を招きやすい）フィルターを通さずに知ることができる。行動観察調査《エスノグラフィー》は、オーディエンスが口に出さないニーズや懸念に気づくための重要な手段となり得る手法で、重大な「抵抗」が発生する前にそれを予測するのに役立つ。

アメリカン・エキスプレスの若年層顧客獲得戦略

２０１５年、アメリカン・エキスプレスは、顧客基盤に気がかりな落差があることに気がついた。アメックス・カードは長い間、高齢富裕層には選ばれてきたものの、若年層にはあまり支持されてこなかった。アメリカン・エキスプレスが長期にわたって成功を収めていくためには、次の世代――クレジットカードを使い始めた何百万人ものミレニアル世代――を惹きつける必要がある。だが、何十ものクレジットカード会社がさまざまな最新鋭の特典や付帯サービスを宣伝している中で、どうすればアメリカン・エキスプレスに注目してもらえるのだろうか。

アメリカン・エキスプレスのグローバル・コマーシャル・サービス担当バイス・プレジデントであるキョウコ・キングはこう話していた。「まるで〝底辺への競争〟という感じでした。次から次へと特典を投入し続けていたのですから。だから勝ちはするものの、実際には優位に立っているわけではありません。それで、この課題を解決しようと思ったのです[*4]」

若年消費者のニーズをもっとよく理解しようと、アメックスは世界的なデザイン会社ＩＤＥＯ（アイディオ）のデザイナー・チームとともに、ミレニアル世代の消費者がクレジットカードを使ってどのように買い物をするのかを実地に観察することにした。調査の一環として、財布の中身やスマートフォンに入れている金融系アプリについて詳しく話を聞き、次に、それぞれの決済手段が経済生活の中でどのような役割を担っているのか説明してもらった。すぐに明らかになったのは、若年消費者の頭の中では、それぞれの決済手段で片づけるべきジョブが大きく異なっていたことだ。

現金が使われるのは通常、コーヒーを飲むときや職場で昼食を買うときなど、支払額が少なめの場合だった。デビットカードがよく使われるのは、手持ちの現金では支払いきれなかった場合。従来のクレジットカードは、非常に大きな買い物をするときしか使われていなかった。

これは不思議な現象だ。なにしろ、ほとんどのクレジットカードの主な利点の1つは、使った金額に応じて特典がもらえることなのだから。スターバックスではラテの代金の3%がキャッシュバックされたり、次の休暇に使えるホテルのポイントが12ポイントもらえたりするのに、どうして現金を使って買い物をするのだろうか。結局のところ、その答えは「感情面の抵抗」だった。

クレジットカードの大きな利点は、支払いを後回しにして商品やサービスをその場で購入でき、その過程で貴重な特典が得られることだ。これは、自分でしっかりお金の管理ができるクレジットカード利用者にとっては非常に都合が良い。だが、ついつい使いすぎてしまうリスクもある。

ミレニアル世代はクレジットカードで人生を台無しにした人たちの話を聞いて育った。むしろ、そういった話を聞かされすぎたために、多くのミレニアル世代は日常の買い物でクレジットカードを使うのが怖くなってしまっている。クレジットカードの利用状況が分からなくなることを恐れ、毎月きちんと全額を支払わなかったらいつまでも返済に追われるのではないかと心配している。要するに、クレジットカードはミレニアル世代を不安にさせるのだ。ある顧客の言うとおりで、「どうして借金を背負う危険を冒してまでコーヒーを買う必要があるのだろうか」。別の顧客は、明細書が届くたびに恐怖を感じると言い、その体験を〝明細書ショック〟と呼んでいた。彼は毎月の不安を和らげるために独自の打開策を編み出し、請求の締め日が来る前に、先回りして少額ずつ何度かに分けて支払いを済ませ、残高を減らすようにしていた。要するに、クレジットカードを使うことへの不安を解消するための解決策を〝ハック〟したのである。この対処法を自ら考案したことで、主導権を握っているのは自分だ――カード会社ではない――と感じられるようになったという。

アメリカン・エキスプレスのチームは、調査で分かったこうした点を踏まえたうえで大胆なアイデアを打ち出した。ポイントや特典をふんだんに盛り込んだクレジットカードを新たに作って若年層を取り込もうとするのはやめにして、クレジットカードを使うことへのそもそもの不安を解消することに狙いを絞ったカードを提供してはどうか、と考えたのである。「感情面の抵抗」を生み出すのではなく、取り除くカードだ。行動観察調査の過程で見つかったいくつかの独自解決策（前述した、少額ずつ支払っていく賢い対処法など）をヒントにして、アメックスのチームはアメリカン・エキスプレス・クレジットカード向けの新機能「Pay It, Plan It」を作った。

「Pay It, Plan It」とは、カードで購入したものの費用のうち、即時に支払うものと分割払いにするものとを、購入単位で決めることができる機能である。たとえば、スターバックスでコーヒーを、あるいは小売店で新しいシャツを買うときに「Pay It」を選択すれば、即時に決済できる。これは、現金やデビットカードを使っていたときとまったく同じだ。一方、犬が怪我をして急に動物病院にかかったときの費用は、思いがけない大きな出費だろうから、「Plan It」（分割払い）を選択するかもしれない。すると、返済期間を3カ月、6カ月、12カ月、18カ月にした場合、月々の支払いがそれぞれいくらになるのかが、アメリカン・エキスプレスのアプリにその場で表示されるので、それを見て返済期間を選べばいい。この「購入単位の定額手数料制ローン」モデルは、従来のクレジットカードが分かりにくいために若年消費者が抱えていた大きな恐怖や不安を払拭した。

もともとミレニアル世代をアメックスに惹きつけることを目的としていたこの企画は、「抵抗」を軽減する機能へと瞬く間に変貌し、現在ではアメリカン・エキスプレスのすべてのクレジットカードに組み込まれている（邦訳版刊行時点で日本では未対応）。２０１７年にサービスを開始して以来、「Pay It, Plan It」を使って作成された分割支払い計画は５００万件にのぼり、アメリカン・エキスプレスの融資総額は40億ドル近くに達している。

行動観察者のマインドセット

行動観察調査は正しい「マインドセット」を持って行うことが極めて重要だ。ここでは、正しい心構えで行動観察調査に臨むための3つの提言を行う。

進歩を志向する

携わっている「ビジネス」と、普及させようとしている製品やサービスやアイデアとを混同している組織は多い。組織が提供する価値は組織が売っているものではなく、その組織の助けを借りて他の人たちが実現できる進歩だ。（機能面、社会面、感情面の）進歩だ。「抵抗」を突き止め、それに対処するためには、この進歩志向が極めて重要となる。なぜなら、イノベーションや変革を阻害する「抵抗」の多くは製品に起因するものではないからだ。ビーチハウスの場合、多くの顧客が〝購入〟ボタンをクリックする直前に姿を消していたが、その理由は製品とはまったく関係なかった。製品志向でいると、製品から発生する「抵抗」しか想像できない。進歩志向になると検討範囲が広がる。そうすると、より多様な文脈を考慮してイノベーションを捉えられるようになるし、最も強力な「抵抗」が巣くっているのは、この、より多様な文脈の中なのだ。

偏見を捨て去る

他の誰かのものの見方を理解するのは、口で言うほど簡単ではない。これをするための1つの方法として、自分が観察した事柄の解釈を誤らせる可能性がある偏見や信念の目録を作成するというやり方がある。そのような偏見を誘発するものには、チームのメンバーの年齢、社会経済的背景、政治的見解などが含まれるが、それに限らず何であれ、あなたが理解しようとしている行動や信念の解釈に影響を与えるかもしれないと疑われるものは、すべてリストアップする。折に触れて自分の偏見の目録作りを行い、次のように問うことをお勧めする。「私たちが知ろうとしていることに不当な影響を与えている要素は存在しないだろうか？もし存在するとしたら、どのようにアプローチを直せばよいだろうか？」

他者を批判しない

行動観察調査をしていると、自分には理解できない感情面の反応を示す人に時折出くわすことになる。予想にそぐわない人は存在しないことにしたくなるものだ。そして、このようなことを言ったりする。「こんなふうに反応するなんて信じられない！ この人は理解できていないんだ」、「些細な1つの点をそんなに気にするなんて、どうかしている。そんなところにこだわらずに、もっと視野を広げることはできないのだろうか？」こうした反応も、人間ならあって当然だ。だが、影響を与えようとしている相手のことを〝分かっていない〟とか〝頭がおかしい〟と結論づけた瞬間、負けが確定してしまう。他者の気持ちを否定するようでは、相手の立場に身を置くことはできない。相手を否定するのではなく、何が起こっているのかを彼らの目を通して理解しようと、最善を尽くさなくてはならないのだ。私たちがなんとかして理解しようとしているのは、彼らの実体験なのだから。

外部の人を引き入れて「感情面の抵抗」を予測

有名な世界的デザイン会社ＩＤＥＯは、アップルの初代マウスなどの業務用、家庭用製品を開発するところからスタートした。ＩＤＥＯは創業以来40年間、製品作りだけでなく教育、行政、医療をはじめさまざまな分野に「デザイン思考」の手法を応用してきた。

デザイン業界は一般に若手が活躍する分野であり、20代、30代のデザイナーが中心の会社も少なくない。若さには利点がある。古い問題を先入観なく見られるというのは、現状を疑ううえで貴重な財産なのだ。だが課題もある。それは、デザイナー自身とはまったく異なるユーザーのために製品やサービスを作らなければならないことだ。

この共感のずれが特に深刻なものになるのが、高齢化や高齢ユーザーにフォーカスしたプロジェクトの場合だ。若手デザイナーがどんなに意識して努力しても、高齢ユーザーや製品が直面するであろうすべての「抵抗」を予測するのは困難だ。なにしろ実体験がないのだから。製品の機能面のあれこれ（画面、ボタン、外観など）だけでも難しいのに、それに伴う「感情面の抵抗」を予測するというのはなおのこと難しい。

2013年、CBSの人気テレビ番組『60 Minutes（シックスティー・ミニッツ）』にIDEOの創設者であるデイヴィッド・ケリーが出演し、デザイン思考がどのように発展してきたのかを語り、創造的なイノベーションを引き起こす重要な要素をいくつか紹介した。ケリーが述べた原則の1つは、多様なチームでプロジェクトに取り組むことの重要性だった。『60 Minutes』のこの回を見ていた人の1人にバーバラ・ベスキンドがいる。彼女はもともと作業療法士だったデザイナーで、現在は引退し、IDEO最大のオフィスがあるサンフランシスコの湾岸地域に暮らしている。ケリーが出演した日、『60 Minutes』のインタビュー・コーナーでは、デザイン思考の概要について説明していた。デザイン思考とは、さまざまなデザイン・ツールを使って問題を解決する手法で、人間を中心に置いて新しい製品やサービスを開発することを重視している点に特徴がある。このコーナーを見ていたベスキンドは、IDEOで働きたいと思うようになった。

「あら、私に向かって言っているみたい」と思ったことを彼女は覚えている。

バーバラは、IDEOに入社したい旨を伝える手紙を書くことにした。高齢化にフォーカスしたプロジェクトにバーバラのようなスキルと経験と視点を持った人がもたらす価値をIDEOのチームが理解するのに、さほど時間はかからなかった。そして間もなく、IDEOは最も新しいデザイナー——90歳のかくしゃくとした女性——を迎え入れた。[*5]

バーバラがプロジェクト・チームに参加したことで、他の高齢ユーザーにとって最適な製品をデザインする方法について、ぜひとも欲しかった意見を聞くことができるようになった。このおかげで、若手デザイナーが見落としがちな機能面の問題——ボタンの大きさやユーザー・インターフェイスなど、手指の関節炎や視力低下に苦しむ高齢者には利用しづらいものになることもある細かな点——を発見できた。さらに貴重だったのは、若手デザイナーには予測できない「感情面の抵抗」を、バーバラの助言でチームとして予測できるようになったことだ。

特に印象的なのは、米国各地で高齢者向け住宅を自前で運営している会社がIDEOに相談を持ちかけたときのことだ。その会社は、マーケティング戦略を一新し、高齢者のニーズや願望にできるだけ真正面から応えられるようにしたいと考えていた。その会社が提案した1つのアイデアは、3000ドル近いアクティビティー利用料を新規入居者に前払いしてもらうというものだった。さまざまあるアクティビティーの利用料を個別に支払うのは面倒だろうから、その煩わしさを取り除く狙いがあったのだろう。

チームがこのビジネスモデルの特徴をバーバラに説明し、意見を求めたところ、彼女はすぐに、「燃料」系の価格設定に付随する基本的な問題点を指摘した。

とんでもない話で、はなはだしい侮辱と言ってもいいくらいの提案でした。介護つき住宅への入居を検討せざるを得なかった高齢者にとって、この瞬間までに人生で起きた何もかもが〝喪失〟の連続だったということを、この会社は理解していなかったのだと思います。家を失いました。連れ合いを亡くしたかもしれません。運転ができなくなり、歩けなくなり、自由に食事が取れなくなり、耳がいくらか遠くなっているだろうし、目もよく見えなくなっているはずです。ひっきりなしに訪れる喪失の悲しみを経験してきたばかりの年金暮らしの高齢者に、施設が主催するアクティビティーへの参加費として３０００ドルという多額の前払金を要求することが、その方の歩んできた旅路への配慮を完全に欠く行為だということに、この会社は気づいていませんでした。施設の月額利用料を30ドル高くして、それで費用を補塡するビジネスモデルのほうがましでしょう。この期に及んで、また大きな〝喪失感〟を（金銭的なコストという形で）味わわせようなんて、あまりにも酷な話です。

バーバラの意見を聞いていなかったら、この会社は「感情面の抵抗」を引き起こすこのような原因を予測できなかっただろう。少なくとも、低調な販売データが問題の存在を知らせてくれるまでは、思いつきもしなかったはずだ。このようなことは、調査データや市場調査レポートを見て気づけるようなものではない。また、高齢の潜在顧客を１日観察したぐらいで明らかになることでもない。この種の気づきは、豊かな人生経験があって初めて得られるものだ。だからこそ、役に立ちたいと思っている相手に寄り添う気持ちを育むためには、イノベーションのプロセスにその人たちを巻き込むというやり方が特に効果的なのである。バーバラ・ベスキンドが言っているように、「抵抗」を引き起こさない高齢者向け製品やサービスをデザインする場合は、「私たちのためにデザインするよりも、私たちと一緒にデザインするほうがはるかに良い」のである。

ターゲット・オーディエンスをイノベーションのプロセスに参加させるやり方を、「外部の人を引き入れる」と私たちは呼んでいる。この目的は、役に立ちたいと思っている相手の意見を、デザインの過程で聞けるようにすることである。顧客がチーム内にいるということは、「感情面の抵抗」を最小限に抑えた製品やサービスを作るという意味で、究極の競争力になるはずだ。

顧客を従業員として雇う

リヴォンゴ（Livongo）は米国で最も影響力のあるヘルスケア企業の1つである。この会社は顧客の生活をがらりと変えただけでなく、その成功によってデジタル医療の新時代に弾みをつけた。2014年に創業したリヴォンゴの画期的なテクノロジーである血糖測定器は、測定した血糖値を自動的に記録・報告する機能を搭載しているため、利用者は自分の健康状態の監視と管理がより適切にできるようになった。この血糖測定器は通信機の役割も果たしている。リヴォンゴの会員はこの測定器を使って24時間いつでも糖尿病療養指導士に問い合わせができ、糖尿病とのつき合い方についての質問に答えてもらったり、有害事象が発生した場合の対処の仕方について指導を受けたりすることができる。リヴォンゴの測定器は会員の健康状態をひそかに注意深く見守っており、血糖値に何らかの兆候が見つかると、糖尿病療養指導士の積極的な介入を促す。低血糖や高血糖の症状が手の施しようのないほど悪化することを防ぐためだ。血糖値の異常は危険性が高いのである。放置していれば、すぐに致命的な状態に陥りかねないのだから。

糖尿病、高血圧、心臓病といった慢性疾患は、機能面だけに困難をもたらす病気ではない。感情面にも困難をもたらす。こうした病気とその症状は、当事者にとって常に不安の種だ。リヴォンゴがそうした感情面の困難を理解しているというのも、社員の半数近くが糖尿病などの慢性疾患を抱えているからだ。そのような困難を実体験として知っている社員を雇用しているため、リヴォンゴは顧客のニーズや悩みを深く洞察でき、他の慢性疾患管理サービスよりもはるかに会員に寄り添った対応ができている。リヴォンゴの創業者で会長のグレン・タルマンは私たちにこう語った。「私たちは他の人たちにはできない方法でこれらの病気の知識を身につけました」

糖尿病を抱えている人が感情面の問題として特に困っているのは、他人からの批判への対処だ。リヴォンゴの社長で医師、そして自身も1型糖尿病を抱えているジェニファー・シュナイダー博士は、糖尿病というのは、この病気のことをよく知らない人たちからあれこれと批判や非難を受けやすい疾患なのだと説明する。2型糖尿病やその他の後発性糖尿病の人については、次のように話していた。「食生活の乱れや運動不足、太りすぎが原因で自ら病気を招いたという認識が世間一般に浸透しています。彼らは他者から非難されることを絶えず恐れ、自分の課題をオープンにすることも、課題に前向きに取り組むこともできないのです」

グレン・タルマンによると、一般的な糖尿病サービスの場合、高血糖の症状が出て困っている利用者が電話をかけると、電話の向こうからまず「何を食べましたか?」と聞かれることが多い。

「この質問は実用的ではありますが、糖尿病を患っている人を責めているように聞こえます」とタルマンは述べた。「落ち度はそちらにあり、自らの選択のせいでこのような状況に陥ったのだと言っているようなものです。でも、人間の身体はおかしな動きをすることもあれば、奇妙な反応をすることもままあります。ですから、非難めいた質問から始めると、ただでさえ嫌な思いをしている人をさらに落ち込ませてしまうだけなのです」

この「抵抗」に対抗するために、リヴォンゴはメールの文章からユーザー・インターフェイスや電話に至るまで、会員との間のあらゆるやり取りについて、非難する意味合いを持つ言葉をいっさい使わないよう徹底している。それよりも、目の前にある問題を解決することに集中した対話を心がけ、責任を追及するようなことはしないようにしているのだ。リヴォンゴの指導士は、「何を食べましたか?」といった質問はせず、「どんなことに困っていますか?」とだけ会員に問いかける。タルマンはこう述べている。「こうすることで、リヴォンゴがこの関係性の中で行っているのは会員の方に尽くすことだということが会員に明確に伝わります。私たちは、困難な状況に陥ってしまったどの人のことも咎《とが》めるつもりはありません。私たちは励ますためにここにいるのです」

リヴォンゴが会員のことをよく理解していることが分かる重要な点が他にもある。タルマンは次のように述べている。「医療機関の中には、会員が糖尿病と診断されたことを知ると、その人に電話をかけてこんなことを言うところもあります。『大変お気の毒なことです。糖尿病だとうかがいました。この病気は非常に重くなると、失明する場合や足を切らなければならなくなる場合さえあります。でも、私たちがついていますからご安心ください』。これは、こういうときにかけてもらいたい言葉とは正反対のものです。この種の支援活動は、人がそのとき必要としているものを実感として心から理解せずに、相手を思いやっているふりをした活動にすぎません」要するに、思いやりごっこだ。思いやりごっことは、作り物の同情心で相手の不安を和らげようとする行為のことである。ケーブルテレビ会社に問題を解決してもらおうと思って電話をしたことがある人なら、思いやりごっこがどのようなものかよく知っているだろう。

リヴォンゴは、「助ける」、「糖尿病患者」、「患者」といった言葉をいっさい使わない。なぜなら、そうした言葉を聞くと、無力感を味わったり、気分が悪くなったり、病名で呼ばれているように感じたりする人がいるためだ。グレン・タルマンは言う。「『がんと闘っている人を『がん』とは呼びませんよね。ではなぜ、糖尿病に苦しんでいる人のことを病名で呼ぶのでしょうか? 言葉は大事です」。リヴォンゴでは、「糖尿病患者」ではなく「糖尿病を抱えている人」という言葉を使っている。当事者でない人にとっては些細な違いかもしれないが、慢性疾患を抱えている人にとってこれはとても重要なことだ。

微妙ながらも影響力の大きいこうした点に気づくことができるのも、リヴォンゴのチームに実体験を持つ人がいるからだ。「人事部の責任者とよく冗談を言ったものです。うちは糖尿病を抱えている社員や入社希望者が多いから、社員の保健支出が異常に多いわね、って」とシュナイダー博士は語った。「でも、これはむしろ実に素晴らしいことなのです。だって、結局、糖尿病であることがどういうことなのかを深く理解しなければ、糖尿病を抱えている人たちの行く手を阻む障害を取り除くことはできませんから」

新しいアイデアを形にするために「顧客を雇用する」企業と、直接の経験なしにアイデアを形にする企業との最大の違いは何だろうか。この点についてシュナイダー博士に訊ねたところ、非常に興味深い話を聞くことができた。「アイデアを形にする段になると、作ろうとしているものに夢中になるあまり、その利用者として想定している人々のニーズや不安に耳を傾けなくなる場合があります。いったんアイデアが浮かぶと、人の意見を聞かなくなりやすいのです。でも、解決しようとしている問題の当事者がチームに加わっていれば、意見を聞かないわけにはいきません」。その結果、「感情面の抵抗」のチェックと対処がリアルタイムで絶えず行われるようになる。

顧客を雇用することに重点を置くこの方針はうまくいっていると見える。リヴォンゴは創業からわずか4年でNASDAQに上場し、取引初日の評価額は40億ドルに達した。2020年には遠隔医療プロバイダーのテラドック（Teladoc）に買収され、合併後の企業価値は185億ドルに達した。急速な成長にもかかわらず、リヴォンゴは依然として、慢性疾患を持つ人々がより快適かつより健康的な生活を送れるようにするため、それを邪魔する「抵抗」を取り除く革新的な方法を見つけることに尽力している。

「感情面の抵抗」に効く一般的な治療薬

「感情面の抵抗」を和らげるには、どんな治療薬を選べば良いのだろうか。何が適切かは裏に潜んでいる原因によって異なるが、ユーザーの不安を和らげるためによく使われる〝大ヒット〟アプローチは、次の3つである。

「お試し」ができるようにする

「無料トライアル」は、初めて何かを試すときに生じる「感情面の抵抗」を最小限に抑える方法として、ずっと前から利用されている。トライアルにはさまざまな形態があるが、最もよく使われているのは、定額制ストリーミング・サービスの30日間無料トライアルのように、一定の試用期間がすぎたら料金を支払わなければ利用できなくなるタイプだ。「フリーミアム」もその一例で、このモデルの場合、製品やサービスの「基本」バージョンをまずは無料で使ってみて、利用価値があると確信できた時点で機能が豊富な有料バージョンにアップグレードできるようになっている。

決めたことを簡単に覆せるようにする

「感情面の抵抗」は、間違った選択をしてしまうかもしれないという不安から生じることが多い。いったん決めたら取り消せないのかと思うと不安はさらに大きくなる。この不安を和らげる方法の1つは、決めたことを簡単に覆せるようにすることだ。このアプローチの具体的な例としてよく見かけるのは、〝手間いらず〟の返品制度、返金保証、〝いつでも解約OK〟の契約などだ。

サービス込みにする

イノベーションが製品であったとしても、〝サービス〟の要素を加えることで、その製品の購入に踏み切れない新規ユーザーの不安が大いに和らげられる場合がある。これはまさにビーチハウスが取った手法で、ビーチハウスの場合は新しいソファを購入すると古いソファの引き取りサービスが付いてくるようにしたのであった。この手法は、アップル社がすべての直営店に「Genius Bar（ジーニアス・バー）」（アップル製品の修理・サポート・サービス）を設置したときや、ベストバイ（Best Buy）社が「Geek Squads（ギークスクワッド）」（家電などの修理・サポート・サービス）を統合したときに使われたものと同じだ。どちらのサービスも、安心と信頼感を持って顧客に新しいデバイスを使ってもらうのが目的であり、この先何か問題が発生したとしても、いつでも誰かが助けてくれると安心してもらうために存在している。

「感情面の抵抗」を克服する方法のまとめ

「感情面の抵抗」とは、新しいアイデアやイノベーションを阻む思いがけない否定的感情である。どんなに有望なアイデアであっても、アイデアの採用を阻む大きな壁となる否定的感情を不用意に誘発することがあり得るのだ。あなたの次なるアイデアを待ち受ける「感情面の抵抗」がどの程度のものかを判断するために、次の２つのポイントを確認してみよう。

1. **変革案を提示したらオーディエンスはどのくらい恐怖や不安を感じそうか？**　新しいアイデアに対する恐怖や不安が大きくなるほど、「感情面の抵抗」は強くなる。

2. **そのイノベーションで人々の多様なニーズを損なう可能性はあるか？**　ケーキミックスの例が示すように、機能面の価値を高めることで感情面や社会面の重要なニーズをうっかり脅かしてしまうこともある。

「感情面の抵抗」に対処するためには、最初にその原因を特定する必要がある。だが、これがなかなか難しい。というのも、ほとんどの人は自分のネガティブな感情の根本原因を隠そうとするからだ。だが、いったん原因が分かってしまえば、「抵抗」を和らげることができるし、イノベーションを引き続き前進させることができる。この章では、「感情面の抵抗」を発見する手法として、「〝なぜ〟にフォーカスする」、「行動観察者になる」、「外部の人を引き入れる」の3つについて解説した。最も有望なあなたのアイデアの普及を妨げる「感情面の抵抗」を発見、診断、除去するのに役立つ質問を以下に示す。

「なぜ」にフォーカスする

1. **人々があなたのイノベーションを「雇用」するのはなぜか？　あなたのアイデアが生み出す機能面、社会面、感情面の価値は何だろうか？**　どのようなことを決める場合にも、必ずこの3つの価値側面が評価されることを忘れてはならない。あなたのイノベーションで満たされるより幅広いニーズを確認することで、イノベーションに抗う感情を見つけやすくなる。

2. **「感情面の抵抗」の症状にばかり目を向け、抵抗の裏に潜んでいる原因への対処がおろそかになっていないだろうか？** イノベーションはイノベーターとオーディエンスとの間の交渉である、と考えよう。オーディエンスが新しいアイデアに抵抗したりきっぱりと拒否したりする場合、「ノー」が彼らの態度だ。それははっきりしている。だが、「ノー」だけでは変化に抵抗する理由は何も分からない。「ノー」は「抵抗」の症状だ。抵抗する本当の理由を明らかにするには、「なぜ」なのかを理解する必要がある。「なぜ」を5回繰り返すインタビュー法は、変化を拒む本当の理由を明らかにする方法の1つだ。

3. **あなたが携わっている本当のビジネスは何か？** 携わっている「ビジネス」と、普及させようとしている製品やサービスやアイデアとを混同している組織は多い。確かに、金物屋は金物を販売し、コンサルタント会社はコンサルティング・サービスを販売しているが、顧客の考えでは、そうした商品やサービスはもっと大きな目標を達成するための手段に過ぎない。「進歩志向」になるとイノベーションをより広い文脈で捉えられるようになるため、「感情面の抵抗」を突き止めるうえでこの姿勢は非常に大切だ。そして、このより広い文脈にこそ、最も強力な「抵抗」が巣くっているものなのである。

行動観察者になる

1. **行動を観察することで「感情面の抵抗」についての理解を深められないだろうか？**　人はしばしば、言っていることと違うことをするものだ。このような矛盾があるため、会話だけに頼っていては、「感情面の抵抗」になっている本当のポイントはなかなか突き止められない。他者を〝実地〟に観察することで、オーディエンスが口に出さないニーズや懸念について重要な洞察を得ることができ、「抵抗」が発生する前にそれを予測できるようになる。

2. **オーディエンスの置かれている状況をどのくらい理解できているか？**　何の脈絡もなく行動する人はいない。さまざまな社会的、感情的、物理的背景の中で行動は起こされるものだ。普段過ごしている環境で人々を観察すると、彼らの求めているものや、それを手に入れるために妥協してもよい（あるいは妥協したくない）ものについて、深い洞察を得ることができる。

3. **オーディエンスが自ら考え出した解決策にはどのようなものがあるか？**　〝Pay It, Plan It〟の例で見たように、人は自ら対処法を編み出して「感情面の抵抗」を克服しようとすることがよくある。行動観察調査はそれを見つけるのに役立つ。そうした対処法を突き止めたら、それを大いに参考にして、オーディエンスのニーズを満たすことが可能な、より洗練された、「抵抗」を引き起こさない解決策作りに着手できる。

外部の人を引き入れる

1. **イノベーションのプロセスにオーディエンスを巻き込むことはできるか？**　イノベーション

のプロセスにオーディエンスを積極的に参加させることで、あなたが起こそうとしている変化に彼らが抵抗する原因となり得る懸念や不安を、より深く理解することができる。

2. **顧客を従業員として雇うことはできるか？** 顧客に寄り添ったイノベーションを起こし続けられる組織にするために、サービスを提供している相手をチームの正式なメンバーにすることを検討しよう。

9

「心理的反発」

変化に抵抗したい衝動に駆られるのはなぜか

変化させせられることに対する「抵抗」

米国のシートベルト義務化の例ほど、変化に抵抗したがる人間の心がいかに不合理かをよく表すものはない。今日、米国をはじめ世界の多くの国では、シートベルトの着用が圧倒的に支持されている。シートベルトを着用することで交通事故による死亡率は50％近く下がり、米国では毎年およそ3万人の命が救われている。シートベルトは大した苦痛を伴わない予防策であり、個人と社会の健康にメリットがあることは間違いない。つまり、シートベルトを着用することは疑う余地のない良いアイデアなのである。

それなのに、1980年代の米国ではシートベルト戦争が繰り広げられていた。始まったのは1984年。ニューヨークが州として初めてシートベルトの着用を義務化したことがきっかけだった。すぐに複数の州が相次いで追随した。だが、このよかれと思って施行された政策は国民の怒りを買った。中には、車からシートベルトを切り取るという挑発的な行為に及んだ者もいた。また、この新しい義務に対して訴訟を起こす人もいた。マサチューセッツ州では、「Crusade against Seat Belts（シートベルト反対十字軍）」という団体が署名を集め、この新法の撤回を求めて住民投票を起こした。1986年になっても、シートベルトを常時着用している米国人は17%にすぎず、大多数はシートベルトの使用を義務づける法律に反対していた。米国各地に広がった反シートベルト運動は、さらに10年続いた。今さらだが、シートベルト着用が当たり前になるまでこれほど長くかかったことは悲劇である。変化を受け入れようとしなかったばかりに、何万人もの命が犠牲になったのだから。*1

2020年に話は飛ぶが、ここでまた同じことが繰り返される。このときは、マスク着用の義務化をめぐって論争が起きた。シートベルトと同様、マスクは新型コロナウイルス感染症の蔓延という社会的害悪を抑えるための手軽で効果的な方法だ。それなのに多くの人がマスクの装着を拒んだ。どうして国民はこの安全対策を受け入れたがらなかったのか、実に不可解である。ほんのわずかなコストでウイルスの蔓延を防げるというのに。だが、米国の多くの地域で住民や政治家がマスクの義務化に激しく反対した。

常識的な安全対策に反対する様子は、人間の持つ根深い（そして悲惨な結果を招きがちな）性質をうかがわせる。人は変化を強要されることを嫌う。ああしろ、こうしろと指図されたくないのである。人々の行動を変えようとする行為がイノベーションなのだから、これはイノベーターにとって大きな障害だ。イノベーターの目的と私たち人間の性質は対立しているのである。そして、変化を迫られていると感じると、人は無意識のうちに変化に反発する。これを「心理的反発《リアクタンス》」と呼ぶ。「心理的反発」が発生すると、私たちは新しいアイデアをチャンスではなく侵略者とみなすようになる。そのため、堀に架けた橋を跳ね上げ、城門を武装する。変化に対する「抵抗」を「惰性」とするならば、「心理的反発」は変化させられることに対する「抵抗」なのである。

自由が奪われると感じると「心理的反発」は起きる

どうして人間はこのような行動を取るのだろうか。それを理解するには1971年までさかのぼる必要がある。この年、ジェイ・ワイスという心理学者が独創的な実験を考案した（この実験がきっかけとなり、ワイス博士は数年後にマッカーサー賞（別名、天才賞）を受賞する）。[*2] ワイス博士は、動物がストレスにどのように対処するのかについて研究している他、ストレスの多い状況に対処できるか否かを左右する環境特性にはどのようなものがあるのかを研究している。

3匹の実験用ラットがそれぞれ別々のケージで飼われているとする。ラットAは一般的に考えられているものと特に変わらないごく普通の実験用ラットの生活をしている。つまり、水飲み用のチューブがついた小さな金属製のケージに入れられて、定期的に餌を与えられる。ラットBの生活環境も同じだが、1つだけ大きな違いがある。金属製のケージの床に電気が流れるようになっているのだ。床には不定期に電気が流れ、苦痛ではあっても命に危険が及ばない程度のショックがラットに与えられる。ケージの上部には小さなレバーがある。苦痛から逃れるためにラットは本能的にレバーに飛びつく。レバーに触れた瞬間、電気は止まる。ラットはこれを1～2回経験するだけで、電気が流れ出したらレバーを押せばよいことを学習する。ラットCが入れられているケージの床も電気が流れるようになっている。ただし、レバーはない。電気が止まるタイミングは何によって決まるのだろうか？　ラットBだ。２匹のラットに同時に電気ショックが与えられ、ラットBがレバーを押すと両方の電気が止まる。２匹が味わう苦痛の量はまったく同じだ。決定的な違いは何だろうか。一方は自らの行動で苦痛を止めることができ、もう一方はそれができないことである。これは、ぜひとも昇進したいと思っているのに、あなたの評価があなたの仕事ぶりではなく隣の席の人の仕事ぶりで決まるようなものだ。

実験が終わると、ワイス博士はそれぞれのラットの健康状態を調べた。これは、潰瘍の有無で評価する。ストレスをかけられたラットにはたくさんの潰瘍ができる。幸福なラットには潰瘍ができない。ラットAは予想どおり元気だった。少し退屈だったかもしれないが、ストレスがかかった形跡はほとんどなかった。本当に調べたかったのはラットBとラットCの健康状態だ。ラットBはラットAとほぼ同じで、潰瘍はいくつかあるものの、重篤なものではなかった。ラットはか弱い花とは違うのだ。多少の逆境には耐えられる。電気ショックは苦痛だっただろうが対処はできたということだ。だが、ラットCは事情が違った。ラットBの倍以上の潰瘍ができていたのである。つまり、同じ量の苦痛を受けたにもかかわらず、その苦痛の影響は、環境を自分の意志で自由にコントロールできないラットのほうに、より強い心的外傷として表れたのだ。

信じられないかもしれないが、この研究結果から、人間が「心理的反発」を感じる理由が分かってくる。人間もラットと同じで、自分のいる環境に対する自由を基本的欲求として持っている。自由は生存に不可欠なものであるため、人間の基本的欲求なのである。自由があれば、有益で望ましい選択肢を選び、有害な選択肢や結果を避けることができる。自由に対する欲求は心の非常に深いところまで染み込んでいるため、人は選択の自由がある状況をよしとする。その選択によって物質的な利益がもたらされない場合であってもだ。ある実験の中で、2つの選択肢のどちらかを選ばせる、ということを行った。一方の選択肢を選ぶと2回目の選択ができるが、もう一方はできない。2回目の選択をしても特段の利益はもたらされず、必要な作業が増えるだけであったにもかかわらず、人々は2回目の選択ができるほうを本能的に選んだ。[*3]

困ったことに、人に影響を与えようとすると、事実上、その人の自由を奪うことになる。特定の道を進ませようとしているからだ。人は、自由が脅かされそうになっていると感じると、自由を取り戻そうとして本能的に反発する。

自律性を守りたいという欲求が「心理的反発」の原因だということが分かったのは、重大な発見だ。このことから分かるのは、人は自由が奪われそうになっていると感じれば感じるほど、反発する必要性をますます感じるようになるということだ。たとえば、男子トイレの落書きを減らすために、ある大学が2種類の張り紙の効果を検証したときのことである。一方には「落書きは絶対禁止」と書かれ、もう一方には「落書きをしないでください」と書かれていた。数週間後に結果が確認された。どちらの張り紙も逆効果だった。それまで以上に落書きが増えたのである(そして、言葉がもっと下品になっていたようでもある)。だが、「落書きは絶対禁止」という極めて強い口調の張り紙が貼られたトイレのほうが、格段に落書きが増えていた。厳しくすればするほど反発が強くなったというわけだ。[*4]

相手の誤りを示す証拠が強力なほど態度が硬化

新しいアイデアは反射的に疑われたり非難されたりするものだということにイノベーターはすぐ気がつく。新しいアイデアが「抵抗」に遭うと、イノベーターはとっさに「燃料」を追加しようとする。証拠や推薦の言葉をたくさん集めてアイデアの訴求力を高めることで、「抵抗」を克服しようとするのだ。だが、このアプローチにはイノベーターがほとんど考えもしないリスクがある。イノベーターが変化を促そうとしたことがきっかけとなって「心理的反発」が発生すると、そのイノベーションへの反対が強まるのだ。だからこそ、「心理的反発」はイノベーションにとって非常に危険なのである。たとえば、人類が直面している最大の課題は気候変動だとあなたが信じていても、テーブルを挟んだ向かい側にいる女性がそれをデマだと思っていたら、どんなに証拠を集めても彼女の信念は変わらないはずだ。反論の余地がないと思える事実でも、彼女の頭は苦もなく否定したり曲解したりするだろう。そして、考えを変えさせようとすれば、「抵抗」はもっと強くなるはずだ。

証拠を示すことがどれほど逆効果になりやすいのか、それを確認するために、最近行われた次の実験を見てみよう。[*5] 極刑（死刑）支持者200人が被験者として集められた。半数の被験者には、自身の信念を裏付ける研究論文を渡した。犯罪抑止につながるため死刑は効果的だと結論づける論文である。残りの半数は自身の信念に反する論文を読んだ。その論文は、死刑には犯罪を抑止する効果がないと結論づけていた。論文を読んだ後で、両グループの死刑に対する考えが再確認された。

研究者たちが知りたかったのは、実験が終わるまでに、この2つのグループのどちらが死刑を強く支持するか、であった。答えは明白のように思える。常識的に考えれば、死刑賛成のデータを見れば死刑への支持は強まり、死刑反対のデータを見れば支持は弱まるはずだ。ところが、そうはならなかった。死刑の利点について読んだグループでは、予想に違わず、初めに持っていた考えが若干強まっていた。だが、反対意見を読んでももともとの立場が揺らぐことはなかった。死刑には効果がないことを示す証拠を見たことで、どういうわけか死刑への支持が強まったのである。死刑が犯罪を抑止しないという証拠を見た後の死刑賛成派は、証拠を見る前より激しく自身の信念に固執するようになった。典型的な「心理的反発」だ。人は変化を迫られるととっさに心を閉ざし、自身の信念を守ろうとする。

自身のものの見方と相反する証拠を突きつけられると、自身の信念を疑うよりも証拠を否定することのほうが多い。だが、証拠を否定できない場合はどうなるのだろう。人はどこまで自身の信念を守ろうとするのだろうか。この疑問を解明するために、レオン・フェスティンガー（1919年～1989年）という心理学者はあるカルト教団に参加することにした。

時は1953年、「シーカーズ」というカルト教団が「洪水で文明が滅びる」と予言し、たびたびニュースになっていた。この予言は、教団の創設者であるドロシー・マーティンが発したものである。彼女は、クラリオン星に住む高度な生命体と交信していると主張した。その生命体は洪水が襲来すると警告し、大洪水が起こる前に空飛ぶ円盤でシーカーズを救い出すと約束したという。その予言の細かな1点がフェスティンガーの注意を引いた。非常に具体的だったのである。カルト教団は大洪水が起こる日時を正確に伝えていた。１９５６年12月21日の真夜中にすべてが終わるというのである。

（おそらくそうなるだろうが）予言が外れたときこの人たちはどう反応するのだろうか。フェスティンガーが知りたかったのはそこだった。議論の余地のない証拠を突きつけられたとき、信者たちは信じるのをやめるだろうか、指導者にくってかかるだろうか、それとも大笑いするだろうか？ それを確かめるために彼は教団に参加したのである。以下に出来事を時系列で示すが、これはフェスティンガーの著書『予言がはずれるとき：この世の破滅を予知した現代のある集団を解明する』（水野博介訳、勁草書房）の中の体験レポートからの引用である。

■12月20日午後6時（救済まで6時間）。ドロシーがクラリオン星人からメッセージを受信。最終準備に入れとの指示を受ける。一行は、宇宙への航海に金属製のものをいっさい持ち込んではいけないと言われる。そこで一行は、ファスナーなどすべての金属類を衣服から取り外す。ブラジャーのストラップや靴のかかとに金属が使われているかどうかが議論になる。念のため靴とブラジャーは置いていくことになる。

■12月21日午前0時（携挙《けいきょ》（キリストが天から再臨するときに、地上のキリスト教徒が不死の体になり空中に持ち上げられてキリストに会うという出来事を指す）の瞬間）。完全な沈黙の中、一行は扉がノックされるのを着座して待つ。

■12月21日午前0時5分。来訪者なし。誰かが、部屋にある別の時計が11時55分を指していることに気づく。ほっとした一行は、まだ午前0時になっていないことを確認し合う。
■午前0時10分。もう1つの時計が午前0時を告げる。依然として来訪者なし。一行はあっけに取られたように無言で座っている。
■午前4時。一行は相変わらず呆然とした様子で黙って座っている。何度か説明を見出そうとするも、失敗に終わる。ドロシーが泣き出す。
■午前4時45分。ドロシーが再びメッセージを受信する。「地球の神がこの惑星を滅亡させないことにした」という趣旨の内容だ。天変地異は中止された。「夜通し座り続けていたこの小さな集団が、あまりにも明るい光を放っていたため、神が世界を滅亡から救った」とのこと。
■12月21日午後。新聞社に電話をかけて取材を要求する。教団は、シーカーズが世界を救ったことを世間に知らせるべく、緊急キャンペーンを開始する。

シーカーズは誤りを認めることも信念を変えることもせず、新しい証拠を見つけ出した。死刑の実験のときと同様、対立する見解を提示してもシーカーズの信念を変えさせることはできず、間違っていたと認めさせることもできなかった。それどころか、信念はより強固になった。

カルト信者に何かを信じ込ませるのは簡単だ。だが、彼らの反応は、むしろ人間として普通の反応だ。いったん強い信念が形成されると、人は影響を受けなくなる。「心理的反発」のせいで新しいアイデアや情報が目に入らなくなるのである。イノベーターにとってこれは笑いごとではない。第2章で「燃料」の限界のいくつかについて詳しく説明したが、「心理的反発」は「燃料」思考のもう1つの欠点を浮き彫りにしている。こちらが発するメッセージに反対意見を持つ人たちに、私たちから事実を教えてあげたらどうなるだろう。「燃料」では彼らの考えを変えられないばかりか、往々にして反対の立場を強めてしまうことになるのだ。

説得されていると感じるだけで「抵抗」は強まる

アイデアの売り込み方や変化の追求の仕方について、「心理的反発」は大切なことを示唆してくれている。次の謎を解いてみよう。組織心理学者のアダム・グラントが、ある大学の卒業生に電子メールで寄付を求める実験を行った。[*6] 卒業生には次の3つのメッセージのいずれかが送られた。1つは、「あなたからの寄付で学生や教職員の生活が変わる可能性があります」という、利他の精神に訴えるメッセージだった。もう1つは、「寄付してくださった卒業生の皆さんは、いい気分になったとおっしゃっています」という、利己心に訴えるものだった。3つ目のメールには両方のメッセージが使われていた。結果は意外なものだった。利他的なメッセージも利己的なメッセージも単独で使った場合は効果があり、寄付率にわずかながらも有意な増加が見られた。ところが、2つを組み合わせたメッセージでは効果が逆転したのである。

メッセージに1つの感化術を加えた場合は効果があったのに、2つ加えると逆効果になったのはなぜだろう。むしろ倍の効果があってもよさそうなものだ。原因は、両方のメッセージを受け取った人が、そのメールは寄付させることをたくらんだものだと気づいたことにあった。メッセージを読んだ卒業生は、寄付を迫られているように感じたと回答している。つまり、2つの感化術を盛り込んだメールは「心理的反発」を誘発したのである。そして、いったん「心理的反発」が発生すると、自分は自由なのだという感覚を取り戻さなければならないという衝動が最優先され、寄付するどころではなくなったのだ。

この研究から分かるのは、「心理的反発」が発生するきっかけは自由や選択肢が実際に制限されることだけではない、ということだ。説得されていると感じるだけでも十分に「抵抗」の引き金になるのである。人々が車のディーラーに足を踏み入れることに恐怖を感じる理由がまさにこれだ。強引な販売術にはまってしまうことを恐れているからではない。購入を迫られたり説得されたりという不快な体験をしたくないからなのだ。

この10年間で、「ソーシャル・プルーフ（社会的証明）」（社会心理学用語。人は「他人が取る行動は正しい行動である」と推測し、その行動に従うという原理。行列のできる店や、「いいね」が多くついている投稿をよいものと判断するようなこと）、「希少性」、「おとり効果」といった説得術（ナッジ）がマーケティング手法として広く使われるようになった。これらの戦術を使えば、わずかなコストで行動を大きく変化させることができる。だが、今日の消費者は10年前よりもはるかにナッジのことを知っている。人々がこれらの戦術を知るようになればなるほど、このような戦術が逆効果になる可能性は高くなる。最近のとある消費者調査で、買い物客に2つの衣料品広告のうち1つを見せるという実験が行われた。2つの広告は1カ所を除いてまったく同じだった。一方の広告には「残りわずか3点！ 今すぐ購入！」というメッセージが表示されたのだ。[*7] これは、いわゆる「偽の希少性」だ。

人々を行動に駆り立てることを目論んだ「回避性燃料」なのである。このメッセージを見た人が商品を購入する確率は低く、ブランドに対して否定的な感情を抱くことも報告されている。興味深いことに、「ブランド・ファン」であればあるほど、このメッセージへの反感は強くなっていた。広告が裏目に出たのは、人々が広告の意図を見抜き、あからさまな心理操作に本能的に反発したためだ。

カリフォルニア州のあるエネルギー会社は、顧客の電気使用量を減らすために、ナッジを使ってその働きかけをすることにした。そして、各顧客の電気使用量を平均的な消費者と比較したレポートをそれぞれに送った。ナッジの心理的影響を考えると、この比較レポートの効果で電気使用量は減ると予測される。政治的にリベラルな顧客には、このナッジが功を奏した。ところが、保守的な顧客はこの比較レポートに自分を操ろうとする意図を感じ、反抗して電力消費量を増やしたのであった（ついでに月々の請求額も増えた）。[*8]

「心理的反発」が発生する要件は何か

どのような状況でもすぐに「心理的反発」が発生するわけではない。人々が反発せずにあっさり指示に従う例はたくさんある。「心理的反発」が最も強くなるのは、次の3つの条件に該当する場合だ。

アイデアが基本的な信念を脅かす場合

もしあなたのアイデアが感謝祭の食卓で避ける話題（政治、宗教、社会正義）に関連するものならば、基本的な信念を脅かすものだと考えてよいだろう。人のアイデンティティーの妥当性を疑うようなアイデアは、強い「心理的反発」を誘発することになる。世界の終わりを予言したカルト教団「シーカーズ」を考えてみよう。彼らの信念はとてつもない代償の上に成り立っていた。信頼、家族、キャリアを犠牲にしている。それほどの犠牲を払っていると、自分の信念が間違っているかもしれないという考えはなかなか受け入れられるものではない。

変わることへのプレッシャーを感じる場合

人は変化を迫られると、自律性を確保しようと本能的に反発する。プレッシャーにはさまざまなものがある。変われなかった場合の罰則や処分もその1つだ。罰則は反発を招く。最近のある研究によると、よくある脱税行為（私的な支出を事業経費として申告するなど）の罰則を厳しくして納税者を脅すのは逆効果で、納税者はますます課税所得を隠そうとするようになることが分かった。

時間もプレッシャーの1つだ。新しいアイデアに慣れるための時間を必要とする場合は多い。どんな影響があるかじっくり考える時間が必要なのだ。せっかちで、みんな一緒にという考えでは、疑問や懸念が解決される前に変わることを求められていると感じる人が出てきかねない。

メッセージの口調が原因になることもある。メッセージが命令のように感じられることはないだろうか？　命令は強い「心理的反発」を発生させる。トイレの落書きの例を思い出してみよう。「落書きは絶対禁止」というメッセージの逆効果はひどいものだった。最悪の戦略は無意味な命令を出すことだ。あなたに強制する権限も能力もないのならば、命令を出すことは決してしてはいけない（この文で私たちはそれをやってしまっているが）。

最後は、役割や状況だ。こうしたもの自体がプレッシャーとなる場合がある。人々はプレッシャーにさらされるものと思ってはいないだろうか？　車のディーラーに来る人は強引なセールスを予想しているものだ。自動車販売の世界チャンピオンであるアリ・リダが克服しなければならない主要な「抵抗」がこれなのである。

オーディエンスがのけ者にされていた場合

最後に考えなければならないのは、そのアイデアの出どころだ。イノベーターがアイデアを思いつき、全部自分で開発してしまう、ということがよくある。変化を採り入れなければならない顧客や従業員は途中で意見を言うことができない。彼らに期待されているのは実行することだけだ。アイデアをデザインする過程に人々を巻き込まなかった場合――意見を求めることも耳を傾けることもしなかった場合――は、「心理的反発」を予測すべきだ。

「心理的反発」は相当に厄介なものだ。イノベーションの目的は、人々が新しいアイデアを受け入れてくれるように仕向けることである。だが、変化を強要されていると感じると人は本能的に反発する。どうすればこの「抵抗」を克服できるのだろうか。その答えは、影響力についての知識をすべて忘れることだ。

10
「心理的反発」を克服する
オーディエンスの自己説得を手助けする方法

変化を無理強いするのはやめよう

「影響を与える」とか「説得する」という言葉を聞いたとき、人はどんな言葉を真っ先に思い浮かべるのだろうか？　最近私たちが行った調査によると、上位を占めた3つの言葉は、「操る」、「納得させる」、「売り込む」だった。人は、「影響を与える」という行為と相手に考えを押しつける行為とを本能的に結びつける。だが、影響を与えることに熟達した人々は、彼らしか知らない秘訣を知っている。無理強いがうまくいくことはめったにない。強要すればするほど「抵抗」は大きくなるからだ。

「心理的反発」を克服するための秘訣は、変化を無理強いするのをやめることだ。相手を説得しようとするのではなく、相手が自分自身を説得できるよう手助けしたほうがいい。この方法で影響を与えたりイノベーションを起こしたりすることを「自己説得」と呼ぶ。自己説得は、変わることについての議論や洞察が内面から生まれたときに始まる。

相手が自分を説得するのを助ける「自己説得」

自己説得の効果をはっきりと示す、疑いようのない証拠がある。禁煙促進効果を調査する簡単な研究が行われたときのことだ。喫煙者は「話し手」と「聞き手」の2つのグループに分かれ、それぞれの喫煙者同士が一対一のペアを組んだ。そして、「話し手」の喫煙者は「聞き手」の喫煙者に対して、喫煙反対を訴える記事を読み聞かせた。つまり、どちらのグループにも同じメッセージが届いているということだ。ただし、話し手にとって、メッセージは、少なくとも表面的な意味においては彼らが発したものである。自分で書いた言葉でないとはいえ、メッセージを口に出していたのは話し手だ。一方、聞き手にとってのメッセージは、他の誰かによって読み上げられた（つまり、聞き手はメッセージを告げられた）。結果を見ると、同じメッセージでも、それを聞かされた人より読み上げた人のほうがその主張に説得力を感じ、禁煙への意欲が高まっていた。メッセージの発信元が内側からなのか他の人からなのかが変わるだけで、説得力に差が出たのである。

自己説得の力は薬物依存の治療の場でも確認できる。米国人の78%が薬物依存やアルコール依存に陥っている。おそらく、あなたの身近な友人や家族の中にも依存症に苦しんでいる人がいるだろう。あなたならどうやって彼らに治療を受けさせるだろうか。感情に訴えるアプローチを取ることもできる。相手が罪悪感を覚えることを期待して懇願するのだ。「あなただけでなく、あなたの家族にどんなことが起きているのか考えてみてよ」と哀願してもいいだろう。あるいは、恐怖をあおるという手もあるかもしれない。改めなければ縁を切ると脅すのである。それとも、もっと分析的なアプローチを取り、薬物乱用の危険性を示す数字や統計を引っ張り出してみようか。だが実は、方法はどうでもいい。というのも、ここに挙げたどのやり方にも同じ問題があるからだ。いずれを取っても、相手に何をすべきかを指示している。考え方を押しつけようとし、薬物使用の危険性や断酒のメリットを説明しようとしているのだ（ちなみに、彼らはメリットについてはもう十分に理解している）。このアプローチではうまくいかないばかりか、おそらく逆効果となり、依存症者はますます治療を受けようとしなくなるだろう。

依存症カウンセラーが取る対処方法はこれより優れている。彼らは、依存症のリスクを説明することも将来への不安をあおることもせず、意外な質問から面談を始めることがよくある。たとえば次のような感じだ。

> 1から10までの目盛りがついた物差しがあると思ってください。〝10〟は、きっぱりと飲酒を止めて一生しらふでいることを無条件に約束するという意味です。あなたは今この瞬間からお酒と無縁の生活を送ることになります。〝1〟は、そのまったく逆で、しらふの生活に何のメリットも見出さないことを意味します。あなたは残りの人生を酒浸りで生きることに何のためらいも、恐れも、不安も感じていません。あなたはこの物差しのどの位置にいるでしょうか？

どの依存症者も自分が依存症であることに対して非常に複雑な思いを抱えている。理性では変わりたいと思っているのに、どうしても薬物やアルコールが欲しくてそれができない。そのため、依存症者は決して〝1〟とも〝10〟とも答えない。ほとんどの人は〝2〟と〝4〟の間のどれかを答える。そして、それこそがカウンセラーの求めている答えだ。なぜなら、「どうして〝1〟ではないのですか？」という極めて重要な質問を投げかけてさらに追及できるからだ。〝2〟や〝4〟と回答したということは、しらふでいることに何らかのメリットを感じていることを意味する。「どうして〝1〟ではないのですか？」という問いかけは、断酒に同意する理由を依存症者本人に考え出させる質問なのだ。カウンセラーは、依存症者を説得しようとするのではなく、依存症者が自分自身を説得するように仕向けているのである。

この例から浮かび上がってくるのが、自己説得の1つ目のルール、「指示するのではなく質問する」である。自己説得をさせるためには、何を考えるべきか指示するのではなく、自己発見につながるような質問をする。自己説得の力を示す例をあと2つ見てみよう。

メモ・カードの力――自分の目標を書き出す

ボブ・ラドスールという名前をご存じだろうか？　ＥＳＰＮ（米国のスポーツ専門テレビチャンネル）が「史上最高の進学校アメフト・コーチ」の称号を与えた男である。彼の物語は、ハリウッドの大作映画『コーチ・ラドスール　無敵と呼ばれた男』の題材になるほど素晴らしいものだ。

ラドスールは35年にわたり、デ・ラ・サール高校アメリカン・フットボール部、スパルタンズのコーチを務めた。その間、無敗のシーズンは20回を数え、驚くべき連勝記録は１９９２年から２００３年まで続いた。そう。彼は丸10年間、無敗だったのである。どんな業界でも一番になるのは大変だが、成功し続けるとなると別次元の話になる。どうすれば17歳の子供たちにハングリー精神を持たせ続け、トップでいるために絶え間なく努力し続けるという考えに賛同させることができるだろうか。ラドスール・コーチの場合、その答えの大部分はごく普通の名刺２枚分ほどのサイズのメモ・カード（インデックス・カードあるいは情報カードと呼ばれるもの）にある。

メモ・カードの秘密について詳しく説明する前に２、３考察してみよう。ボブ・ラドスールは急進的な考えの持ち主ではない。彼は、自分の行動に責任を持つことやチームを第一に考えることなど、米国内のどのロッカー・ルームにも掲げられているような理想を大切にすることをチームに求めている。他のコーチと違うのは、選手たちにこれらの理想を全力で守らせているところだ。

普通のコーチはどうやって能力を引き出しているのだろうか。おそらく、「やる気を引き出すリーダー」と呼ばれるようなタイプの人と同じやり方をしているはずだ。この手のリーダーはがむしゃらに勝利を追い求める。高い基準を掲げ、厳しい言葉と心を揺さぶる熱意を駆使して勝利をものにするのである。ハーフタイムにコーチが熱っぽく語りかけると、選手たちがそれまでとは打って変わって自信を取り戻す――そんな様子が思い浮かぶのではないだろうか。気づいたかもしれないが、これは昔ながらの考え方に基づく影響の与え方である。変化を起こすのはコーチで、コーチが選手たちに情熱と確信を注入するのだ。

このようなステレオタイプの中にラドスール・コーチの姿はない。影響力と求心力を持つ道具としておそらく彼が最も活用したのがメモ・カードだ。このメモ・カードのことを、彼や学校の他のみんなはコミットメント・カードと呼んでいる。その仕組みはこうだ。ラドスール・コーチは毎週2人の選手をペアにする——組む相手は毎回変わる。選手たちはアメフトの3つの側面についての目標をコミットメント・カードに書き出す。コンディション作りの目標（どうやって強くなるか）、練習の目標（どの技術を磨くか）、試合の目標（試合中に何を達成するか）だ。毎週末、選手たちはそれぞれが約束した目標を発表し、守れたかどうかを振り返る。そして、守れなかった場合は「なぜできなかったのだろう？　どうすれば来週はもっと良くなるだろうか？」と自問する。

喫煙者が自らメッセージを読んでいたのと同じで、選手たちの成功はコーチに触発されたからではなく自分で自分を鼓舞したことによってもたらされた。コーチはどうすれば上達するのかを教えていない。ラドスール・コーチは週1回の儀式を考案し、選手が全力で上の上を目指すことを自ら誓うように仕向けた。史上最多の勝利を上げたこの高校アメフト・コーチは、選手が自分自身を奮い立たせる手助けをすることで、選手たちを鼓舞していた。競技場での結果を見ると、「自己説得」を通じてチームが育んだのは、自分の使命に全力で取り組む姿勢であって、試合に必ず勝つという義務感はなかったことがうかがえる。

ラドスール・コーチの物語は自己説得の力を示す素晴らしい例で、なるほどと思わせられる。

だが、これには注意点がある。選手とコーチは第1日目から目標が一致していた。選手たちは既に勝ちたいと思っていた。この点についてコーチが説得する必要はなかった。

では、自分たちの主張に反対する人たちを相手にしているときでも自己説得は有効なのだろうか？　それとも、もともと存在する決意をより強固にさせるためのテクニックでしかないのだろうか？　実は、自己説得はアイデアに反対する人たちに対して有効なだけでなく、それができる唯一の方法である場合も多い。

偏見を弱める――ディープ・キャンバシング

ロサンゼルスに拠点を置くリーダーシップ・ラボは、ＬＧＢＴＱコミュニティに対する差別を減らすことを目的とした非営利団体で、特にトランスジェンダーの権利に重点を置いている。トランスジェンダーの権利は、現在、米国で激しい議論となっている問題だ。生まれ持った性別とは異なる性別に転換できるのかどうか、米国人の意見は真っ二つに分かれている。ピュー研究所（Pew Research Center。米国ワシントンＤＣを拠点として米国および世界の人々の問題意識や意見、傾向に関する情報を調査するシンクタンク）が２０１７年に実施した調査によると、国民のおよそ半分（54％）がトランスジェンダーの権利に反対している。そして、米国内のほとんどの社会問題と同様、政治的分裂は根深い。民主党はトランスジェンダーの権利を圧倒的に支持し、共和党は強く反対しているのだ。[*1]

リーダーシップ・ラボの創設者であるデイヴィッド・フライシャーは、トランスジェンダーの権利についての考え方（そして最終的には政策）を変えるためにこの組織を作った。だが、このように深く根付いた反対派の意識を変えるにはどうしたらよいのだろうか。「ディープ・キャンバシング」という手がある。これはまさに革命的と呼ぶにふさわしい新たなキャンバシング手法（有権者を戸別訪問して投票を依頼したり、関心事や政治的見解を聞き出したりする対話行為）だ。

ディープ・キャンバシングが拠り所としているのは、考えるべきことや投票の仕方を有権者に教えるのではなく、正しい質問をするべきだ、という単純な発想だ。ディープ・キャンバシングの対話の基本的な流れは5つのステップで構成されている。

ステップ1：ある問題について有権者の意見を求める。
ステップ2：どのような信念を持っているのかを探るために、なぜそのように感じるのか訊ねる。
ステップ3：その問題についての個人的な経験を有権者に話してもらう。
ステップ4：有権者が最初に述べた意見に共感を示す個人的なエピソードを訪問調査員《キャンバサー》から伝える。
ステップ5：今問題にしている件についての意見を改めて訊ねる。

実際のディープ・キャンバシングのやり取りは次のような感じになる。会話は、ある問題（例：トランスジェンダーの権利）についてキャンバサーが有権者に意見を求めるところから始まる。

有権者が意見を述べているとき、キャンバサーは注意深く耳を傾けるが、その意見について評価はしない。キャンバサーは有権者の意見に満足なのか残念なのかを顔に出してはいけないのだ。

次に、キャンバサーは有権者に対し、この問題と個人的なつながりがあるかどうかを訊ねる。たとえば、家族や同僚にトランスジェンダーの人がいるかどうかを訊ねてみる。ここでキャンバサーがこの問題にまつわる自身の個人的な経験を話す場合もある。そして最後に、有権者にこう訊ねる。「前回、あなたが本当に困っているときに誰かがあなたのことを思いやってくれたのはいつですか？」これは、不利な立場にいる人たちと自分が無関係ではないことを有権者に感じてもらうための質問だ。この質問がきっかけで、有権者はそれまで自分とはまったく違うと思っていたような人たちが、実は自分と同じ人間だということに自ら気づくことになる。

この手法が従来のキャンバシングとどのように違うのか見てみよう。通常、活動家は、どうしてその活動を支持すべきなのか、その理由を有権者に向かって頭ごなしにまくし立て、異なる意見を持つ人を非難する。デイヴィッド・フライシャーは最近のインタビューでこのように語っていた。「有権者に事実を叩きつけるのではなく、自由回答形式の質問を投げかけてその答えに耳を傾けます。それから、直前の回答に応じて次々と自由回答形式の質問を投げかけていくのです。人が学んだ教訓は、統計情報を突きつけられたときよりも自分自身で結論を導き出したときのほうが記憶に残る、と考えているからです」

ディープ・キャンバシングと従来のキャンバシングとの最も大きな違いは、誰をターゲットにするかという点だろう。従来のキャンバシングでは、自分の支持基盤と、まだ投票先を決めていない有権者とをターゲットにする。しかし、反対意見を持つ人が住んでいる家は訪問しない。なぜか？　反対派が相手の場合、「燃料」ベースのアプローチは裏目に出るからだ。「心理的反発」を引き起こすのである。ディープ・キャンバシングの場合は反対意見を持つ人々を探し求める。反対意見を持つ人が最終的には自分の活動目的に共感するように、全体の枠組みが練られているからだ。

行動科学に基づいて偏見を弱めるため考え出された戦略のうち、その効果が実験室で確認されたものはほとんどない。実験室で確証された戦略のうち実世界に応用されているものはさらに少ない。それでも、ディープ・キャンバシングを支持する証拠には目を見張るものがある。最近の研究に、トランスジェンダーの人々を差別から保護する法律についてフロリダ州の有権者の考えがどのように変わるかを追跡したものがある。およそ５００人の有権者に聞き取り調査が行われた。調査員は、ディープ・キャンバシングを経験した後ではトランスジェンダーの人々に対する嫌悪感が概して大幅に減少していることを発見した。どのくらい減ったのだろうか。トランスジェンダーの権利に対する支持の変化は、１９９８年から２０１２年にかけての、同性愛者の権利に対する米国人の平均的な変化よりも大きかった。この調査を行った研究者は、従来のキャンバシングの手法で有権者の意見を変えようとした他の49件の実験結果とこの結果とを比較したが、有効性が証明された研究はその中に１つもなかった。

「イエス」を引き出す質問をする

こうした事例が教えてくれるのは、人々の賛同を得ようと思ったら、何をすべきかを指示するよりも質問をするほうがアプローチとして優れているということだ。だが、話はそれほど単純ではない。すべての質問が良い質問とは限らないからだ。たとえば、野菜が食べたいかと子供に訊ねたり、給料を上げてもらえないかと上司に訊ねたりするとしよう。問題があるのが分かるだろうか。野菜が食べたいかどうか訊ねたら、子供はきっぱり「ノー」と言うに違いない。これがどう役に立つというのか？　もちろん、何の役にも立たない。このことから分かるのは、正しい質問をする必要があるということだ。

どのように質問すれば、「ノー」ではなく「イエス」を引き出せるのか？　それを知るために、2人の研究者がある小さな町を訪れ、「運転は慎重に」と書かれた大きな看板を前庭に設置させてもらえないかと一軒一軒訊ねて回った。立派な理念の宣伝に協力するためなら見苦しい大きな看板を自宅の前庭に設置してもいいと答えた人は、当然のことながら、全体の20％しかいなかった。この依頼に「イエス」と答えてくれる人の割合を2倍、もしくは3倍に増やさなければならないとしよう。どうすればそれだけの変化を起こせるだろうか？

別の方法を試すために、同じ研究者たちは別の町に行った。そして一軒一軒回り、「安全運転」と書かれた小さなステッカーを車か家に貼ってもらえないかと訊ねた。ご想像のとおり、ほとんどの人がこのはるかに控えめな依頼に同意した。そして1週間後、2人は同じ町を再び訪れ、今度は「運転は慎重に」と書かれた前回と同じ見苦しい看板を自宅の庭に設置してもらえないかと重ねて依頼した。すると、なんと76％もの住民が依頼に応じた。これはいったいどういうことだろうか？

イノベーターは、対立や意見の相違があるところから出発するという過ちをついやってしまう。人は本来、見苦しい大きな看板を庭に設置しようなどとは思わないのだから、そのような依頼をするのは意見の不一致からのスタートだと思って間違いない。これは「ノー」を引き出す質問なのである。だがほとんどの人は、立派な理念に賛同してステッカーを貼るといったちょっとした協力要請になら喜んで応じる。「このステッカーを貼っていただけますか？」と訊ねた場合は、対立ではなく合意が会話の出発点になる。「このステッカーを貼っていただけますか？」は、「イエス」を引き出す質問なのだ。

合意点や一致点を明らかにする質問から始めると、新しいイノベーションやアイデアは一段と受け入れられやすくなる。人は「イエス」と答えているうちにプロセスに関与しているという感覚を強めていくため、新製品についての感想を求めたり請願書への署名を依頼したり、といった小さな頼み事にイエスと答えてもらうことができれば、人々を自己説得に導くことができる。そして、大きな頼み事をされる頃には、その人たちは既にそのアイデアに賛同しているのである。

レストラン業界で大きな問題となっている「ノーショー」に、この〝イエス〟を引き出す質問をする」アプローチを応用してみよう。ノーショーとは、予約を無断キャンセルしてレストランに姿を現さない客のことである。ノーショーは大きな問題だ。特に、席数の少ない高級レストランでは、たった1件か2件のキャンセルでも、利益が出るはずのところで損失を被ることになってしまう場合がある。

レストランのオーナーになったつもりで考えてみよう。あなたなら、ノーショーの割合を下げるために何をするだろうか？　無断キャンセルに罰則を設ける（例：ノーショー料を請求する）こともできるが、そうすると客足が遠のくかもしれない。ロバート・チャルディーニ（１９４５年〜。社会心理学者）は、その名著『影響力の正体　説得のカラクリを心理学があばく』（岩田佳代子訳、SBクリエイティブ）の中で、あるレストラン・グループが自己説得を活用してこの問題を解決した事例を紹介している。電話での予約（１９９０年代の話だ）は受け答えマニュアルに沿って行われる。そして、「いらっしゃれない場合はキャンセルのお電話をください」と丁寧に依頼して電話を切る。だが、基本的にこれは要求である。何をすべきか指示しているからだ。

あるレストランがこのマニュアルに一見些細な（それでいて巧妙な）変更を加えた。キャンセルの連絡をするようにと指示するのではなく、「〝イエス〟を引き出す質問」をすることにしたのだ。そして、「いらっしゃれなくなった場合はキャンセルのお電話をいただけますか？」と訊ねる形で会話を締めくくるようになった。反抗挑戦性障害（周囲の人に対して拒絶的・反抗的な態度を取り、口論をしかけるなどの挑戦的な行動を起こしてしまう疾患）の客でない限り、この質問への答えは「イエス」であるはずだ。この、「指示する」から「訊ねる」へのちょっとした変更でノーショーの割合は大幅に下がった。

セールスの分野ではこのテクニックを「イエス誘導法」と呼んでいる。つまり、同意で始まる質問をするということである。激しく敵対している人が相手であっても一致点はほぼ必ずあるものだ。私たちが一緒に仕事をしている経営コンサルタントはこんなアドバイスをくれた。「自分とは反対の意見を持つ人を相手にするときは、『自分と違う考え方を受け入れる用意はあるか？』という質問から会話を始めるといい。相手の反対感情が強い場合はなおさらそうしたほうがいい」そうすると、人は、この質問には「イエス」と答えなければならないという強いプレッシャーを心の内に感じる。そして、この経営コンサルタントの経験では、「はい、あなたの意見を聞きたいです」と相手に言わせることができれば、「心理的反発」が解消して心を開かせることができる。

朝鮮戦争で米兵捕虜が受けた洗脳の仕組み

念のためにいっておくと、これは洗脳の仕組みでもある。「洗脳」という言葉は朝鮮戦争のときに作られた。1952年、米海兵隊の大佐であったフランク・シュワーブルが北朝鮮軍に捕まり、捕虜となった将校の中で最高位となった。[*2]

1年後、シュワーブルは公の場に姿を現したが、これが米国民に衝撃を与えることとなる。大佐は、米軍が北朝鮮の兵士や民間人に生物兵器（炭疽《たんそ》菌やペストなど）を使っているという虚偽の自白をしたのである。だが、シュワーブル大佐は始まりに過ぎなかった。数カ月の間に5000人を超える米国人捕虜が、北朝鮮国民に対して戦争犯罪を行ったとする虚偽の供述書に署名したのだ。そして最後には、米国がこの戦争から撤退した後も20人の米兵が本国送還を拒否するという屈辱的な事態が起こった。

一連の事件は米国政府を恐怖に陥れた。共産主義者が新しい武器を開発し、思考の制御を可能にしたのではないかと恐れたのである。この脅威に対抗するためにCIAはMKウルトラ計画を考案し、LSDなどの向精神薬を使って洗脳が可能かどうかを実験した。思考力を失った工作員が邪悪な組織にひそかにコントロールされるというアイデアは、米国民にとって非常に魅力的な大衆文化のコンセプトとなった。『影なき狙撃者』、『時計じかけのオレンジ』、『ボーン・アイデンティティー』、『ズーランダー』などの映画で、この仕掛けがプロットに使われている。

だが、どういうカラクリなのだろうか？　どうして米兵はあっという間にプロパガンダの操り人形になってしまったのだろう？　帰国した捕虜を調査した科学者たちは、ほとんどの洗脳が一見すると他愛もない質問から始まっていたことを発見した。米兵捕虜に投げかけられたのは、「完璧な国はないということに同意するか？」という質問だった。完璧な国などないと誰もが思っているはずであるから、要するに彼らは「〝イエス〟を引き出す質問」をされたのである。そして、この明白な真実に同意した米兵は、極めて重大な次のような質問で追い打ちをかけられた。「あなたが言うように完璧な国などないのであれば、あなたは自分の国を不完全だと思っているはずだ。あなたは政府のどのような点に失望しているか？」これは、米兵に自国政府との関係を絶つよう自己説得をさせるための一連のステップの第1段階だ。拷問すれば何でも言わせることができる。だが、拷問しても兵士にこのような事柄を信じ込ませることはできない。そうなるためには、プロパガンダが内面から湧き出て来なければならないからだ。

決定事項を「実験」と捉える

どのような状況でも自己説得が有効というわけではない。たとえば、厳しい時間的制約がある場合は、人々をこのプロセスに巻き込むことは難しい。あるいは、上層部で決定が下され、自分の仕事は上の考えを伝えて変化が起こるようにすることだけ、という場合もあるかもしれない。そのような場合は強い「心理的反発」が生まれやすい。そこで、自己説得という手段が使えない場合は、決定事項を実験やパイロット・テストと捉えることを検討してみてはどうだろうか。実験は結果で判断される。思ったような結果が得られない場合は実験の変更や中止もあり得る。ある取り組みを命令ではなく実験と捉え直すには、次のような言い方をするとよい。「新しいアプローチを試してみようと思う。5週間やってみて思うような結果が得られなければ、やり方を見直して変更するつもりだ」。柔軟に対応することを伝えれば、実験の形を取るこのアプローチを使って、一方的な決定から生まれる強い「抵抗」を和らげることができるだろう。

トップダウンではなく全員参加だとうまくいく

ちょうどいいので、ハーウッド・マニュファクトリーの事例を紹介しよう。ハーウッド・マニユファクトリーは婦人服を製造していた。工場を経営していたのは、先見性のある若き起業家、アルフレッド・マローである。マローはビジネスの世界に入る前に心理学の博士号を取得していた。そして、あのクルト・レヴィン（1890年〜1947年）の下で働いていた。レヴィンは社会心理学の父と呼ばれることも多く、彼が最初に確立した行動変革に関する理論は、今でも大きな影響力を持っている。マローは自分たちが研究室で開発したアイデアを実世界で試してみたいと思っていた。そして40年にわたり、ハーウッドの工場を先進的な管理手法の実験場として活用した。[*3]

マローが強い関心を向けた1つの疑問は、どうすれば従業員が変化を受け入れるようになるか、というものだった。工場はこの問いを探求するのにうってつけの場所だ。工場の仕事は決められたことの繰り返しである。仕事のやり方にいったん慣れてしまうと、従業員はそれを変えたがらないとよく言われる。だが、変更は必要だ。プロセスや手順を絶えず改良しなければ製造工場は競争力を維持できない。ライン・マネージャーはどうすればいいのだろうか？　それを探るために、アルフレッド・マローはある実験を考案した。

工場幹部は製造工程の中にコスト削減の見込みがあることに気づいていた。だが、それをものにするには、従業員がいくつかの習慣を止めて新しいやり方を覚えることが必要になる。従業員は2つのグループに分けられた。一方の「無参加グループ」の従業員は一室に呼び出され、新しい作業手順を導入することになったと経営者から告げられた。その後、作業手順の新たな変更点についてマネージャーから事細かく説明を受けた。新しい技法の訓練を受けた従業員は、新しい方法で製造するようにとの指示を受けて仕事に戻された。これは典型的な指揮統制型の感化手法で、1950年代の製造業では一般的だったはずだ。

もう一方の「全面参加グループ」では経営者が従業員に問題点を説明し、コスト削減のための解決策を考えるよう求めた。経営陣と従業員は力を合わせて最適なアイデアを選び、新しい作業手順作りに協力して取り組んだ。興味深いことに、こちらのグループのほうが無参加グループよりも大きな手順変更に賛成した。そして、共同作業であったこともあり、変化を引き起こしてそれを実践するのには、1時間の会議で済んだもう一方のグループよりもかなり多くの訓練と緻密な計画が求められた。そのためいろいろな意味で、必要とされる変化は全面参加グループのほうが大きくなった。

イノベーションに対するこれら2つのアプローチの差はすぐに表面化した。無参加グループの様子は、変化を嫌う従業員を絵に描いたようであった。新しい手順に対する不満がたちまち噴出し、マネージャーと従業員の関係が悪化。従業員の士気も低下した。そして何より大きかったのは、無参加グループの生産量が劇的に低下したことだ。以前の約3分の2まで生産量が落ち込み、1カ月の観察期間中ずっと低いままだったのである。

一方の全面参加グループはまったく異なる反応を示した。最初は生産性が低下した——新しいプロセスにまだ慣れていなかったためだ——が、その後は生産量が元に戻っただけでなく、以前の水準を上回ったのである。従業員は文句を言うどころか変化を受け入れていたし、経営陣と従業員の関係は誰が見ても良好であった。つまり、変化を強いられた従業員（無参加グループ）は変化に反発したが、変化のプロセスへの参加を要請された従業員（全面参加グループ）は変化を受け入れたのである。

この最初の研究を見て思い浮かぶのは、自己説得に導くもう1つ方法、「コ・デザイン」と呼ばれるアプローチだ。イノベーターは全部の脚本をつい自分で書き上げようとしがちだ。自ら問題を突き止め、最適な解決策を自分で判断する。オーディエンスはイノベーターの緻密な指示にひたすら従わされる。このやり方だと、あらゆることを自分でコントロールできるためイノベーターにとっては魅力的かもしれない。だが、自分のアイデアを受け入れてもらいたいのであれば、人々をそのプロセスに招き入れる必要がある。

利害関係者たちとともに作る――コ・デザイン

デザインの世界では、利害関係者《ステークホルダー》とともに集団として創造するプロセスを「コ・デザイン」と呼んでいる。コ・デザインの根本原理は、新しいアイデアや取り組みをデザインするプロセスへの積極的な関与を求められた従業員や顧客や利害関係者は、デザインが出来上がったときにそのアイデアを受け入れたい、実行したいと思う気持ちがより強くなる、というものである。結果として自分で作り上げたという感覚を抱くことになるため、アイデアそのものの支持者となり管理人となるのである。コ・デザインはプロダクト・デザイナーや建築家、芸術家、戦略家も実践しているテクニックだ。

シカゴの中心街に7600平方メートルの床面積を誇るマター（MATTER）というヘルスケ

ア・テクノロジー専門のインキュベーター施設がある。2015年に設立されたこの施設のミッションは、ヘルスケア分野の起業家支援として、スタートアップ企業を対象に、安価なオフィス・スペース、専門家の指導や助言、トレーニング、ワークショップ、ヘルスケア業界の重要なプレーヤーたちとの接点を提供することだ。当初からマターに求められていたのは、関心事が千差万別で競合することも少なくない多様な「顧客」に価値を提供できる、独立した非営利組織として開設することだった。

大手製薬会社や医療技術会社には、スタートアップ企業に対してオープンかつ公平に協力する姿勢を示してもらわなければならない。起業家には、同じ関心事やリソースをめぐって競合する可能性が十分にある他の起業家がコミュニティ内にいても、安心してその近くでビジネスを構築してもらわなければならない。新しいベンチャー企業の誕生を支援するためには、ライバル関係にある大学や研究機関にマターのエコシステムに仲良く参加してもらわなければならない。そして、おそらく何よりも難しいのは、助成金やリソースをどの機関が提供するのか、アイデアが成功した場合にそれを誰の功績とするのか、これらの点について州政府と市政府の賛同を得る必要があることだった。

対応すべき相手と優先事項がこれだけ多様なのだから、誰もが満足する環境やビジネスモデルを設計するのは困難が予想された。マターの成功の鍵は、参加する個人や団体に互いの関わり方を自ら進んで変えさせたことだ。参加する大組織や大企業は自律的な運営でそれまでうまくやってきていた。それに対して今度は連携を求めるわけだが、普通のやり方ではうまくいかないはずなのだ。ヘルスケア業界の明るい未来への期待、イリノイ州知事やシカゴ市長からの激励、起業家精神やイノベーションの力を示すデータでは、ライバル同士を参画させるのに不十分だった。

この多様な団体に、マターのビジョンに積極的に関与してもらうために、設立チームはコ・デザインに目を向けた。マターチームは共同ワークショップを何度も実施し、利害関係者を招いては施設のデザインを手伝ってもらった。参加者はそれぞれのニーズに合った方法でマターを利用できるよう、さまざまな要素についてブレーンストーミングを行い、概略図を描き、模型を作った。また、新しい施設での交流がどのような感じになりそうかを確認するために、参加者がストーリーボードを作成したり、場合によってはロールプレイまでしたおかげで、明らかに「抵抗」が生じそうな部分を浮き彫りにすることもできた。

結局、利害関係者の提案したすべての機能やアイデアが最終的な「成果物」に組み込まれたわけではなかったが、マターがオープンしたときにはほとんどの関係者がそれぞれの関わった痕跡をデザイン上に見ることができた。さらに重要なのは、こうした多様なグループの意見やアイデアや懸念が聞き入れられたのがデザイン・プロセスの最中であって、後ではなかったことだ。これが、ミッションに関わっているという感覚をより深く浸透させた。マターがようやくオープンしたときには、マターの提供する価値を誰かに「売り込む」必要はなかった。その価値は既に理解されていたからだ。

マターは2015年2月にスタートアップ企業30社と戦略的パートナー約20団体で発足した。戦略的パートナーには、イリノイ州とシカゴ市の他にシカゴ地域の大半の大学、病院、研究機関が含まれていた。現在、マターには300社を超えるスタートアップ企業が加盟し、60を超える企業や戦略的パートナーが参加している。マターが支援する企業は17億5000万ドルを超える資金を調達し、5000人以上の雇用を創出。3億人の患者の生活に影響を及ぼしている。

自己説得の3つのルール

自己説得の目的は、人々の内面に自分の力でメッセージを吸収させることだ。つまり、気づきを押しつけるのではなく、自ら気づいてもらうことで「心理的反発」の発生を防ぐのである。[*4] アイデアから「心理的反発」を取り除くための戦略として、「〝イエス〟を引き出す質問をする」と「コ・デザイン」の2つを確認した。ここでは、自己説得力を高めるためのルールをあと3つ紹介する。

ルール1：自己説得は目安箱方式では無理

いわゆる「目安箱」方式を使って自己説得に導こうとする人をよく見かける。新しいアイデアや取り組みのことを発表し、人々に意見を求めるのである。だが、「アイデアや提案があればメールを送ってください」というやり方は2つの理由で失敗する。まず、このような依頼に応じる人がどのくらいいるだろうか。さほど多くはないはずだ。なぜなら、最も「抵抗」の少ない道は依頼を無視することだからだ。なんとなく参加を呼びかけても、人々に参加してもらうことはできない。

「目安箱」方式が失敗するもう1つの理由は、人々に発言権を与えること――意見を言わせること――が自己説得の十分条件にはならないことだ。これはよくある誤解だが、自己説得の目的は単に人々に話をさせることではなく、こちらの意図した気づきに導くことだ。だから、「イエス」を引き出す質問が欠かせないのである。アンケートで意見を求めても、こちらの意図する方向に人々を誘導することは、おそらくできない。参加を呼びかけたことで間違った結論に導いてしまったら、むしろ害になる。

ルール2：メンバーにコミットメントを発表させる

人前で約束すると自己説得の力は一段と強くなる。ラドスール・コーチのコミットメント・カードを思い出してほしい。選手たちには週ごとの目標を自分だけに向けて書かせることもできたはずだ。だがそうはせず、チームメイトと目標を共有させた。コミットメント・カードの内容を発表すると責任感が芽生える。部室に集まった大勢の仲間に向かって自分の計画や目標を話すと、目標を達成しなければならないという気持ちが強くなるのだ。だが、そのプレッシャーはどこから来るものだろうか？　内面からだ。外からプレッシャーをかけられると、「心理的反発」が増幅するため逆効果になる。変化に対する内面からの強いコミットメントこそ、イノベーターが求めているものだ。

デイリー・スタンドアップ・ミーティングは人前で約束させる場の素晴らしい例だ。デイリー・スクラムやモーニング・ロールコールとも呼ばれるデイリー・スタンドアップは、ソフトウエア開発チームでよく使われる日次ミーティングである。毎朝、短い（15分以内）チーム・ミーティングを開き、チーム・メンバーは1人ずつ次の3つの質問に答える。「開発チームが目標を達成するために私は昨日何をしたか？」、「開発チームが目標を達成するために私は今日何をするつもりか？」、「私や開発チームが目標を達成するのを妨げる障害はあるか？」

デイリー・スタンドアップにはいくつかの機能がある。まず、チームの意識合わせと情報共有に役立つ。そして、孤立化を防ぎ、共通の目的意識を醸成することができる。だが、共同作業上のメリット以上にデイリー・スタンドアップが役に立つのは、プロジェクトに対するコミットメントのレベルを高め、維持できる点だ。チーム・メンバーは自分がどのように目標を達成するつもりなのかを毎日チームに伝えている。ラドスール・コーチが指導した選手たちと同じように、チーム・メンバーは人前で約束しているのである。このように、自己説得をひたすら実践することで、ミッションへの取り組み姿勢はますます献身的になっていく。

ルール3：参加を実質を伴ったものにする

最後になるが、自己説得が最も力を発揮するのは、参加することに意味があり、人々が期待する以上に関与できる場合だ。ハーウッドの実験で確認したことだが、アイデアを出す段階から深く関わった従業員（全面参加グループ）は変化を受け入れ、関わらなかった従業員（無参加グループ）は変化を拒否した。話に出さなかったが、この実験には3つ目のグループがあった。そのグループは「代理人を通じた参加」が認められていた。無参加グループと同様、このグループも新しい手順に従うようにと指示された。ただし、無参加グループとは異なり、変更のプロセスにおいていくらかの発言権が与えられた。懸念点やアイデアがある場合は、あらかじめ任命されていた代表者を介して経営陣に伝えることができる、としたのだ。この3番目のグループは、予想どおり、無参加グループとまったく同じ反応を示した。

要するに、簡略版の参加や内容を伴わない参加をさせて思わせぶりをしても自己説得は始まらないということだ。ディープ・キャンバシングは奇抜な手法ではない。人々に話をさせるための裏技でもない。有権者と深く関わり合う、驚くほどよく考えられたプロセスなのだ。有意義な関わり合いをしなければ、変化に対する激しい反対を撃破することはできない。

「心理的反発」の大きさを測る問い

「心理的反発」を和らげるには、まず「心理的反発」の強さがどの程度かを知る必要がある。「心理的反発」が最も強くなるのは、人々の強い信念（政治や宗教）を否定するようなアイデアである場合と、人々が変化を迫られていると感じる場合、そしてアイデア作りに人々を巻き込まなかった場合だ。あなたのイノベーションや変革の取り組みがどの程度の「心理的反発」を誘発しそうか、それを算出するために次の3つの問いに答えよう。

1. **私のアイデアは人々の核となる信念を脅かしているだろうか？**　これは、あなたが起こそうとしている変化に対してオーディエンスが心を開いているかどうかを判断するための質問だ。感謝祭の食卓で避ける話題（政治、宗教、社会正義）に関連するアイデアは、核となる信念を脅かすと考えてよいだろう。

2. **変化を迫るようなアプローチをしていないだろうか？**　人は変化を迫られると、自律性を確保しようとして本能的に反発する。プレッシャーにはさまざまなものがある。変化しないことに対する罰則、時間的制約、要求の厳しいメッセージ。これらはすべて、強い「心理的反発」を発生させる原因だ。

3. **オーディエンスを締め出していたか？**　そのアイデアは全部自分で作り上げたものだろうか？　それとも、アイデア作りのプロセスでオーディエンスに何らかの役割を果たしてもらっただろうか？

「心理的反発」を和らげる2つのテクニック

「心理的反発」を克服するための秘訣は、変化を無理強いするのをやめることだ。相手を説得しようとするのではなく、相手が自分自身を説得できるよう手助けをしたほうがいい。この方法で影響を与えたりイノベーションを起こしたりすることを自己説得と呼ぶ。自己説得は、変わることについての議論や洞察が内面から生まれたときに始まる。この章では、人々が自分自身を説得できるように導く方法として、「〝イエス〟を引き出す質問をする」、「コ・デザイン」の2つを見てきた。

「イエス」を引き出す質問をする

1. **質問しているのか、指示しているのか、どちらだろう？** 何をすべきかを人に指示するのは一種の圧力だ。質問すると「心理的反発」はなくなる。

2. **「イエス」を引き出す質問をしているだろうか？** イノベーターは、対立や意見の相違があるところから会話を始めるという過ちをついやってしまう。合意点や一致点を明らかにする質問から始めると、新しいイノベーションやアイデアが受け入れられやすくなる。

3. **約束を発表させることはできるか？** 人前で約束すると自己説得の力は一段と強くなる。

コ・デザイン

1. **アイデア作りの工程にオーディエンスが参加することはできるだろうか？** コ・デザインの根本原理に従い、新しいアイデアをデザインするプロセスに人々を積極的に関与させよう。そうすると、デザインが出来上がったときにそのアイデアを受け入れたい、実行したいと、より強く思ってもらえる。

2. **参加が実質を伴ったものになっているか？** 簡略版の参加や内容を伴わない参加をさせて思わせぶりをしても自己説得は始まらない。コ・デザインの効果が最も大きくなるのは、参加することに意味があり、人々が期待する以上に関与できる場合だ。

11　3つの事例研究

「抵抗理論」を実践する

「抵抗レポート」を使って分析し戦術を考察

ここからは、事例研究として実際の3つのシナリオに「抵抗理論」を当てはめて考察していく。状況はどれも複雑で、どのシナリオにも明確な1つの正解があるわけではない。意図的にそうしてある。それぞれの事例について、私たちが「抵抗」とみなしたものを分析し（私たちが見落とした「抵抗」を読者の方が見つける場合があるかもしれない）、変化に対する「抵抗」を克服するためにイノベーターが使った戦術を考察している。いくつかの事例では、イノベーションの新たなチャンスを見つけ出すために抵抗理論のレンズを使っている。また、市場に送り出したときにそのイノベーションが受けるであろう逆風の存在と大きさを評価するためにこの理論を活用した事例もある。

それぞれの事例について考察した内容は、「抵抗レポート」と呼ばれるワークシートに記録した。私たちは、4つの「抵抗」がイノベーションや変革の取り組みに与える（あるいは与えるであろう）影響の究明や予測をしやすくするために、「抵抗レポート」を使用している。「抵抗レポート」は、同僚やチームメイトと協力し合って記入することを想定して作成されている。このワークシートを記入する主な目的は、レポートそのものというよりも、レポートを作成しながらメンバー同士で議論や討論を行うことにある。このワークシートは、「抵抗」の発生状況とその相対的な大きさについての仮説を記録する手段として、驚くほど役に立つことが分かっている。タイプの異なるシナリオに「抵抗理論」を適用した今回の事例が、読者の皆様がご自身のイノベーションや変革の取り組みについて同様の分析を行う際の参考になることを願っている。

ちなみに、抵抗レポート（および、「抵抗理論」の原則を適用しやすくするために開発された他のさまざまなワークシート、ツール、コンテンツ）は、https://www.humanelementbook.com で閲覧・ダウンロードできるようになっている。

事例研究その1　石油から起業への転換を成功させたドバイ

アラブ首長国連邦（ＵＡＥ）のドバイ首長国（以下、ドバイ）は、数十年にわたり、国民所得の大部分を石油生産に依存してきた。１９９０年までは石油収入がドバイのＧＤＰの24％を占め、ＵＡＥは中東で第3位の経済大国だった。ところが、それからわずか10年後、状況はがらりと変わっていた。ドバイの海底油田が枯渇し始め、石油生産量が減少し出したのである。石油産業におけるドバイの役割は、石油の純輸出国から純輸入国へと激変した。かつてはＵＡＥの総収入の4分の1近くを占めていたこの天然資源の寄与率は、２０２０年までに1％未満に落ち込むことが予想された。中東地域でも世界でも突出した国であり続けるために、ドバイは経済成長の新たな原動力を見つける必要に迫られた。

このような状況の変化を受け、ドバイの指導者たちは将来の繁栄を確実なものにするために、経済成長の新たな源泉――スタートアップ――を育成すべき時期に来ていると判断した。この後ドバイは急速に進化を遂げ、この地域のイノベーションと起業活動の拠点となる。だが、成功するためにはたくさんのことを変える必要があった。

ドバイ未来財団

２０１６年、ドバイ政府はドバイ未来財団（ＤＦＦ：Dubai Future Foundation）を設立した。ＤＦＦのミッションは単にドバイを起業とイノベーションの拠点にすることではなかった。そこにはもっと野心的な計画があった。政府は国内からイノベーションが生まれることを望んでいた。単に海外の著名な起業家の事業を誘致するのではなく、ドバイの若者を起業家として成功させたいと考えていたのである。ＤＦＦの副ＣＥＯ兼最高執行責任者であるアブドゥラジズ・アルジャジリは、ドバイが育成しようとしていたのはスタートアップ企業だけではなかったという。「新しいベンチャー企業の設立よりもっと重要なのは、若年層の国民や在住者に起業家精神を持たせることでした」アルジャジリとＤＦＦは、起業家的思考（満たされていないニーズを市場から探し出し、新しい製品やサービスでそれをいち早く解決しようとする姿勢）があれば間違いなくスタートアップ企業が誕生するだろうが、それによってドバイの若い世代は問題解決全般についてより創造的に発想できるようにもなるはずだと、確信していた。ドバイが将来的に経済面で成功するために不可欠なのはこのメンタリティーだと、彼や国の指導者たちは感じていたのだ。

ＤＦＦは、ドバイ政府から幅広い支援を受け、ドバイの若者たちが起業家としてのキャリアを考えるきっかけとなるような複数のプログラムの立ち上げにただちに取りかかった。都市や国をイノベーションの中心地にしようとするときには、一定の戦略に基づいて計画を実行するものだ。ドバイは独自のスタートアップ・ブームを起こすため、次のような計画を実行に移した。

- ■プログラミング、デジタル・マニュファクチャリング（デジタルを採り入れたモノづくり）、応用研究・開発などの新技術をテーマにした、ドバイの若者向け教育プログラムの創設。
- ■生まれたてのテクノロジーやスタートアップを触発、誘致、育成するために、街のあちこちに美しいコワーキング・スペースやイノベーション施設を建設。
- ■新しいベンチャー企業が融資を受けたり、ドバイ内外の業界専門家から助言をもらったりできる「アクセラレーター」プログラムの立ち上げ。
- ■国民の注目を集め、ドバイの若者の起業を促進するためのマーケティング・キャンペーンの実施。

ドバイは新しいスタートアップ企業が洪水のように押し寄せても歓待できるだけの準備を整えた。ところが、期待に反して起業家はぽつりぽつりとしか現れなかった。活気に満ちたスタートアップ国家というビジョン、真新しく美しい施設、メンター・プログラム、プログラミング・コースには胸躍るものがあったが、起業に踏み切ろうとする若きドバイ人はほとんどいなかった。学生に詳密なインタビューを実施し、ドバイの若者たちが歩むさまざまな職業人生を調査したところ、起業を妨げる原因となっているものが何なのかがはっきりと見えてきた。

惰性：プログラムがスタートした当時は、起業家になるというアイデアは聞いたこともない概念だった。米国の大学生とは異なり、ドバイの学生は21歳で起業して事業主になるという野望をそれまで抱いたことがなかったのだ。シリコンバレーの文化や自分の意志で仕事ができること、短期間で裕福になれる、といった魅力に触発されて、米国中の大学生が寮の自室で新しいプロダクトを発明するのに対し、ドバイの学生たちはもっと身近なものを志していた。当時、卒業後の職として人気だったのは公務員であり、政府の一員として働くことだった。要するに、起業家としてのキャリアを目指すことは現状からの大転換であり、これは強い「惰性」が働くことを意味していた。その一方で、大学生はしっかりとした職業観を持っておらず、4年間の教育課程を終えるまでには、起業家になるという考えに馴染んでいく時間と機会がある。

労力：DFF設立当時、ドバイでの起業のプロセスは複雑で時間もお金もかかった。第5章で触れた世界銀行の「起業しやすさ」ランキングで、ドバイは31位だった。若き起業家が素晴らしい起業のアイデアを思いついてから事業を開始できるまでに、1年以上かかることもあった。会社設立にかかる費用は高く、登記や手数料で10万ドル以上かかることもあり、問題はさらに深刻であった。

だがひょっとすると、「労力」に関連する最大の課題は「茫漠感」だったかもしれない。会社設立のプロセスは初めて起業する人にとってはとりわけ分かりにくく、事業許可を取得したり法人用の銀行口座を開いたりと、複雑な手続きを踏まなければならないため、起業意欲が相当旺盛な人であっても二の足を踏んでしまうのであった。また、参考にできるような確たる起業の伝統がないため、起業の道筋を示してくれるメンターもなかなか見つからなかった。

感情面の抵抗：スタートアップの成否に関して言うと、新しいベンチャー企業の90％は最初の1、2年でつぶれるというのが常識的な見方だ。サンフランシスコでは、スタートアップをつぶしたことは名誉の証しとみなされる。結果はどうあれ、起業家が得た経験は、次の起業に活かすことができる貴重な教訓になると考えられているからだ。だがドバイでは、ビジネスの失敗はまったく別のことを意味する。ベンチャーが失敗すれば起業家本人も恥をかくだろうが、家族にも恥ずかしい思いをさせる可能性があるのだ。

失敗を恐れるこの気持ちが変化を阻む大きな障害になっていた。従来からある他の学問を究めることもできるのに、失敗する可能性が高い起業というものに我が子が強く惹かれることを、どうして大学生の親が望むだろうか？　我が子の将来にとって、そういうものは害にはなっても助けにはならないのではないだろうか？　娘や息子が起業を目指すのを支援するという選択は、親にとって何を意味するのだろうか？　失敗につきまとうこうした偏見が、ドバイの学生に起業の道を歩ませようとする働きかけの大きな障害となっていた。

抵抗レポート｜ドバイの起業支援

アイデア｜ドバイの若者たちに起業家になることを促す
オーディエンス｜ドバイの大学生

惰性

強度　低　中　高✓

- □このアイデアは現状を打破するタイプのアイデアか？
- □このアイデアに慣れる時間を人々に与えたか？
- □提案している変化は徐々に起きるものだろうか、それとも1回で大々的に起きるものだろうか？

起業家になるというアイデアは聞いたこともない概念だった。ドバイの学生たちの夢は政府の役人になることであり、起業家になることではなかった。起業家というキャリアを目指すことは現状からの大転換である。

労力

強度　低　中　高✓

- □変化を採り入れるためにどの程度の肉体的・精神的な苦労が必要か？
- □望まれているとおりに変化する方法を人々は知っているだろうか、それとも取るべき道が茫漠としているだろうか？

ドバイでビジネスを始めるプロセスは茫漠として分かりにくく、時間もお金もかかった。それぞれ単独でもかなりの「労力」を要するが、それらが1つになると、何もできなくなるほどの抵抗になる恐れがある。

心理的反発

人々に変化を迫るようなアプローチはしなかったし、対象者を除外することもなかったため、「心理的反発」はほとんどなかったはずだ。

- □変化を迫るようなアプローチをしていないだろうか？
- □アイデア作りや企画のプロセスからオーディエンスが締め出されていなかったか？

強度　低✓　中　高

感情

スタートアップの成功率が低いことや起業に失敗することへの偏見が、学生に恐怖や不安を感じさせる原因になっていた可能性が非常に高い。だが、（子が選ぶ教育課程に強い影響力を持つ）親への影響のほうがもっと大きかった。

- □提案している変化についてオーディエンスはどの程度の脅威や不安を感じそうか？
- □このアイデアが人々の多様なニーズを損なう可能性はあるか？

強度　低　中　高✓

心理的反発：ドバイの若者たちに対して、起業家としてのキャリアの検討を促すさまざまな活動が行われた。だが、（賢明にも）政府がその道を選ぶよう強制することはなかった。変化を強要されてはいなかったため、この状況で「心理的反発」が発生する可能性は低いと思われる。

「抵抗」を克服する

２０１８年、ＤＦＦは「学生起業家プログラム（University Entrepreneurship Programme）」と呼ばれる取り組みをスタートさせた。その目的はただ1つ、新規事業の立ち上げを希望する大学生がスムーズに前進できるよう、「抵抗」の少ない道をデザインすることだった。このプログラムでは、学生たちの行く手を阻む「抵抗」の中でも特に大きな2つに焦点を当てた。

ＤＦＦがドバイから続々と若い起業家が現れることを願っているのであれば、さらなる構造改革や組織変更が必要になることは「労力」の分析から明らかだった。健全なスタートアップ文化の大きな特徴は、起業家が次々に行動を起こし、短いサイクルで試行錯誤を繰り返すことだ。このような文化を下支えするためには、政府が会社設立のプロセスをデザインし直して、このスピードへの要求に対応できるようにする必要があった。

フリーゾーン：２０１９年5月、政府はドバイにある大学のキャンパスに「Free Economic and Creative Zones（経済・創造特区）」と呼ばれるフリーゾーンを設置した。フリーゾーンが設置された大学は、ドバイの他の地域とは異なるルールで活動できるイノベーション特区となった。フリーゾーン内では、数日以内に大幅な値引き料金で新しい会社を設立して営業許可を取得することができた。また、会社設立に関わる諸問題（法律、会計、ITなど）について業界の専門家からアドバイスを受けることも容易にできるようになった。法律、会計、ITなどに関する相談サービスはどれもベンチャー企業の立ち上げに不可欠なものであり、学生起業家プログラムが開設される以前はそうしたサービスを見つけるのが困難だった（そして、おそらく高額で手が届かなかった）はずだ。

スタートアップ助成金：このプログラムでは、初めて起業する人を対象に最大10万AED（UAEの通貨、ディルハム）のスタートアップ助成金と設立資金を支給し、給与コストをまかなえるようにするとともに、若い創業者が親からの経済的支援なしで事業を始めるために必要な運転資金も提供した。

ロードマップ：最後に、学生がビジネス構築の道のりを歩んでいけるようにするために、7ステップの成長ロードマップが作成された。これにより、学生たちは、発足から事業開始に至る成長の各ステップでどのようなリソース（資金面、運営面、コミュニティ）が利用できるのか、どうすれば利用できるのかを具体的に知ることができるようになり、初めて起業する人がベンチャー企業の設立プロセスに覚える茫漠感が解消された。

失敗への恐怖を克服する

最大の課題の1つは失敗に対する恐怖心を克服することだった。起業という発想に対する国民感情を変えるには、事業に失敗することへの偏見を取り除く必要があった。これは学生とその親の両方に言えることだが、おそらく親の意識を変えることのほうがはるかに重要だった。アブドゥラジズ・アルジャジリは次のように語っている。「親は、自分の子供が学業に専念せず、在学中に会社を作るつもりであっても平然としている必要がありました。これは常識の大転換でした。正直なところ私たちは、学生が起業したいと思ってくれるかどうかについてはさほど心配していませんでした。当時、起業するというアイデアは非常に刺激に満ちていたからです。私たちがやるべきことは、彼らの親や彼らの属するコミュニティが感じる不安を取り除くことでした」

ドバイに暮らす家族に向けては、ドバイの未来を作るうえで学生起業家が重要な役割を果たすことを強く訴える明確なシグナルを送る必要があったが、その一方で、「心理的反発」が生じないように注意しなければならなかった。２０１９年1月、ＵＡＥ首相でドバイ首長のムハンマド・ビン・ラーシド・アール・マクトゥーム殿下が「The Fifty-Year Charter（50年憲章）」を発表した。この文書には、ドバイの未来を構築するために不可欠な重要戦略目標が９つ掲げられていたが、その１つに「大学生による起業」が含まれていた。この憲章は、ビン・ラーシド殿下が初めてドバイの公職に就いてから50年目に発表されたもので、50年後の未来を見据え、今後数十年にわたってドバイを活気ある国にするために、その土台作りとしてさしあたり実施すべき最も重要な項目がまとめられていた。殿下はこのビジョンを実現するための役割を果たすようにと、ドバイの若者たちに呼びかけた。殿下が呼びかければ人々は従うものだ。このときから、大学での起業は本質的に国家のための仕事であることがはっきりした。大学生が目指す他の公務員職と対等の扱いになったのである。

起業を志す子供を持つ親が考え方を改めるきっかけを作るために、ドバイ政府はある「最先端技術」を導入した。感謝状だ。起業のアイデアを持った学生たちが成長ロードマップの７つのステップを修了して起業すると、ムハンマド・ビン・ラーシド・アール・マクトゥーム殿下がじきじきに感謝の言葉を綴った署名入りの手紙が郵送で親のもとに届くようにしたのである。

この取り組みで重要なのは、起業の試みの結果に関係なく感謝状が届くことだ。賞賛されたのは起業家になろうという挑戦であり、結果ではなかった。このような賛辞を受けた親は計り知れないほどの誇りを感じる。感謝状のことはすぐに知れ渡り、ドバイの未来を支える職業として我が子が起業家を目指すことを応援する親が増えた。

成果

２０１９年10月、地元の６大学をパイロット・コホートとして学生起業家プログラムが開始された。参加する大学の数は最初の１年間で12校に倍増。２０２０年までに、このプログラムの支援を受けて立ち上げに至った新しい学生創業ベンチャーは３０８社にのぼり、戦略的パートナー組織の参加数は４倍に増えた。初年度の参加大学で生まれた７つの新しいベンチャーは11万ＡＥＤのイノベーション助成金を受給し、創業者の卒業と同時に事業の本格運営を始めた。

スタートアップ作りの諸手続きも簡単になった。２０１９年には、世界銀行の「ビジネスがしやすい国ランキング」でドバイは11位となり、ドバイ政府が取り組みを始めた当時から20位も上昇した。

おそらく何よりも重要なのは、学生が起業することに対する国民の意識も変わり始めていることだ。2016年には望ましくないキャリアパスとみなされていたスタートアップだが、今日では国民の認識も変わった。1つのキャリアとして強い憧れの対象となり、ドバイ中の大学で人気が高まり続けている。

事例研究その2――短期間での大麻合法化

米国では1930年代に大麻が禁止された。大麻合法化を主張する人々は世論と法律を変えようと70年間にわたり努力してきたが、その努力はほとんど報われなかった。経済的・社会的公平性への懸念を背景に、大麻の合法化はこれまでずっと強く訴えられてきた。合法化を支持する根拠を、ほんのいくつかだけ紹介しよう。法律で禁止しても大麻の使用を大幅に減らすことはできておらず、逆に取り締まりのために何十億ドルもの税金を浪費している。大麻禁止法は社会的不公平を生み出している。米国人の大麻使用率は黒人も白人もほぼ同じなのに、黒人が大麻所持で逮捕される確率は白人のおよそ4倍である。法律で禁じると闇市場が作られ、それによって組織犯罪が助長される。ランド研究所は、麻薬カルテルの収入の30%が大麻の販売によるものだと推定している。一方、合法化すれば、刑事司法制度に携わる人員を削減できるうえ、州政府や地方自治体が渇望している税収を増やせる。

だが、米国民は聞く耳を持たなかった。1990年代になっても、合法化するという考えは自由主義者の妄想のように思われていた。合法化を支持する米国人は24％しかおらず、主要な政治家で合法化の社会的意義を是認する人は皆無だった。変化に逆らうすさまじい「抵抗」とはどのようなものだったのだろうか？

惰性：禁止されていたものが合法化されるというのは激変だ。所持しているだけで厳しく罰せられていたものが娯楽として使用できるようになるとすれば、これ以上の極端な変化はない。大麻を合法化するという発想は、文字どおり異国の概念だった。合法化した例は、政策や価値観が大きく異なるヨーロッパの数カ国にしかなかったのである。

労力：有権者にとっては、合法化案に賛成か反対か、どちらの票を投じるかの問題に過ぎない。政治家にとっては、かつて違法とされた薬物をどのように規制すればよいのかよく分からないという茫漠感が、変化に対する強い「抵抗」になる可能性がある。

感情：多くの有権者や政治家は合法化による影響を危惧した。犯罪や交通事故死の増加、若者の薬物依存などにつながるかもしれない。これは政治家にとってとりわけ大きな不安だ。事故や犯罪を増加させるような発案を支持したらどうなるだろうか？　悪影響が出ることはまずないと思ってはいても、（キャリア上の）リスクであることに変わりはない。

心理的反発：多くの人にとって薬物使用は重要な問題だ。薬物使用は多くの人々の価値観、アイデンティティー、宗教的信念に反する。一度タブーにした薬物を政府がいきなり合法化すれば、大麻に関わり合いたくない人にまで大麻を強要しようとしていると思われてしまうかもしれない。

抵抗レポート｜大麻の合法化

アイデア｜大麻の合法化

オーディエンス｜政治家および有権者

惰性

強度 ☐ ☐ ☑

□このアイデアは現状を打破するタイプのアイデアか?

□このアイデアに慣れる時間を人々に与えたか?

□提案している変化は徐々に起きるものだろうか、それとも1回で大々的に起きるものだろうか?

禁止されていたものが合法化されるというのは激変だ。所持しているだけで厳しく罰せられていたものが娯楽として使用できるようになるとすれば、これ以上の極端な変化はない。

労力

強度 ☐ ☑ ☐

□変化を採り入れるためにどの程度の肉体的・精神的な苦労が必要か?

□望まれているとおりに変化する方法を人々は知っているだろうか、それとも取るべき道が茫漠としているだろうか?

有権者にとっては、合法化案に賛成か反対か、どちらの票を投じるかの問題に過ぎない。政治家にとっては、かつて違法とされた薬物をどのように規制すればよいのかよく分からないという茫漠感が、変化に対する強い抵抗になる可能性がある。

心理的反発

強度 ☐ ☐ ☑

多くの人にとって薬物使用は重要な問題だ。薬物使用は多くの人々の価値観、アイデンティティー、宗教的信念に反する。人々に大麻を強要しようとしていると思われたら、「心理的反発」が発生するリスクは高くなる。

□変化を迫るようなアプローチをしていないだろうか?

□アイデア作りや企画のプロセスからオーディエンスが締め出されていなかったか?

感情

強度 ☐ ☑ ☐

多くの有権者や政治家は合法化による影響を危惧した。犯罪や交通事故死の増加、若者の薬物依存などにつながるかもしれない。

□提案している変化についてオーディエンスはどの程度の脅威や不安を感じそうか?

□このアイデアが人々の多様なニーズを損なう可能性はあるか?

そのような思いが定着すれば、合法化の取り組みに対して激しい抗議が起こるのはほぼ間違いない。

「抵抗」を克服する

「麻薬撲滅」派だった米国は、どのようにして中米のように大麻合法化が広く支持される国に変わったのだろうか？　答えの大部分を占めるのは医療用大麻だ。大麻支持者は大麻の完全合法化を迫るのを止め、戦術の転換を図った。厳しい管理の下でがん患者に大麻を使用する、というはるかに小さな政策革新から始めたのである。この小さな一歩は完全合法化よりはるかに変化が小さい。何かを大きく変化させたいとき、そこに到達するには「小さく始める」しか方法がないということはよくある。一歩一歩が小さければ、人々はそのアイデアに少しずつ慣れることができ、提案に対する違和感が徐々になくなって親しみが増していく。医療用に限定したことで使用者がより身近に感じられるようになり、「惰性」も弱まった。がんは誰もがかかり得る病気であり、特に大人や高齢者に多い。つまり、医療用大麻を使用するのは高校生やヒッピーではなく、専門家だ。彼らになら、有権者から見てどのような人たちか理解できた。また、医療用大麻を使用している親戚や友人を知っている人は多い。そのため、大麻使用という概念があまりタブー視されなくなり、より身近なものという受け止めが広がっていった。

医療用大麻への賛同を得ることは強力な自己説得でもある。国民の圧倒的多数が重篤な病気への医療用大麻の使用を支持した。この提案への賛同を求めることは「〝イエス〟を引き出す質問」

なのだ。衰弱性疾患に医療用大麻を使うという発想に人々が慣れたら、次にやるべきなのは、対象となる疾患の範囲を広げることだった。「関節炎の痛みを和らげるために大麻を使用できるようにするべきか?」これは既に大多数の米国人が「イエス」と答える質問になっていた。次のステップは娯楽目的の使用の解禁だった。以前は支持不能と位置づけられていた大麻ではあるが、娯楽目的の使用の賛否を問う投票が行われる頃には、ほとんどの人が「イエス」と答える問題になっていた。そして、その位置づけを支持する人が増えたことで、大麻愛好家だけでなく、普通の米国人も大麻の社会的意義に共感し始めた。同じ位置づけから出発したことで、人々は変化に反発しなくなり、むしろ変化を支持するようになったのである。

医療用大麻が合法化され、それに続いて娯楽用が解禁されたことで、「感情面の抵抗」も緩和された。政治家にとっては特にそうだった。法律を緩和しても犯罪が急増しないことを確認できたからだ。完全合法化が審議される頃には、それまであった懸念の多くは弱まっていた。医療用大麻がなければ娯楽用大麻は実現していなかっただろう。

成果

２０２１年初頭現在、大麻は米国の15の州で娯楽用として全面的に合法化され、36の州と地域で医療用として承認されている。[*1] つまり、大多数の米国人が少なくとも１つの形態で大麻を利用できるようになったということだ。また、27の州では大麻が全面的または部分的に解禁されており、議会では、全国的に大麻を合法化し、以前の法律で有罪となった人の犯罪記録を抹消する法案の検討が行われている。
２０２０年10月に実施されたギャラップ社の世論調査によれば、米国人の68％が大麻の合法化を支持している。どうやらこれは過去最高（最もハイ）のようだ。[*2]

事例研究その３――住宅購入時のハンデをなくす

２０１２年に住宅価格が底値を打った後、米国の住宅不動産市場は歴史的な上昇に転じた。２０１２年から２０２１年にかけて、一戸建て住宅の価格は43％上昇。不況からの着実な経済回復と、10年に及ぶ歴史的低水準の金利と住宅ローン金利が相まって、何百万人もの米国人が住宅を所有したいと考えるようになったためだ。

このような好調な市場環境は一部の人々に恩恵をもたらしたが、すべての人々が恩恵を享受したわけではない。金利の引き下げ、失業率の低下、不動産価格の上昇が重なり、米国各地の大都市圏で住宅市場の競争が激化したからだ。シアトル、サンフランシスコ、ボストン、デンバー、ニューヨークなどの都市では、一般的な住宅購入者が、「オールキャッシュ」オファー（全額現金取引での購入申し込み）を提示できるだけの資金力がある購入者を相手に、新居を競り合うことが多くなった。（周知のとおり）オールキャッシュの購入者は住宅用不動産取引の頂点に立つ捕食者であり、住宅ローンを組まなければ住宅を購入できない購入者が彼らに競り勝とうと思ってもほぼ勝ち目はない。住宅を購入する能力がある何千もの人々が、思うように行かないこの現実を前にして、家を所有する夢を諦めた。だがそれも、急成長中の不動産スタートアップ企業であるフライホームズがハンデをなくす方法を発見するまでの話だ。

もともとは「燃料」主体だったフライホームズ

フライホームズは２０１５年、ＭＢＡの学生だったスティーブン・レインとトゥシャー・ガーグによって設立された。２人ともビジネス・スクールでは、そろそろ破壊的イノベーションを起こす時期に来ていると思われる業界の調査にほぼ明け暮れていた。そうやって調査をしているうちに、２人は住宅用不動産業に行き着いた。ジロウ（Zillow）やレッドフィン（Redfin）など、当時存在していた不動産テクノロジー企業は、顧客に対して主に２つのメリットを提供していた。住宅物件の在庫情報をインターネットで公開して購入者が閲覧できるようにすることと、新居を購入したときに少額のキャッシュバックを行う仲介手数料の割引サービスだ。レインとガーグは、住宅購入者のニーズに応えるためにできることは他にもあるはずだと考え、不動産業の免許を取得して、それまでとは異なるタイプの仲介業の立ち上げに着手した。

最初に試みたのは、フライホームズで住宅を購入した人に新形態のインセンティブを提供することだった。現金を払い戻す仲介手数料割引モデルを活用するのではなく、航空会社のマイルを提供することにしたのである。２人は、若手社会人が旅行や冒険に価値を見出すことを知っていた。食事やコーヒーを買ったときに航空会社のマイレージ・サービスのマイルが付与されるように、住宅購入価格１ドルあたり１マイルを提供するというのはどうだろうか？　50万ドルの住宅を購入すれば、なんと50万マイルが付与される。このアイデアを米国の航空会社数社に持ち込んだところ、すぐにアラスカ航空とジェットブルーとの提携が決まった。

フライホームズのCEOであるトゥシャー・ガーグは、この住宅販売手法は当たると確信した日のことを思い出す。「ある日、ジェットブルーがマイレージ・サービス会員全員にフライホームズとの提携を伝えるメールを送ったのです。すると、途端にフライホームズへの申し込みが激増しました。1日だけで新規登録が何千件もあったのです。新規ユーザーの数を見て『これだ！』と思いました。『フライホームズは大化けするぞ！』ってね」

旅行特典というアイデアに魅力があることは明らかだった。この時点でこれは、ウェブサイトに登録した人を住宅購入者に変えるためのちょっとした仕掛けだった。だが、購入者になる登録者は一向に現れなかった。ウェブサイトには何千件もの新規顧客登録があったにもかかわらず、フライホームズを通じて住宅を購入した人はほぼ皆無だった。「特典に釣られて大勢の人がプラットフォームにやって来ましたが、フライホームズを使って家を買おうとはしなかったのです。おかしなことが起きていました」とガーグは語った。

成り行き任せの行動観察調査

ガーグとレインは成功が見込める新しいビジネスモデルを見つける必要があった。それも、早急に。航空会社のマイル戦略にかまけているうちに、運転資金をほとんど使い果たしていたのである。新しい道が見つかるまで会社を存続させようと思ったら、この未熟なスタートアップをなんとか維持する方法を見つけなければならない。

レインとガーグは考えた。不動産仲介業の免許を持っているのだから、昔ながらの方法で家を何軒か売ることができれば、ポイント制のビジネスモデルのどこに問題があるのか貴重な気づきが得られるかもしれない。それより何より、事業を継続できるだけの収入が得られるかもしれないではないか。ビジネス・スクールに入る以前はマイクロソフトに勤務していたトゥシャー・ガーグは、当時、第二の故郷であるシアトルでその学期を過ごしていた。そして、オープンハウス（売り物件）の外を（文字どおり）うろうろしていれば、何人かの住宅購入者を説得して自分をエージェントとして雇ってもらうことができるのではないかと考えた。

その努力はやがて実を結んだ。ガーグはマイクロソフトの信用力と起業家ならではのガッツを武器にして、何人かの顧客を獲得することができたのだ。そして早速、住宅購入を支援する仕事に取りかかった。過熱気味のシアトルの不動産市場で購入者の代理人として仕事をしてみると、目からうろこの連続だった。そして、ガーグとスティーブン・レインの2人はすぐに気がついた。若年層の住宅購入希望者にとって、旅行や冒険の特典は魅力的だが、当時彼らが本当に苦労していた問題――競争の激しい環境下で新しい家を無事手に入れること――の解決に、この特典はまったく役に立っていなかったのである。

「本当の意味で破壊的なインパクトを与えるためには、ビジネスの方向性を変える必要がありました。特典にばかり力を入れるのではなく、欲しい家を顧客が実際に購入できるようにする新しい方法を、なんとしても見つけなければならなかったのです」とガーグは語った。

「抵抗」
スティーブンとトゥシャーの行動観察調査から明らかになったのは、取引の両側に強力な「抵抗」が存在していることだった。

売り手側：
感情面の抵抗：ほとんどの住宅購入者は、現在住んでいる家が先に売れなければ新しい家の購入には踏み切れない。売買契約を締結するために必要な現金（通常、新居の購入価格の10～20％）を捻出できないからだ。その結果、多くの住宅購入者はやむを得ず、今の家が売れた場合に限るという「住宅売却条件付きオファー」と呼ばれるものを売り手に提示して契約を結ぶ。条件付きオファーは、買い手が指定期間内に今の家を販売できなければ効力を失う。
労力：条件付きオファーを提示した買い手が既存の家の売却に失敗した場合、オファーは無効となり、売り手はリスティングのプロセス（物件を公示するために、米国の不動産情報システムMLSに売却物件情報を登録する作業）を一からやり直さなければならない。そのうえ、その家は住宅市場で「再登録物件」に指定されることになる。再登録された家には悪いイメージがつく。他の買い手と契約した後に市場に戻された家だということに気づいた買い手は、この家には何か問題があるに違いないと考えるのが普通だ。この悪いイメージは簡単に払拭できるものではない。また、売り手は所定の期限までに取引を成立させる必要があるため、「再登録された家」という理由だけで以前の売買価格より安値で売却する羽目になることがよくある。

機会｜競争の激しい市場での住宅購入を容易にする
オーディエンス｜住宅購入者

抵抗レポート｜フライホームズ

惰性

強度 ☑低 □中 □高

□このアイデアは現状を打破するタイプのアイデアか？

□このアイデアに慣れる時間を人々に与えたか？

□提案している変化は徐々に起きるものだろうか、それとも1回で大々的に起きるものだろうか？

家を所有するという発想は特に斬新なアイデアではない。また、新居を購入しようという決断は徐々に固まるものであり、数年とは言わないまでも、数カ月はかかるのが普通だ。

労力

強度 □低 □中 ☑高

□変化を採り入れるためにどの程度の肉体的・精神的な苦労が必要か？

□望まれているとおりに変化する方法を人々は知っているだろうか、それとも取るべき道が茫漠としているだろうか？

住宅購入のプロセスはとりわけ買い手にとっての「労力」負担が大きい。新居を探し、競争力のあるオファーを提示し、そしてすぐに既存の家の売却作業に移るという一連のプロセスに非常に大きなエネルギーが費やされる。住宅ローンの審査を通過し、条件付きオファーが期限切れになる前に何事もなく成約にこぎ着くためには、時間と費用も必要だ。このプロセスが売り手にとって負担となるのは、取引が不成立となり、リスティングのプロセスを一からやり直さなければならなくなった場合である。

住宅購入のプロセスは人々にあからさまに変化を迫るものではなく、目的のオーディエンスを排除するものでもない。

□変化を迫るようなアプローチをしていないだろうか？

□アイデア作りや企画のプロセスからオーディエンスが締め出されていなかったか？

心理的反発

強度 ☑低 □中 □高

住宅購入のプロセスは買い手と売り手の双方に大きな不安を生じさせる。

買い手側の主な不安は、今ある家が売れなかった場合、買いたいと思っている家が買えなくなることだ。

売り手側の不安や恐怖は、トラブルもなく速やかに成約できるかどうか分からないことから起こる。

□提案している変化についてオーディエンスはどの程度の脅威や不安を感じそうか？

□このアイデアが人々の多様なニーズを損なう可能性はあるか？

感情

強度 □低 □中 ☑高

買い手側：

感情：条件付きオファーにはたいてい時間の制約がある。つまり、いったんオファーが受け入れられたら、買い手は時間との戦いの中で今ある家を売ることになる。これが恐怖や不安の生まれる原因だ。不安をさらに強める要因は、自分たちの家を購入する人自身も条件付きオファーを提示せざるを得ない人である可能性が高いことだ。したがって買い手は、自分たちが買いたいと思っている家の売り手とまったく同じ不安な立場に置かれる、というシェイクスピア的なむごいストーリー展開になるのである。

労力：今の家を売るために、買い手は自宅を常に「展示場」の状態にしておかなければならない（それも、子供やペットと一緒に日常生活を送りながら）。つまり、直前に連絡をもらっても自宅を空けて内見やオープンハウスができるようにしておく必要があるのだ。しかも、次の家を買えるかどうか分からないことを知りながら、これだけのことをしなければならない。条件付き購入契約を締結することによる面倒やストレスを免れるには、家が売れた場合に限るという条件を全面的に〝放棄〟するオファーを買い手側が提示するしかない。だがこれも、買い手にとっては危険だ。購入条件を放棄すれば、2つの家を同時に所有するという危険を冒すことになる。ほとんどの買い手にとってこれは経済的に厳しい現実だ。また、多くの金融機関は、2つの住宅を所有することで経済的負担が重くなる可能性のある買い手に対して、新しい住宅融資を承認することをためらう。そのため、新居の購入に充てる住宅ローンは審査が通りづらくなるうえに高額にもなる。ほとんどの金融機関は、二重ローンのリスクを考慮して住宅ローン保険への加入を購入者に要求するため、その分の費用が上乗せされるからだ。

ポイント付与から顧客の「進歩」にピボットする

レインとガーグは、一般的な住宅購入者が競争の激しい市場で戦えるようにするために、特典主体のビジネスモデルをやめ、買い手と売り手の両方にとって最も大きな「抵抗」となっているものの排除に注力することにした。そして、そのために必要なのは、両者が確信を持てるようにすることだと考えた。

売り手は、何の問題もなく速やかにオファーが成約に至るという確信が欲しい。オールキャッシュの買い手が不動産取引という名の食物連鎖の頂点に君臨している理由は、売り手が彼らを最もリスクの低い買い手と認識しているからだ。オールキャッシュの買い手は、取引を成立させるために銀行融資の確定を待つ必要がない（市場によっては、融資が下りるまで数カ月かかることもあるうえに、融資が下りないというリスクもある）。買い手は、現在の家を適正な価格で適正な期間内に売却できることを確信したい。

「抵抗」を克服する

買い手と売り手の両方の「抵抗」を解消するために、フライホームズは〝トレードアップ〟というオファーを考案した。これは、住宅購入者に次の3つの斬新なメリットを提供するプログラムだ。

売却保証：買い手が所有する今の家の売却をフライホームズが保証する。顧客との間で売買価格について事前に合意がなされるため、買い手は少なくとも、その売却金を新居の購入資金としてあてにできるという安心感を得ることができる。仮に90日以内に売却できなかった場合は、フライホームズが旧居を買い取ることになっている。

すべての買い手を「オールキャッシュ」の買い手にする：顧客の新居購入オファーの費用をフライホームズが──現金で──負担することを約束する。そのため、フライホームズから売り手に届くオファーはすべて、実質的にオールキャッシュとなる。売り手側にしてみれば、これは安心材料だ。何事もなく速やかに成約に至るという確信が持てるのだから。

リスティング・サービスを込みにする：トレードアップ・プログラムの一環として、フライホームズが顧客の既存の家の検査、入念なクリーニング、ホーム・ステージング（家具やインテリアなどでディスプレイして家を魅力的に演出し、できるだけ早く、できるだけ高く売れるようにする仕掛け）を担当する。さらに良いことに、フライホームズは顧客が引っ越して出て行くまで住宅のリスティングをストップするため、家をいつもきれいにしておかなければいけないとか、内見やオープンハウスのためにすぐ家を空けなければいけない、などと顧客が心配する必要がなくなった。

成果

フライホームズの創業者たちは、自分たちのアイデアが市場で通用するかどうかを数字で検証した後、この住宅購入手法は不動産売買のあり方を一変させると確信した。そして、この新しいビジネスモデルを支えるために融資限度額を1億2000万ドルに引き上げ、仕事に取りかかった。

新しいビジネスモデルは効果を発揮した。2020年末時点でフライホームズは21億ドル相当の販売を成立させ、3000軒近い住宅を取り引きした。そして分かったことがある。売り手側の「抵抗」を解消すると、買い手側のメリットが増えるのだ。成立した取引の50％以上において、フライホームズの提示した入札額はいちばん高い購入価格ではなかった。これにより、売り手は売買価格よりも成約の確実性を重視する、ということが判明したのである。実際、フライホームズで家を購入した人は、従来のエージェントを利用して購入した人と比べて平均2・4％安い価格で住宅を購入している（これは、取引あたりの平均にして約1万8000ドルに相当する）。

このビジネスモデルには損失を被るリスクもあるが、創業以来これまでに、フライホームズが売却保証をつけた住宅の所有権を自ら取得する必要が生じたことは7回しかない。そして、この数少ない例の中で、同社が損失を被ったのは2回だけだ。

謝辞

２人の名前で出した本ではあるが、本書は大勢の人たちがさまざまな形で育て上げてくれたおかげで出来上がった成果物だ。まずは本書の出版元であるワイリー社に感謝申し上げる。貴社の多大なご支援なしにこの本を完成させることはできなかっただろう。編集者のザッカリー・シスガルには特に感謝する。ザック、初めて本を執筆する私たちを忍耐強くサポートしてくれてありがとう。君にとっては不本意なときもあったとは思うが、私たちのビジョンを応援してくれたことに感謝する。

また、ケロッグ経営大学院とケロッグ・コミュニティ全体にもお礼申し上げる。本書のあらゆる部分にケロッグの学生や卒業生が力を貸してくれた。多くのエピソードを盛り込んで充実した本にすることができたのも、時間を割いて自分の経験を私たちに語ってくれる皆さんがいたからこそだ。ケロッグ・コミュニティは何ら惜しむところなく本書の支援と宣伝に携わってくれた。本書の初期の原稿に意見を寄せてくれた多くの学生や卒業生には、特にお礼申し上げる。世界で最も優秀な学生たちの協力が得られるのだから、私たちは恵まれている。皆さんにはどれほど感謝しても感謝しきれない。

「抵抗理論」は多くの学者の研究の上に成り立っている。理論の面で特に影響を受けたものを２つ挙げたいと思う。まず、「抵抗理論」が下敷きにしているのは、行動変革に関するクルト・レヴィンの先駆的研究である。彼のチャネル・ファクターに関する考え方は本書に大きな影響を与えた。また、「片づけるべきジョブ」という理論を初めて体系化して世の中に広めたクレイトン・クリステンセンとボブ・モエスタの研究成果からもヒントをもらった。「感情面の価値」についての説明は、その対極にある「感情面の抵抗」に関する私たちの考え方に大きな影響を与えた。

本書のために時間と専門知識を提供してくださった多くの学術関係者に感謝したい。アダム・グラントは信じられないほど寛大に自らの知識を分け与えてくださった。また、15年以上にわたって研究とキャリアを支えてくれたアダム・ガリンスキーに、ロレンから感謝を申し上げる。デイヴィッドからは、ボブ・モエスタやトム・ケリーなどの良き指導者の方々に特別な敬意を表する。本書の執筆中、そしてそれ以降も、助言や専門知識や熱意を惜しみなく与えてくださっていることに感謝申し上げる。

また、本書で述べた原則の実例となる体験談や専門的知識を提供してくださった方々には、個人名を挙げてお礼を申し上げたい。アブドゥラジズ・アルジャジリ、ステイシー・アロンソ、トゥシャー・ガーグ、サイモン・キング、ブラント・ミラー、アリ・リダ、ジェニファー・シュナイダー、ジェームズ・スチュアート、チャック・スーラック、グレン・タルマン、そして絶えずインスピレーションを与えてくれた素晴らしい人物、バーバラ・ベスキンド。エピソード、知見、経験を惜しみなく語ってくださった以上の皆さん、本当にありがとう。皆さんの協力がなかったら、本書はまったく別のものになっていただろう。

私たちの共通の師であるキース・マーニガンにも思いを馳せたい。キースは私たち2人に多くのものを与えてくれた。この本をあなたと分かち合えなかったのは残念である（キース・マーニガンは2016年6月3日に死去した）。

本書を形にしてくれた制作チームにも感謝する。ビジュアル面で本書を大いにサポートしてくれた2人の素晴らしいグラフィック・デザイナーに敬意を表したい。ジャロッド・ライルは、本書に掲載した多数の絵や図表の他、「抵抗レポート」などのダウンロード可能なワークシートのデザインを担当してくれた。カイル・フレッチャーはとんでもなく才能豊かなデザイナーで、興味をそそる美しい装画を制作してくれた。2人とも素晴らしい協力者だった。この2人と仕事ができた私たちはなんて運がいいのだろう。

「抵抗理論」の広告・宣伝に力添えしてくれたDEY．の広報チーム、リムジム・デイとアンディ・デジオにもお礼を申し上げる。最後は、別格の存在であるルーシー・シーガーへ。長年にわたり数え切れないほどの方法で私たちをサポートしてくれている。ルーシー、いつもいろいろとありがとう。

最大限の感謝は私たちの妻、エリンとアリソンに捧げる。本書に対して貴重なコメントを寄せてくれたうえに、執筆中はアドバイスとサポートを欠かすことがなかった。ありがとう。ロレン・シニアは初期の原稿の校閲や意見をしてくれて非常に助かった。そして、デイヴィッドの子供たち、アニーとテディーは、父親の執筆中にわざわざ作業場所を空けてくれた……まあ、いつもではなかったけれど。この冒険の最終成果物を皆さんと共有できることを心から喜んでいる。

監訳者解説

船木謙一（株式会社日立製作所）

私が本書に出会ったのは２０２１年10月で、「ウォールストリート・ジャーナル」誌のベストセラーに２週連続で選定されて話題になったことがきっかけである。原著の副題 Overcoming the resistance that awaits new ideas（新しいアイデアを待ち受ける抵抗に打ち勝つ）を見た瞬間、「まさにその通り！」と思ったことを覚えている。仕事上、スタートアップ企業とおつき合いする機会が多く、素晴らしいアイデアを持つイノベータ（革新的なものごとに挑戦する人）をたくさん見ている。取り組む対象やアプローチは様々だが、いずれも社会が抱える問題に関心を寄せ、新しい技術や発想の転換で解決し、人類社会に役立つ存在になるという大きな志を持って臨んでいる。しかし、しばしばそのアイデアが斬新だったり、未知のものだったりして、採用してくれる顧客を見つけるのに苦労するというケースが多々ある。アイデアに共感する人は多いものの、いざ自分が最初に採用するとなると逡巡するという場面も目にしてきた。

思えば、私たちは、日々の生活でも新しいものを目にするし、思いもつかない革新的なアイデアに触れることはある。それが普段の延長線上で便利にしてくれるようなものだと受け入れやすい。テフロン加工のフライパンが出現したときは、（理屈がまったく分からなくても）喜んですぐに買ったものである。一方で、便利だとか手軽だとか言われても、受け入れることに逡巡する人がいるケースも多い。身近なもので言えば、クレジットカードやインターネットショッピングなどは典型であろう。使い始めれば生活スタイルに劇的な変化をもたらすが、使いたがらない人もいる。その理由は様々で、良い悪いという話ではない。個人の価値観の問題であり、それぞれに選択の自由がある。ところが、これが社会全体の将来に関わるとなると話が変わってくるかもしれない。

日本は今、失われた30年と言われる停滞の時代の挽回に加え、デジタル化の遅れでここ数年の間に表面化した企業、政府、市民生活（家計）のあらゆる面での非効率を解消するため、官民揃ってDX（デジタル・トランスフォーメーション）やイノベーションによる産業、社会の変革が叫ばれている。政府にはデジタル庁が設置され、デジタル社会の実現に向けた重点計画として、マイナンバー制度の利活用拡大や医療・教育・防災などの分野でのデジタル技術の活用などが方針として盛り込まれた。イノベーションの面では、従来の科学技術・イノベーション基本計画に加え、最近は産官学でスタートアップ企業支援策が次々と打ち出されている。

一方、実行面を見ると、慣れ親しんだ生活スタイルや業務プロセスの変更の難しさや、新しい技術やサービスへの不信感、起業マインド、変革マインドを持つ人材の不足など、変革を阻む様々な事態に直面している。変革が進まない場面はどこか一カ所に集中しているわけではなく、たとえば企業におけるデジタル化では、経営者が受ける現場マネージャからの抵抗、逆に現場からのデジタル化の提案に難色を示す管理職の抵抗、働き口がなくなるのではと恐れる人々からの抵抗などさまざまなケースがある。普段の生活や商売でも同様で、授業のオンライン化や教材のデジタル化への抵抗、せっかく置いたキャッシュレス端末がほとんど使われないお店、お客様がいつでも参照できるようにと電子マニュアルを勧めても、紙のマニュアルをちょうだいと言われるメーカのセールス担当者など、枚挙にいとまがない。私たち自身も、ある場面では変化を進める側としてふるまっても、別の場面では変化に抵抗する側になったりと、本当にいろいろである。

本書は、さまざまな場面で出くわす変化への抵抗に対し、どうしたらうまく対処できるかのヒントを与えてくれる。企業では経営者、中間管理職のみならず、現場の改革推進者やセールス担当者など幅広く役立つであろうし、スタートアップ企業のリーダにも大いに参考になる。また、政府、自治体、ＮＰＯ、ＮＧＯ、学校、病院から家庭まで、様々な立場でデジタル化の推進や変革の旗振り役を担う方々への助けになると信じる。日本のあちらこちらで同様な抵抗に直面している方々が多く、今後もますます増えるというのが肌感覚であり、今まさに本書を紹介すべきと考えた所以である。ちなみに、日本と同様に変革が求められている欧州、中東、アジアの各国でも続々と訳書が出版されつつある。

著者のデイヴィッド・ションタル氏とロレン・ノードグレン博士は、ともにノースウエスタン大学ケロッグ経営大学院の教授である。ションタル氏は、いくつかのコンサルティング会社を経て自らスタートアップ企業を経営した経験を持つ。またデザインファームやベンチャーキャピタルでの経験も豊富で、同大学では学生の起業を支援するプログラムのダイレクターを務め、まさにイノベーションを推進する立場にある。日本では、デザイン主導で新ビジネスに挑戦するスタートアップ企業を支援するベンチャーキャピタルのグローバルアドバイザーもしている。本書では、ションタル氏の実践から得たヒントがふんだんにちりばめられているが、本書に出てこない日本での事例も多く持つ。同業という関係もあり、ションタル氏は私の良き友人でもある。

　ロレン・ノードグレン博士は行動心理学の専門家で、経営管理、組織論の教鞭をとっている。実験心理学の研究から企業の組織変革のアドバイスまで、理論と実践をつなぐ新進気鋭のリーダであり、研究、実践、教育の各面で数々の受賞をしている。ノードグレン博士は、目的に応じて人や組織の行動を正しく変化させることを行動デザインと呼んでいる。心理学とデザインの融合であろう。本書のバックボーンとなっている理論面の裏づけはノードグレン博士による部分が多く、単なる事例紹介にとどまらない重厚な理論武装が魅力である。二人が提唱する抵抗理論（Friction theory）は学術界、産業界双方から認められつつあり、その理論を実践するためのツールとして具現化したものが「抵抗レポート」である。

　本書は、うまく変化を起こせないという多くの人が直面している問題に対し、人的要素に焦点を当てて解決策を探った点が画期的である。アイデア自体の創出方法やフレームワークを解説する書籍は多くあるが、人間の本質（本性）を認めて、正面から向き合ったことが本書の特徴である。

　著者は冒頭の2章で、新しいアイデアで人に変化を促そうと試みる際、我々がいかに間違ったアプローチを取っているかを徹底的に解説する。銃から発射される弾丸の例を取り上げ、弾丸に推力を与える「燃料」と重力や空気の存在で生じる「抵抗」の関係を、新しいアイデアとそれを受け止める人の反応の関係になぞらえた分かりやすいアナロジーから入るが、やがて読者の誰もが共感する事例を用いて間違いを指摘する。その間違いとは、人に変化を促すためにせっせと燃料をくべる（アイデアを売り込む）ということである。燃料を増やして弾丸を遠くに飛ばそうとすればするほど、抵抗も大きくなるということに気づかないでいるという。アイデアを売り込むだけでなく、同時に生じる抵抗に目を向けようというのが発想の原点である。

著者が提唱する抵抗理論では、新しいアイデアを提案すると４つの抵抗「惰性（inertia）」「労力（effort）」「感情（emotion）」「心理的反発（reactance）」に遭うとしている。詳細は本編に譲るが、おおよそ以下のようなものである。

「惰性」：自分が馴染みのあることにとどまろうとする欲求。
「労力」：変化を実行するために必要な努力やコスト。
「感情」：提示された変化に対する否定的感情。
「心理的反発」：変化させられるということに対する反発。

３章から10章は、４つの抵抗のそれぞれについて、抵抗自体の解説とそれを克服する方法がペアで示される。著者が実際に受けた相談や関わったプロジェクトの事例を使って解説されるため、机上の論ではなく、具体的なイメージとして捉えやすい。また、裏打ちする研究成果や活用できる手法、思考法も適宜紹介されるため、腹落ちする。４つの抵抗の解説はそれぞれ独立しているので、読者は必要な章だけピックアップして読むこともできる。最後の11章は著者が携わった実例の紹介である。著者が考案した「抵抗レポート」の使い方の手引きにもなっている。

なお、読者の中には「感情」と「心理的反発」の区別が難しいと感じる方がいるかもしれない。

私からのお勧めは、「感情」はアイデアそのものに対する反応、「心理的反発」はアイデアを提示する人や方法に対する反応と捉えることである。理解の助けになれば幸いである。

本書はハウツー書だが、"How to do"ではなく"How to think"の本である。本書で紹介される理論や手法は以前からあるもので事足りる。ジョブ理論、エスノグラフィー、UXデザイン、ナッジ、トヨタのなぜなぜ思考法など、使いたければ既存の解説書を開けば良い。本書が焦点を当てるのは、何を問題として捉え、何に注意を払い、どういう視点で考えれば良いかという点である。特に、問題に対処する姿勢として、人間の本質（本性）を否定するのではなく、むしろうまく使うことを推奨する。たとえば、人間に生来備わっているショートカットを求める性質や馴染みのあるものを好む性質、ものごとの判断の際に相対的な比較に頼る傾向などである。行動心理学を専門とするノードグレン博士ならではの姿勢であり、このことが、特別なトレーニングをせずとも本書で学んだことをすぐ実践に移せる理由であろう。

本書のコアメッセージは、アイデアを売り込むアプローチから抵抗に思いをめぐらすアプローチへの転換である。これは、友人との意見対立、夫婦喧嘩、子供の教育など、身近なことにもいろいろ応用できそうである。少しでも多くの人の役に立てば幸いである。

最後に、本書の日本への紹介に賛同し、出版していただいた草思社の皆様と翻訳の労を執っていただいた川﨑千歳氏に感謝申し上げます。

原　注

第1章

1. Crossman, Edward (1915). How rifle bullets fly. *Scientific American* 113 (1): 24–29.

第2章

1. Wall Howard, P. (2018). Cadillac salesman sets record for sales, but not without a fight. *USA Today* (February 23). https://www.usatoday.com/story/money/cars/2018/02/23/cadillac-salesman-sets-record-sales-but-not-without-fight/351454002/.
2. Kotler, P. (1967). *Marketing Management: Analysis, Planning and Control.* Englewood Cliffs, NJ: Prentice-Hall. 『マーケティング・マネジメント―競争的戦略時代の発想と展開』フィリップ・コトラー著、村田昭治監修、小坂恕・疋田聡・三村優美子訳、プレジデント社、1983年
3. Legg, A. M., and Sweeny, K. (2014). Do you want the good news or the bad news first? The nature and consequences of news order preferences. *Personality and Social Psychology Bulletin* 40 (3): 279–288.
4. Gottman, J., and Silver, J. (1999). *The Seven Principles for Making Marriage Work: A Practical Guide from the Country's Foremost Relationship Expert.* New York: Three Rivers Press.
5. Felps, W., Mitchell, T. R., and Byington, E. (2006). How, when, and why bad apples spoil the barrel: Negative group members and dysfunctional groups. *Research in Organizational Behavior* 27: 175–222.
6. Frijda, N. H. (1988). The laws of emotion. *American Psychologist* 43 (5): 349–358.
7. Gneezy, U., and Rustichini, A. (2000). Pay enough or don't pay at all. *The Quarterly Journal of Economics* 115 (3): 791–810.
8. Aos, S., Phipps, P., Barnoski, R., and Leib, R. (2001). *The Comparative Costs and Benefits of Programs to Reduce Crime.* Document no. 01-05-1201. Olympia: Washington State Institute for Public Policy.
9. 米国陸軍の採用担当者から聞いた話。

第3章

1. Moreland, R. L., and Beach, S. R. (1992). Exposure effects in the classroom: The development of affinity among students. *Journal of Experimental Social Psychology* 28 (3): 255–276.
2. Zajonc, R. B. (1968). Attitudinal effects of mere exposure. *Journal of Personality & Social Psychology Monograph Supplements* 9 (2, Pt. 2): 1–27.
3. de Lazari-Radek, K., and Singer, P. (2014). *The Point of View of the Universe: Sidgwick and Contemporary Ethics*. OUP Oxford (May 22), p. 25.
4. De Brigard, Felipe (2010). If you like it, does it matter if it's real? *Philosophical Psychology* 23 (1): 43–57.
5. Hiraki, T., Ito, A., and Kuroki, F. (2003). Investor familiarity and home bias: Japanese evidence. *Asia-Pacific Financial Markets* 10: 281–300.

第4章

1. Hasher, Lynn, Goldstein, D., and Toppino, T. (1977). Frequency and the conference of referential validity. *Journal of Verbal Learning and Verbal Behavior* 16: 107–112. https://web.archive.org/web/20160515062305/http:/www.psych.utoronto.ca/users/hasher/PDF/Frequency%20and%20the%20conference%20Hasher%20et%20al%201977.pdf.
2. van Baaren, R. B., Holland, R. W., Kawakami, K., and van Knippenberg, A. (2004). Mimicry and prosocial behavior. *Psychological Science* 15 (1): 71–74.

第5章

1. Elner, R.W., and Hughes, R. N. (1978). Energy maximization in the diet of the shore crab, Carcinus Maenas. *Journal of Animal Ecology* 47 (1): 103–116.
2. Hagura, N., Haggard, P., and Diedrichsen, J. (2017). Perceptual decisions are biased by the cost to act. *eLife* (February).
3. Bhalla, M., and Proffitt, D. R. (1999). Visual-motor recalibration in geographical slant perception. *Journal of Experimental Psychology: Human Perception and Performance* 25 (4):

1076–1096.
4. Dixon, M., Freeman, K., and Toman, N. (2010). Stop trying to delight your customers. *Harvard Business Review* (July–August).
5. Maas, J., de Ridder, D. T., de Vet, E., and de Wit, J. B. (2012). Do distant foods decrease intake? The effect of food accessibility on consumption. *Psychology & Health* 27 Suppl 2: 59–73.

第6章

1. Koehler, D. J., White, R. J., and John, L. K. (2011). Good intentions, optimistic self-predictions, and missed opportunities. *Social Psychological and Personality Science* 2 (1): 90–96.

第7章

1. Horowitz, D. (1986). The birth of a salesman: Ernest Dichter and the objects of desire, available as an unpublished paper from Hagley Museum, https://www.hagley.org/sites/default/files/HOROWITZ_DICHTER.pdf; Stern, B. B. (2004). The importance of being Ernest: Commemorating Dichter's contribution to advertising research. *Journal of Advertising Research* 44 (2) (June): 165–169.
2. Page, E. (1991). Ernest Dichter, 84, a consultant on consumer motivation, is dead. obituary, *New York Times* (November 23).
3. Williams, R. J. (1957). Is it true what they say about motivation research? *Journal of Marketing* 22 (October): 125–133.
4. Shapiro, Laura (2005). *Something from the Oven: Reinventing Dinner in 1950s America*. New York: Penguin Books, pp. 45, 63–64, 75–77.
5. Case, C. R., and Maner, J. K. (2014). *Journal of Personality and Social Psychology* 107: 1033–1050.
6. Douglass, E. (2005). Full-serve lingers in self-serve world. *Los Angeles Times* (October 9).

第8章

1. Potchen, E. J. (2006). Measuring observer performance in chest radiology: Some experiences. *Journal of the American College of Radiology* 3 (6): 423–432.
2. Drew, T., Võ, M. L., and Wolfe, J. M. (2013). The invisible gorilla strikes again: Sustained inattentional blindness in expert observers. *Psychological Science*. 24 (9): 1848–1853. doi:10.1177/0956797613479386.
3. Ohno, Taiichi (1988). *Toyota Production System: Beyond Large-Scale Production*. Portland, OR: Productivity Press. ISBN 0-915299-14-3.『トヨタ生産方式―脱規模の経営をめざして』大野耐一著、ダイヤモンド社、1978年
4. Blum, Andrew (2020). How one human-centered insight led to $4 billion in growth for American Express. *IDEO Journal* (December 17).
5. Sydell, Laura (2015). At 90 she's designing tech for aging boomers. National Public Radio, All Tech Considered (January 19).

第9章

1. Houser, C. (2020). In fights over face masks, echoes of the American seatbelt wars. *New York Times*, October 15, 2020. https://www.nytimes.com/2020/10/15/us/seatbelt-laws-history-masks-covid.html.
2. Weiss, J. M. (1968). Effects of coping responses on stress. *Journal of Comparative and Physiological Psychology* 65 (2): 251–260.
3. Bown, N. J., Read, D., and Summers, B. (2003). The lure of choice. *Journal of Behavioral Decision Making* 16: 297–308.
4. Pennebaker, J. W., and Sanders, D. Y. (1976). American graffiti: Effects of authority and reactance arousal. *Personality and Social Psychology Bulletin* 2: 264–267.
5. Lord, C. G., Ross, L., and Lepper, M. R. (1979). Biased assimilation and attitude polarization: The effects of prior theories on subsequently considered evidence. *Journal of Personality and Social Psychology* 37 (11): 2098–2109.
6. Feiler, D. C., Tost, L. P., and Grant, A. M. (2012). Mixed reasons missed givings: The costs of blending egoistic and altruistic reasons in donation requests. *Journal of*

Experimental Social Psychology 48 (6): 1322–1328. https://doi.org/10.1016/j.jesp.2012.05.014.

7. Zemack-Rugar, Y., Moore, S. G., and Fitzsimons, G. J. (2017). Just do it! Why committed consumers react negatively to assertive ads. *Journal of Consumer Psychology* 27 (3): 287–301.
8. Costa, D. L., and Kahn, M. E. (2013). Energy conservation "nudges" and environmentalist ideology: Evidence from a randomized residential electricity field experiment. *Journal of the European Economic Association* 11: 680–702.

第10章

1. Brown, A. (2017). Republicans, Democrats have starkly different views on transgender issues. *Pew Research Center* (November 8). https://www.pewresearch.org/fact-tank/2017/11/08/transgender-issues-divide-republicans-and-democrats/.
2. Boissoneault, L. (2017). The true story of brainwashing and how it shaped America. *Smithsonian Magazine* (May 22).
3. Burnes, B. (2007). Kurt Lewin and the Harwood studies: The foundations of OD. *The Journal of Applied Behavioral Science* 43 (2): 213–231.
4. Cialdini, Robert B. (2007). *Influence: The Psychology of Persuasion.*『影響力の正体　説得のカラクリを心理学があばく』ロバート・B・チャルディーニ著、岩田佳代子訳、ＳＢクリエイティブ、2013年

第11章

1. NCSL (2021). State medical marijuana laws. National Conference of State Legislatures (May 17). https://www.ncsl.org/research/health/state-medical-marijuana-laws.aspx.
2. Brenan, M. (2020). Support for legal marijuana inches up to new high of 68%. Gallup (November 9). https://news.gallup.com/poll/323582/support-legal-marijuana-inches-new-high.aspx.

著者略歴――――

ロレン・ノードグレン *Loran Nordgren*

ケロッグ経営大学院の経営学教授。新しいアイデアの採用を促す作用や妨げる作用を持つさまざまな心理的力について探求する研究や教育に携わる。研究者として、また教育者として数々の賞を獲得。世界中の企業とともにさまざまな行動変革の課題に取り組んできた。そのプロセスをロレンは「行動デザイン」と呼んでいる。

デイヴィッド・ションタル *David Schonthal*

イノベーション＆アントレプレナーシップを担当するノースウェスタン大学ケロッグ経営大学院教授。数々の賞を獲得。学外では、デザイン、イノベーション・コンサルティング、ベンチャー・キャピタルの分野で活動。これまでに世界各地で生み出した新製品と立ち上げた新サービスは200を超える。

監訳者略歴――――

船木謙一《ふなき・けんいち》

株式会社日立製作所イノベーション成長戦略本部コーポレートベンチャリング室室長。産業機械、情報機器、電子部品、日用品、アパレルなど複数業種で、業務プロセス刷新や新システム導入を伴う15の改革プロジェクトを経験。最近は研究や事業開発のオープンイノベーションとして、スタートアップとの協創を促進。改革とオープンイノベーションに共通する鍵は、人々が変化を受け入れるか否かであるという結論に至り、本書にたどり着く。経営工学分野で著述、講演、各種受賞、客員研究員、非常勤講師など。2019年より現職。博士(2001年、工学)。公益社団法人日本経営工学会副会長。

訳者略歴――――

川﨑千歳《かわさき・ちとせ》

大東文化大学外国語学部英語学科卒。日本ヒューレット・パッカード株式会社等でシステム構築等に従事した後、翻訳者として独立。訳書にグリーンウェイ他『PUBLIC DIGITAL――巨大な官僚制組織をシンプルで機敏なデジタル組織に変えるには』(英治出版)がある。

本文デザイン――Malpu Design（佐野佳子）

「変化を嫌う人」を動かす
——魅力的な提案が受け入れられない4つの理由

2023年2月23日	第1刷発行
2024年8月13日	第8刷発行

著　者　ロレン・ノードグレン
　　　　デイヴィッド・ションタル
監訳者　船木謙一
訳　者　川﨑千歳
装幀者　Malpu Design（清水良洋）
発行者　碇　高明
発行所　株式会社草思社
　　　　〒160-0022　東京都新宿区新宿1-10-1
　　　　電話　営業 03(4580)7676　編集 03(4580)7680

本文組版　株式会社キャップス
印刷所　中央精版印刷株式会社
製本所　大口製本印刷株式会社
翻訳協力　株式会社トランネット

ISBN978-4-7942-2624-2　Printed in Japan　検印省略